W0059666

John Eldredge

Du sprichst zu meinem Herzen

Notizen aus meinem Alltag mit Gott

BRUNNEN

VERLAG GIESSEN · BASEL

FSC
Mix
Produktgruppe aus vorbildlich
bewirtschafteten Wäldern und
anderen kontrollierten Herkünften

Zert.-Nr. SGS-COC-1940
www.fsc.org
© 1996 Forest Stewardship Council

© 2008 Brunnen Verlag Gießen
www.brunnen-verlag.de
Umschlagfoto: Shutterstock, Cheryl Casey
Umschlaggestaltung: Ralf Simon
Satz: Die Feder GmbH, Wetzlar
Herstellung: GGP Media GmbH, Pößneck
ISBN 978-3-7655-1991-8

Für Stacy,
mit der zusammen
ich fast all diese Lektionen eingeübt habe.

Inhalt

Einführung 7

Auftakt
Die Stimme Gottes hören lernen 13

Sommer
Zeit der Erneuerung –
Zeit, den Rückweg zur Freude einzuschlagen 37

Herbst
Zeit der Krisen und der Kämpfe,
aber auch des Durchbruchs und neuer Entdeckungen 97

Winter
Gott finden im Verlust und in der Vergänglichkeit;
das Herz wappnen für einen möglicherweise langen Weg
des Gehorsams 145

Frühling
Zeit der Auferstehung, erneuerter Hoffnung
und Sehnsucht; Zeit des Neubeginns 203

Ausklang 239

Anmerkungen 240

Einführung

Dies ist eine Sammlung von Geschichten, die schildern, wie es aussieht, ein Jahr lang in enger Tuchfühlung mit Gott zu leben.*

Als menschliche Wesen brauchen wir nichts mehr als diese Lektion, wie man in enger Verbindung mit Gott leben kann, beständig unter seinen Augen, sozusagen. Denn dafür sind wir geschaffen. Am Anfang der Menschheitsgeschichte, vor dem Sündenfall, also bevor wir die Welt aus dem Gleichgewicht brachten, gab es einen paradiesischen Ort namens Eden. Es sollte ein Garten des Lebens sein, und dort lebten die ersten Menschen. Ihre Geschichte ist wichtig für uns. Denn was immer ihr Sein dort ausmachte, was immer sie dort hatten, das sollten eigentlich auch wir sein und haben. Und was Adam und Eva in diesem Paradies vor allem anderen erfahren und genossen haben, war dies: Sie lebten in enger Gemeinschaft mit Gott, im täglichen Umgang mit ihm. Sie redeten mit ihm, und er redete mit ihnen.

Dafür sind Sie und ich geschaffen. Und das gilt es wiederzugewinnen.

Allzu viele Jahre habe ich darauf verwendet, im Leben allein klarzukommen. Habe Bücher gelesen, in Seminaren gesessen und dabei stets Ausschau gehalten nach Leuten, die den Dreh offenbar raushatten. An den Kindern unserer Nachbarn fiel mir auf, wie gut die zurechtkamen, also fragte ich mich: *Was machen sie anders als ich? Sie schicken ihre Kinder in den Sportverein. Vielleicht sollte ich das mit meinen auch tun.* Nach einer

---

* Die englische Wendung „walking with God" wird am präzisesten übersetzt mit der Formulierung: „mit Gott wandeln". Der zugrunde liegende biblische Begriff meint ein Leben vor den Augen Gottes, in engem Kontakt und enger Gemeinschaft mit ihm, sozusagen im ständigen Gesprächskontakt. In diesem Buch werden unterschiedliche Umschreibungen verwendet, um das präzise, aber veraltete „wandeln mit Gott" zu vermeiden.

Unterhaltung mit einer Dame, die unglaublich weltgewandt war, sagte ich mir: *Sie ist so belesen. Ich lese nicht genug. Ich sollte wirklich mehr lesen.* Ich hörte von einem Kollegen, dass er finanziell erfolgreich sei, und sofort stellte sich der Gedanke ein: *Er hat das mit den Finanzen voll im Griff. Vielleicht muss ich mich auch stärker darum kümmern.* Und so wie mir geht es vermutlich uns allen. Ständig beobachten wir und vergleichen und pegeln und regeln und versuchen genau die Einstellung zu finden, bei der das Leben rund läuft.

Wir finden auch eine ganze Reihe von Stellschräubchen. Aber die einzig bleibende Frucht unserer Bemühungen ist, dass wir uns hoffnungslos verknoten. Was soll ich als Erstes tun – lesen, mich körperlich in Form bringen, meinen Fettkonsum kontrollieren oder Qualitätszeit mit meinem Sohn verbringen?

Auf diese Weise wird das nie was mit dem Leben. Und das ist eine gute Nachricht. Sie können niemals so viele Prinzipien verinnerlichen und so viele Übungen absolvieren, dass das Leben garantiert gelingt. Für so ein Dasein sind Sie nicht geschaffen, und außerdem wird Gott Sie daran hindern. Denn er weiß: Wenn wir es auf eigene Faust schaffen, werden wir uns unendlich weit von ihm entfernen. Wir werden uns dann schreckliche Dinge einbilden über die Welt, in der wir leben. Dinge wie: *Ich komme schon allein klar.* Und: *Wenn ich mich nur mehr anstrenge, dann schaffe ich es.* Dieser ganze Lebensansatz – auf eigene Faust losgehen, alle Widerstände überwinden, die Spitze der Leiter erklimmen – ist durch und durch gottlos. Gott kommt darin nicht vor. Er hat in solchen Überlegungen keinen Platz. Diese Art von Schaffenswut erinnert eher an jenes eingebildete Pack, das den Turmbau zu Babel errichten wollte, als an die ersten Menschen, die mit Gott in der abendlichen Kühle im Garten Eden umherschlenderten. Und wenn Sie mich fragen: Ich möchte auf Gott nicht verzichten.

Sie kennen wahrscheinlich das alte Sprichwort: „Gib einem Mann einen Fisch, und er hat für einen Tag zu essen. Bring ihm das Fischen bei, dann ernährst du ihn ein Leben lang." Das lässt sich aufs ganze Leben übertragen. Gib jemandem eine Antwort, eine Regel, ein Prinzip, dann hilfst du ihm, ein Problem zu lösen. Aber wenn du ihm beibringst, sein Leben in dauerndem Kontakt mit Gott zu leben, nun, dann hast du ihm geholfen, sein ganzes weiteres Lebens zu bewältigen. Du erschließt ihm damit eine unerschöpfliche Quelle der Weisung, des Trostes und des Schutzes.

Ganz im Ernst. Wenn Sie wüssten, dass Sie eine enge, vertrauensvolle Beziehung zur weisesten, gütigsten, großzügigsten und lebenserfahrensten Person dieser Welt aufbauen könnten – wäre es dann nicht sinnvoll, dass Sie Ihre Zeit genau darauf verwenden, anstatt sich weiter allein durchs Leben zu schlagen?

Unabhängig von unserer momentanen Lebenssituation und den konkreten Umständen ist das unser tiefster und drängendster Lernbedarf: Wir müssen lernen, wie man vor Gottes Angesicht lebt. Unter seinem liebevollen Blick. Wie man seine Stimme hört. Wie man sozusagen mit schlafwandlerischer Sicherheit auf seiner Spur bleibt. Dieser Lernschritt ist die wichtigste Wendung, die im Leben eines Menschen überhaupt nur stattfinden kann. Denn dadurch gelangen wir an die Quelle des Lebens. Alles, wonach wir uns sonst sehnen, strömt von da an aus der Gemeinschaft mit Gott.

> *Was wir vor allem und am dringlichsten lernen müssen, ist, wie man vor Gottes Angesicht lebt. Unter seinem liebevollen Blick. Wie man seine Stimme hört.*

Aber wie gelangen wir dahin? Wie können wir lernen, sozusagen „online" mit Gott zu leben und tagtäglich diese vertrauensvolle Nähe zu pflegen? Im Lauf der Jahre habe ich mit dieser Frage im Herzen die Lebensgeschichten von Christen vergangener Zeiten gelesen, zum Beispiel die von Antonius, der einen geistlichen Riesen wie Athanasius zum Lehrer hatte, oder die der Benediktiner und ihres Ordensgründers, oder die von Columban und seinen Schülern und ihrem gemeinsamen Leben auf der Insel Iona. Und ich habe mich gefragt: *Wo kann man so etwas heute erleben?* Diese Geschichten erinnerten mich an Äsops Fabeln. Faszinierend, aber aus grauer Vorzeit. Ich kenne niemanden, der heutzutage mit einem großen geistlichen Ratgeber, Mentor, Vater oder Seelenführer in einer Hütte lebt und unter der unmittelbaren Anleitung eines solchen Lehrers die Widerstände des Lebens meistert. Ich weiß, dass es solche geistlichen Väter gibt, und ich bete darum, dass es mehr werden. Aber in der Zwischenzeit muss ich mich damit abfinden, dass sie rar sind. Die meisten von uns haben keinen zur Hand.

Und trotzdem können wir lernen.

Die wenigsten werden Kontakt zu einem Meister im Fliegenfischen haben, aber man kann auch schon eine Menge lernen, wenn man Gelegenheit hat, jemanden zu beobachten, der einige Jahre bei einem solchen Meister in die Schule gegangen ist. Als Stacy und ich frisch verheiratet waren, suchten wir das Gespräch mit Paaren, die schon ein oder zwei Jahrzehnte gemeinsam verbracht hatten. Wir profitierten unglaublich, indem wir ihnen einfach nur zuhörten, wenn sie von ihren Erfahrungen berichteten – den guten wie den schlechten. Tatsächlich hat uns das am meisten geholfen, was sie über ihre Niederlagen zu erzählen wussten. Und so kam ich auf die Idee, von meinen Erfahrungen zu berichten und in Worte zu fassen, was Gott mir zeigt. Vielleicht wirft das ja ein Licht auf Ihre Erfahrungen und erhellt das, was Gott Ihnen zeigt. Wenn ich diese Geschichten erzähle, will ich nicht so verstanden werden, als sei das der einzige Weg, wie man in dieser engen täglichen Verbindung mit Gott leben kann. Aber wie hat George MacDonald gesagt: „So, wie es keine exklusive Auslegung eines Bibelwortes für einen Menschen allein gibt, so gibt es auch im menschlichen Herzen keine Regung, die allein in diesem Herzen existieren würde und nicht auch in der einen oder anderen Weise im Herzen eines jeden Menschen."

Und so biete ich Ihnen hier eine Reihe von Geschichten an, die davon handeln, wie ich im Verlauf eines Jahres mein Leben mit Gott gelebt habe. Ich öffne Ihnen meine Tagebücher. Oder zumindest einen Teil davon. Den hoffentlich hilfreichen Teil. Als Ernest Hemingway 1935 *Die grünen Hügel Afrikas* schrieb, empfand er das als ausgesprochen riskant. „Ich habe versucht, ein absolut wahrhaftiges Buch zu schreiben. Ich wollte sehen, ob die Gestalt eines Landes und die Muster der Ereignisse eines Monats dort, wahrhaftig geschildert, heranreichen an das Werk der reinen Vorstellungskraft." Um wie viel wertvoller kann das sein, wenn wir einander die Geschichten unserer tatsächlich erfolgten Begegnungen mit Gott erzählen – nicht nur die Gipfelerlebnisse, sondern die alltäglichen Dinge, die wir im Lauf eines Jahres erleben.

Manche dieser Geschichten werden Ihnen neue Horizonte eröffnen. Das hoffe ich jedenfalls. Auf die Stimme Gottes hören lernen mag eine ganz neue Erfahrung für Sie sein, und eine aufregende dazu, mit unerwarteten Glücksmomenten hinter jeder Biegung. Sie werden zweifellos auf Lektionen stoßen, die Sie bereits verinnerlicht haben, womöglich besser als ich. Aber vielleicht ist Ihnen das nicht mehr bewusst. Wir neigen dazu, selbst die kostbarsten Erfahrungen mit Gott zu vergessen. Vielleicht kann ich Ihnen helfen, solche verschütteten Erfahrungen wieder in Erinnerung zu rufen. Möglicherweise erzähle ich unbewusst auch Ihre eigene Geschichte, sodass Sie einen neuen Blickwinkel dafür gewinnen und festhalten können, was Ihnen sonst vielleicht entgleiten würde.

Dieses Buch ist nicht in Kapitel unterteilt. Das Leben ereignet sich nicht kapitelweise, sauber unterteilt mit hilfreichen Zwischenüberschriften und Fußnoten. Wir bekommen keine Anleitung für jeden neuen Tag, mit einer allabendlichen Zusammenfassung. Das Leben stellt sich als eine Sammlung von

Geschichten dar, die sich im Lauf der Zeit ereignen. An jeder Geschichte gibt es etwas zu lernen. Und genauso lehrreich ist es, die Entwicklung im Lauf eines Jahres zu beobachten, zu entdecken, wie sich bestimmte Themen wiederholen, wiederholte Anfechtungen, die steuernde Hand Gottes in ansonsten zusammenhanglosen Ereignissen. Ich denke, dieser Aufbau erlaubt es, dass Sie überall dort innehalten, wo Gott zu Ihnen spricht, wo ein Licht auf Ihre eigene Geschichte fällt oder wo Gott Ihnen etwas Neues klarmacht. Nehmen Sie das als Signal für eine Pause. Das ist die Lektion des Tages. Ackern Sie das Buch nicht einfach durch! Nehmen Sie sich Zeit, und lassen Sie Gott reden.

Mir hat das folgende Zitat von Frederick Buechner geholfen:

> Das Verfassen einer Autobiografie hat etwas mehr als nur ein bisschen Verstörendes an sich. Wenn mich Leute gelegentlich fragten, woran ich gerade arbeitete, fand ich es schier unmöglich, es ihnen zu sagen, ohne zumindest innerlich zu erröten. Als ob es irgendjemanden interessieren würde oder gar müsste. Aber ich erzähle es Ihnen dann trotzdem. Denn ich habe den Eindruck: Ganz gleich, wer man ist, und ganz gleich wie ausdrucksfähig man ist, wenn man seine eigene Geschichte nur genügend offen und konkret erzählt, dann wird es eine interessante Geschichte und in einem gewissen Sinn auch eine universell gültige Geschichte.
>
> Wenn Gott überhaupt auf andere Weise zu uns spricht als durch derart offizielle Kanäle wie die Bibel oder die Kirche, dann spricht er meiner Ansicht nach hauptsächlich durch das, was uns widerfährt. Folglich habe ich in diesem Buch versucht, noch einmal zu überdenken, was ich erlebt habe, und darin neben allem anderen den Klang seiner Stimme auszumachen. Und ich hoffe, dass meine Leser in gleicher Weise ihre Erlebnisse überdenken. Denn Gottes Wort an uns ist sowohl erkennbar als auch über die Maßen kostbar.

Frederick Buechner, *Now and Then*

Auftakt

Sommer

Herbst

Winter

Frühling

Die Stimme Gottes hören lernen

Auf Gott hören

Wenn ich nur hingehört hätte.

Wir haben da so eine Familientradition. Jeweils Ende November, am Wochenende nach Thanksgiving, dem amerikanischen Erntedankfest, gehen wir in die Wälder und holen uns einen Christbaum. Wir haben damit angefangen, als die Jungs noch klein waren, und im Lauf der Jahre wurde daraus das Ereignis, mit dem wir feierlich die Weihnachtszeit eröffnen. Samstag früh packen wir die Jungs ein und fahren in die verschneiten Wälder. Stacy hat heißen Kakao in Thermoskannen gefüllt; ich habe mich um Seil und Säge gekümmert. Wie immer bin ich der Überzeugung, dass es „hinter diesem Hügel" einen noch schöneren Christbaum geben muss, was dann meistens noch einen Hügel mehr bedeutet, und einzelne Familienmitglieder stapfen schon wieder zum Auto zurück, während ich einen Baum fälle, der stets einen Meter zu hoch ist, und den ich dann anderthalb Kilometer weit schleppen muss. Aber genau so muss es ablaufen. Es ist unsere Tradition.

Nun haben wir also einen ziemlich sonderbaren Baum, eine Art Charlie-Brown-Christbaum, wie das halt oft läuft, wenn man sich auf eigene Faust auf den Weg macht. Aber es ist *unser* Christbaum, und es ist eine Geschichte mit ihm verknüpft. Wir lieben ihn. Meistens.

Letztes Jahr sind wir erst eine Woche *nach* dem Erntedank-Wochenende losgezogen, um einen Baum zu holen. Das Abenteuer hatte diesmal einen neuen, aufregenden Aspekt – wir hatten etwas Land in den Bergen erworben, und so würden wir nun zum ersten Mal einen Weihnachtsbaum auf unserem eigenen Grund und Boden fällen. Ich stellte mir eine Familienwanderung auf Schneeschuhen durch den Wald vor, heiße Getränke am anschließenden Lagerfeuer, Brettspiele, schöne Erinnerungen. Die Sache verlief allerdings nicht ganz nach Plan.

In der Nacht kam ein Schneesturm auf und hinterließ uns

sechzig Zentimeter hohen Schnee auf der Zufahrtstraße. Wir beschließen, lieber zurückzufahren, solange wir noch können. Aber keine fünf Minuten nach Beginn der Heimfahrt rutschen wir in den Straßengraben. Es kostet uns mehr als eine Stunde, den Wagen auszubuddeln. Wir haben keine Schaufel. Wir benutzen die Plastikschlitten der Jungs, ohne großen Erfolg. Schließlich bekommen wir den Allradwagen wieder zurück auf die Straße, aber nur, indem die ganze Familie auf der rechten Seite des Wagens auf den Trittbrettern hängt wie Segler auf einem Katamaran, während ich das Gaspedal bis zum Anschlag durchtrete.

Langsam schlagen wir uns zur Schnellstraße durch. Ich steige nur mal eben aus, um den Baum zu kontrollieren (wir hatten ja einen gefunden, wie üblich einen Meter zu lang), und entdecke, dass wir zwei platte Reifen haben. Nicht einen, zwei. Es hat schätzungsweise minus zehn Grad; der Wind pfeift aus Norden und die gefühlte Temperatur ist noch ein paar Grad niedriger. Ich habe einen Ersatzreifen dabei, aber keine zwei. (Wer hat das schon? Und wer hat zwei Platten gleichzeitig?) Und dann habe ich noch eine Flasche Reifen-Pilot – vielleicht kommen wir damit zurück in die Stadt. Fehlanzeige – das Zeug ist eingefroren. Als ich ausgestiegen bin, habe ich die Warnblinker angelassen, damit der nachfolgende Verkehr auf unsere Situation aufmerksam wird. Jetzt ist die Batterie tot.

Das Wort, das mir zu dem allen einfällt, ist *Prüfung*. Es *war* eine Prüfung. Eine harte. Und nun muss ich bekennen: Wir hätten gar nicht erst losfahren sollen.

Wir hatten im Hinblick auf dieses Wochenende gebetet. Wir hatten Gott gefragt, wann die richtige Zeit sei, um zu starten. Das war am Freitag unmittelbar nach Thanksgiving, und Stacy hatte genau wie ich den Eindruck, dass Gott uns signalisierte, wir sollten am nächsten Tag aufbrechen. Aber das ergab für uns keinen Sinn. Wir waren müde, und die Jungs hatten sich mit Freunden verabredet. Es gab „Gründe" genug, um nicht zu fahren, aber entscheidender war jener unterdrückte Zweifel, der so oft mit Erschöpfung einhergeht, jenes Ding in uns, das winselt: *Wirklich? Müssen wir das wirklich jetzt machen, Gott?* Wir ignorierten also den Rat und beschlossen, erst eine Woche später zu fahren. Am Wochenende direkt nach dem Erntedankfest war wunderschönes Wetter. Kein Schnee, den ganzen Tag Sonne, kein Wind. Die ganze Aktion wäre absolut fantastisch gewesen.

Aber nein. Wir mussten ja unbedingt unseren Kopf durchsetzen.

Wie geht noch dieses alte Glaubenslied? „Trust and obey, for there's no other way to be happy in Jesus, but to trust and obey." (Vertraue und gehorche. Anders wirst du mit Jesus nicht glücklich.) Die ganzen Probleme wären uns erspart geblieben, wenn wir nur auf ihn gehört hätten.

Die Macht unserer Annahmen

Neulich habe ich in der Buchhandlung einen alten Bekannten getroffen. Ich war schon fast aus der Tür, als er meinen Namen rief. Also kehrte ich noch mal um, um Hallo zu sagen und ein paar Worte mit ihm zu wechseln. Es schien ihm nicht gut zu gehen. War nur noch ein Schatten seiner selbst, so wie ich ihn gekannt hatte. Ich fragte mich, warum. Ich erwartete, dass er mir etwas von einem schweren Verlust erzählen würde – vielleicht ein sehr nahestehender Mensch. Oder von einer langwierigen Krankheit. Nicht dass er so aussah, als sei er schwer krank. Und doch war etwas seltsam an seiner Haltung. Er schien sich zum Teil selbst verloren zu haben. Sie werden diesen Ausdruck kennen. Tatsächlich haben ihn viele. Es ist ein verwirrter und mutloser Blick. Als wir so sprachen, wurde klar, dass er schlicht ausgelaugt war durch eine Reihe schwerer Jahre voller Enttäuschungen.

Als ich den Laden verließ, ertappte ich mich bei dem Gedanken: Er war so ein vielversprechender Mensch. Was ist bloß mit ihm geschehen?

Es hatte etwas mit Grundannahmen zu tun.

Er ging von der Annahme aus: Wenn Gott wirklich ein liebender Gott wäre, dann würde er sich schon für ihn einsetzen. Im Sinne von: seine Entscheidungen segnen. Seinen Dienst. Sein Leben gelingen lassen. Aber genau das geschah nicht, und entsprechend verblüfft und verletzt schaute er aus der Wäsche. Er versuchte es zu überspielen, aber man sah es ihm an, dass er alle Zuversicht verloren hatte. Und seine Annahme ist vielleicht die am weitesten verbreitete, am wenigsten hinterfragte und naivste Annahme, die gläubige Menschen über Gott anstellen. Wir nehmen an: Gott ist Liebe, wir glauben an Gott, folglich wird er uns ein glückliches Leben bescheren. A + B = C. Vielleicht sind Sie nicht so verwegen, diese Annahme laut zu äußern; vielleicht glauben Sie noch nicht einmal, dass Sie diese Annahme teilen – aber achten Sie mal darauf, wie schockiert Sie sind, wenn die Dinge nicht nach Plan laufen. Bestimmt kennen Sie das Gefühl, verraten und verkauft zu sein, wenn etwas im Leben schiefläuft. Oder achten Sie mal darauf, wie schnell sich das Gefühl einstellt, dass Gott eben doch nicht so nah, so beteiligt ist, dass er sich eben doch nicht sonderlich für Ihr Leben interessiert.

Nun ist es natürlich nicht fair, Diagnosen über das Leben eines Menschen anzustellen, ohne dass man einigermaßen gründlich über seine Situation Bescheid weiß und deren Vorgeschichte kennt und eine Ahnung von Gottes Absichten in dem Ganzen hat. Aber im konkreten Fall weiß ich genug, um behaupten zu können: Dieser Mann nahm an, dass es im christlichen Leben hauptsächlich um den Glauben an Gott und um gute Taten geht. Um eine anständige Lebensführung. Das ist in Ordnung. Das ist ein guter Anfang. Aber auch nur der Anfang. Es ist etwa so, als ob man sagen würde: Der Weg zu einer guten Freundschaft besteht darin, dass man das Vertrauen des anderen nicht enttäuscht. Das gehört sicher dazu. Natürlich legt man darauf Wert. Aber meinen Sie nicht auch, dass zu einer Freundschaft noch eine Menge mehr gehört als der feste Vorsatz, dass man keinen Vertrauensbruch begehen will? Und noch etwas weiß ich von jenem Kandidaten: Er kann sich nicht vorstellen, dass Gott wirklich mit seinen Kindern redet. Und so hatte er weder Wegweisung noch Erklärungen zur Hand, als sein Leben in schweres Wetter geriet und er den Eindruck hatte, dass seine Anstrengungen ins Leere gingen. Es war traurig zu sehen, was für einen Tribut diese Annahmen gefordert hatten.

> *Wir nehmen an: Gott ist Liebe, wir glauben an Gott, folglich wird er uns ein glückliches Leben bescheren. So einfach ist es nicht.*

Ich verließ den Laden nachdenklich. Nachdenklich darüber, welche Rolle unsere Annahmen im alltäglichen Leben spielen – wie sie uns entweder helfen oder uns verletzen. Von unseren Annahmen hängt es ab, wie wir Ereignisse deuten. Und sie tragen maßgeblich zum Antrieb und zur Richtung unseres Lebens bei. Es ist wichtig, dass wir uns mit ihnen beschäftigen. Und das Leben bietet allwöchentlich Hunderte von Gelegenheiten, um unsere Annahmen zu überprüfen. Besonders, wenn wir mit Gott unterwegs sind.

Nehmen wir zum Beispiel die Annahme, die diesem Buch zugrunde liegt. Ich gehe davon aus, dass es einen vertrauensvollen Umgang mit Gott gibt, eine Nähe und ein Gespräch mit ihm, und dass diese Art des Umgangs mit Gott natürlich ist. Ich gehe sogar noch einen Schritt weiter. Ich gehe davon aus, dass Ihr geistliches Leben verkümmert, wenn Sie *keine* derartige Beziehung zu Gott finden. Und das wird auch Ihr übriges Leben beeinträchtigen. Abseits von Gott können wir kein Leben finden, und wir können Gott nicht finden, wenn wir nicht wissen, wie wir ihn als nah und zugewandt erfahren können. Ein Abschnitt aus dem Johannesevangelium macht deutlich, worum es mir geht. Jesus spricht dort über sein Verhältnis zu uns; darüber, dass er der Gute Hirte ist und wir seine Schafe. Hören Sie, wie er diese Beziehung beschreibt:

> „Ich sage euch die Wahrheit: Wer nicht durch die Tür in den Schafstall geht, sondern heimlich einsteigt, der ist ein Dieb und Räuber. Der Hirte geht durch die Tür zu seinen Schafen. Ihm öffnet der Wächter die Tür, und die Schafe erkennen ihn schon an seiner Stimme. Dann ruft der Hirte jedes mit seinem Namen und führt sie auf die Weide. Wenn seine Schafe den Stall verlassen haben, geht er vor ihnen her, und die Schafe folgen ihm, weil sie seine Stimme kennen … Wer durch mich zu meiner Herde kommt, der wird gerettet werden. Er kann durch diese Tür ein und aus gehen, und er wird saftig grüne Weiden finden. Der Dieb kommt, um zu stehlen, zu schlachten und zu vernichten. Ich aber bringe Leben – und dies im Überfluss."
>
> Johannes 10,1-4.9.10

Die Schafe leben in einer gefährlichen Umgebung. Sie haben nur eine Möglichkeit, sicher zu sein und Futter zu finden: indem sie nämlich ihrem Hirten auf dem Fuß folgen. Die meisten Christen allerdings nehmen an, dass der Weg zu dem Leben, das Gott uns zugedacht hat, nach folgendem Muster verläuft: (A) Glaube an Gott. (B) Sei ein guter Mensch. (C) Gott kümmert sich um den Rest. A + B = C. Und nun kommt Jesus und behauptet: Die Gleichung ist unvollständig. Ich *möchte* euch Leben geben. Leben im Überfluss. Aber ihr solltet bedenken, dass es einen Dieb gibt. Er ist darauf aus, euch zu zerstören. Außerdem gibt es falsche Hirten. Hört nicht auf sie. Zieht nicht auf eigene Faust los, um saftige Weiden zu finden. Es reicht nicht, nur an mich zu glauben. Ihr müsst nah bei mir bleiben. Auf meine Stimme hören. Mich führen lassen.

Und nun der Gedanke: Wenn Sie nicht von denselben Annahmen ausgehen wie Jesus, dann haben Sie keine Chance, das Leben zu finden, das er Ihnen geben möchte.

Redet Gott auch heute noch?

Ich sprach kürzlich am Telefon mit einer jungen Frau, die mich für einen Artikel interviewte. Sie fragte, wovon mein neues Buch handeln würde, und ich versuchte es ihr etwa so zu erklären: „Es ist eine Art Leitfaden für ein Leben in enger Verbindung zu Gott. Und wie man seine Stimme hören kann." Ich erzählte einige Begebenheiten (darunter die mit unserer Christbaum-Beschaffungsaktion). Schweigen am anderen Ende der Leitung, jenes bedeutungsschwangere Schweigen, das mir signalisiert, dass ich einen empfindlichen Nerv getroffen habe – und einen tief sitzenden Zweifel. Schließlich fragte sie: „Was sagen Sie Menschen, die Ihnen entgegnen: Wir erleben Gott nicht so persönlich?" Ich hatte so eine Ahnung, dass sie das christliche Leben nicht in der Weise kannte, wie ich es ihr schilderte – es schwang etwas in ihrer Stimme mit. Vielleicht hatte ihr nie jemand gesagt, dass es das überhaupt gibt; vielleicht hatte ihr auch nur niemand gezeigt, wie sie es erleben konnte.

Kann man Gott wirklich so persönlich erleben? Das ist ein guter Ausgangspunkt.

Es mag allzu banal erscheinen, dass ich den Gott des Universums mit einem Familienausflug und einer Christbaumfällaktion in Verbindung bringe. Kümmert sich Gott wirklich um derartigen Kram? Ist er uns wirklich so persönlich nah und vertraut mit uns? Von einem können wir, glaube ich, wenigstens ausgehen: Ganz gewiss kennt Gott *uns* so persönlich.

> Herr, du durchschaust mich,
> du kennst mich durch und durch.
> Ob ich sitze oder stehe – du weißt es,
> aus der Ferne erkennst du, was ich denke.
> Ob ich gehe oder liege – du siehst mich,
> mein ganzes Leben ist dir vertraut.
> Schon bevor ich rede, weißt du, was ich sagen will.

Von allen Seiten umgibst du mich
und hältst deine schützende Hand über mir.
Dass du mich so genau kennst – unbegreiflich ist mir das,
zu hoch, ein unergründliches Geheimnis!

Wie könnte ich mich dir entziehen;
wohin könnte ich fliehen, ohne dass du mich siehst?
Stiege ich in den Himmel hinauf – du bist da!
Wollte ich mich im Totenreich verbergen – auch dort bist du!
Eilte ich dorthin, wo die Sonne aufgeht,
oder versteckte ich mich im äußersten Westen, wo sie untergeht,
dann würdest du auch dort mich führen und nicht mehr
loslassen.

Wünschte ich mir: „Völlige Dunkelheit soll mich umhüllen,
das Licht um mich her soll zur Nacht werden!" –
für dich ist auch das Dunkel nicht finster,
die Nacht scheint so hell wie der Tag
und die Finsternis so strahlend wie das Licht.

Du hast mich geschaffen – meinen Körper und meine Seele,
im Leib meiner Mutter hast du mich gebildet.
Herr, ich danke dir dafür, dass du mich so wunderbar
und einzigartig gemacht hast! Großartig ist alles,
was du geschaffen hast – das erkenne ich!
Schon als ich im Verborgenen Gestalt annahm,
unsichtbar noch, kunstvoll gebildet im Leib meiner Mutter,
da war ich dir dennoch nicht verborgen.
Als ich gerade erst entstand, hast du mich schon gesehen.
Alle Tage meines Lebens hast du in dein Buch geschrieben –
noch bevor einer von ihnen begann!

Deine Gedanken sind zu schwer für mich, o Gott,
es sind so unfassbar viele!
Sie sind zahlreicher als der Sand am Meer,
wollte ich sie alle zählen, so käme ich doch nie an ein Ende!

Psalm 139,1-18

Ganz gleich, was für Vorstellungen wir im Augenblick davon haben, was es mit Nähe und Vertrautheit mit Gott auf sich haben könnte, zumindest das ist wahr: Gott kennt *uns* wirklich durch und durch und bis in alle Einzelheiten. Er weiß, wann Sie gestern Abend zu Bett gegangen sind. Er weiß, wovon Sie geträumt haben. Er weiß, was Sie heute zum Frühstück hatten. Er weiß, wohin Sie Ihren Autoschlüssel verlegt haben, was Sie von Ihrer Erbtante halten und warum Sie Ihrem Chef heute Nachmittag aus dem Weg gehen wollen. Das macht dieser Bibelabschnitt klar. Gott kennt uns. Bis ins Letzte.

Aber sucht Gott eine enge Beziehung und Vertrautheit *mit* uns?

Denken wir an den Anfang zurück. Der erste Mann, die erste Frau, Adam und Eva – sie kannten Gott und sprachen mit ihm. Und noch nach dem Sündenfall macht sich Gott nach ihnen auf die Suche. „Am Abend, als ein frischer Wind aufkam, hörten sie, wie Gott, der Herr, im Garten umherging. Ängstlich versteckten sie sich vor ihm hinter den Bäumen. Aber Gott rief: ‚Adam, wo bist du?'" (1. Mose 3,8.9). Eine wunderbare Szene. Sie sagt uns, dass Gott uns selbst angesichts unserer Sünde noch als sein Gegenüber haben will und sich um uns kümmert. Der Rest der Bibel handelt davon, wie die Geschichte weitergeht, wie Gott uns nachgeht und uns zu sich zurückruft.

> Der Herr ist bei euch, solange ihr bei ihm bleibt. Wenn ihr ihn sucht, wird er sich finden lassen.
>
> 2. Chronik 15,2

> Ich gebe ihnen ein verständiges Herz, damit sie erkennen, dass ich der Herr bin. Sie werden mein Volk sein, und ich werde ihr Gott sein; von ganzem Herzen werden sie wieder zu mir umkehren.
>
> Jeremia 24,7

„Jetzt fordere ich, der Herr, der allmächtige Gott, euch auf: Kehrt um, kommt zu mir zurück! Dann wende auch ich mich euch wieder zu."

Sacharja 1,3

Sucht die Nähe Gottes, dann wird er euch nahe sein.

Jakobus 4,8

Darum wollen wir uns Gott nähern.

Hebräer 10,22

Eine enge, ja innige Beziehung zu Gott ist der Sinn unseres Daseins. Dafür hat uns Gott geschaffen. Wir sollen nicht einfach nur an ihn glauben, wenn das auch ein guter Anfang ist. Wir sollen ihm nicht nur gehorchen, obwohl das zu unserer Berufung gehört. Gott hat uns geschaffen für die denkbar engste Gemeinschaft mit sich selbst, und indem er das tat, hat er das Ziel unseres Daseins definiert: Wir sollen ihn kennen, ihn lieben und unser Leben in vertrauensvoller Verbindung mit ihm gestalten. Jesus zufolge besteht das ewige Leben darin, Gott zu erkennen (Johannes 17,3). Nicht nur etwas über ihn zu wissen, so wie man etwas über die Ozonschicht oder über einen großen Präsidenten weiß. Sondern ihn so gut zu kennen, wie zwei Menschen sich kennen können; aufs Engste mit ihm vertraut sein, so wie Jesus mit dem Vater vertraut ist.

Aber redet Gott zu seinen Menschen?

Können Sie sich irgendeine Beziehung vorstellen, in der es keine wie auch immer geartete Kommunikation gibt? Mal angenommen, Sie treffen zwei gute Freunde in einem Café, und Sie wissen, dass die beiden dort schon eine Stunde zusammen waren, bevor Sie eintrafen. Aber als Sie sich nun dazusetzen und fragen: „Nun, worüber habt ihr gesprochen?", da sagen sie: „Über nichts." „Nichts?" „Nichts. Wir reden nicht miteinander.

Aber wir sind wirklich enge Freunde." Was würden Sie davon halten? – Jesus nennt uns seine Freunde: „Ich nenne euch nicht mehr Knechte, denn einem Knecht sagt der Herr nicht, was er vorhat. Ihr aber seid meine Freunde, denn ich habe euch alles anvertraut, was ich vom Vater gehört habe" (Johannes 15,15).

> *Gott hat uns geschaffen für die denkbar engste Gemeinschaft mit sich selbst. Wir sollen unser Leben in vertrauensvoller Verbindung mit ihm gestalten.*

Oder angenommen, Sie fragen einen Vater: „Worüber haben Sie zuletzt mit Ihren Kindern gesprochen?", und er antwortet: „Über nichts. Ich rede nicht mit ihnen. Aber ich liebe sie wirklich." Hätten Sie nicht den Eindruck, dass eine derartige Beziehung etwas vermissen lässt? Und sind Sie nicht Gottes Sohn, Gottes Tochter? „Die ihn aber aufnahmen und an ihn glaubten, denen gab er das Recht, Kinder Gottes zu werden" (Johannes 1,12).

Ich weiß, ich weiß – die verbreitete Überzeugung lautet: Gott spricht *nur* durch die Bibel zu uns. Und lassen Sie mich das eine klarstellen: Er spricht zu uns zuerst und zuletzt durch die Bibel. Das ist die Grundlage unserer Beziehung. Die Bibel ist das ewige und unumstößliche Wort Gottes an uns. Und es ist von unschätzbarem Wert, dass wir hier schwarz auf weiß vorliegen haben, wie Gott über uns denkt. Wir wissen auch, dass jede vermeintliche Offenbarung Gottes, die sich mit der Bibel nicht in Einklang bringen lässt, nicht vertrauenswürdig ist. Ich stelle also in keiner Weise die Autorität der Schrift in Frage oder die Tatsache, dass Gott durch die Bibel zu uns spricht. Ich stelle nur fest: Viele Christen glauben, dass Gott *nur* durch die Bibel zu uns spricht.

Ironischerweise deckt sich diese Überzeugung nicht mit dem, was die Bibel selbst sagt.

Die Bibel ist voll von Geschichten, in denen Gott mit Menschen redet. Abraham, der „der Freund Gottes" genannt wird, sagte: „Der Herr des Himmels hat mir aufgetragen, meine Heimat und mein Elternhaus zu verlassen, und er hat mir versprochen ..." (1. Mose 24,7). Gott sprach mit Mose, „wie Freunde miteinander reden" (2. Mose 33,11). Auch mit Aaron sprach er: „Der Herr sprach erneut mit Mose und Aaron und beauftragte sie ..." (2. Mose 6,13). Und mit David: „Danach fragte David den Herrn: ,Soll ich nach Juda zurückkehren?' ,Ja', antwortete der Herr, ,geh wieder dorthin.' ,In welcher Stadt soll ich mich niederlassen?', fragte David weiter. ,In Hebron', sagte der Herr" (2. Samuel 2,1). Gott redete mit Noah. Und mit Gideon. Und mit Samuel. Die Liste ist schier endlos.

Ich kann die Einwände hören: „Aber das war was anderes. Das waren besondere Menschen, die einen besonderen Auftrag hatten." Und wir sind keine besonderen Menschen und haben keinen besonderen Auftrag? Ich weigere mich, das zu glauben. Und ich bezweifle auch, dass Sie in Ihrem tiefsten Innern das glauben wollen.

Aber nehmen wir den Einwand einmal ernst. Dann gilt es zu entdecken, dass Gott auch mit „weniger wichtigen" Personen in der Bibel sprach. Gott redete mit Hagar, der Sklavin Saras, als sie davongelaufen war. „Hagar rief aus: ,Den, der mich angeschaut hat, habe ich tatsächlich hier gesehen.' Darum gab sie dem Herrn, der mit ihr gesprochen hatte, den Namen: ,Der Gott, der mich anschaut'" (1. Mose 16,13). Der Gott, der selbst mich anschaut. Bewegend. Im Neuen Testament spricht Gott mit einem Mann namens Hananias, der eine bescheidene Rolle in sieben Versen der Apostelgeschichte spielt:

> In Damaskus wohnte ein Jünger Jesu, der Hananias hieß. Dem erschien der Herr in einer Vision. „Hananias", sagte er zu ihm. „Ja, Herr, hier bin ich", erwiderte der Mann. Der Herr forderte ihn auf: „Geh zur Geraden Straße in das Haus des Judas und frag dort nach einem Saulus von Tarsus ..."
> „Aber Herr", wandte Hananias ein, „ich habe schon von so vielen gehört, wie grausam dieser Saulus deine Gemeinde in Jerusalem

verfolgt. Außerdem haben wir erfahren, dass er eine Vollmacht der Hohenpriester hat, auch hier alle gefangen zu nehmen, die an dich glauben."

Doch der Herr sprach zu Hananias: „Geh nur!"

Apostelgeschichte 9,11-15

Wenn nun Gott nicht *auch* mit uns spricht, warum sollte er uns dann all diese Geschichten geben, in denen er mit anderen redet? „Schau – hier sind Hunderte inspirierende und hoffnungsvolle Geschichten, wie Gott in dieser und jener Situation mit seinen Leuten geredet hat. Ist das nicht toll? Aber Sie haben leider nichts davon. Er spricht nicht mehr in dieser Weise." Das ergibt keinen Sinn. Warum sollte Gott uns ein Buch voller Ausnahmen in die Hand drücken? *So habe ich mich* früher *mit meinen Leuten verständigt, aber davon bin ich abgekommen.* Was würde uns ein Buch voller nicht mehr aktueller Ausnahmen nützen? Das wäre so, als würde man Ihnen eine Betriebsanleitung für einen Mercedes in die Hand drücken, obwohl Sie einen Mitsubishi fahren. Nein, die Bibel ist ein Buch voller *Beispiele* dafür, wie ein Leben in Tuchfühlung mit Gott aussieht. Zu behaupten, dass Gott uns diese Erfahrungen vorenthält, wäre in der Tat sehr entmutigend.

Und es wäre unbiblisch. Aus der Bibel wissen wir, dass wir Gottes Stimme hören können:

Morgen für Morgen weckt er mich, und dann höre ich zu: Der Herr lehrt mich wie ein Lehrer seinen Schüler.

Jesaja 50,4

Er ist unser Gott, und wir sind sein Volk. Er kümmert sich um uns wie ein Hirte, der seine Herde auf die Weide führt. Hört jetzt auf das, was er euch sagt: Verschließt eure Herzen nicht.

Psalm 95,7f

Der Hirte geht durch die Tür zu seinen Schafen. Ihm öffnet der Wächter die Tür, und die Schafe erkennen ihn schon an seiner Stimme. Dann ruft der Hirte jedes mit seinem Namen und führt sie auf die Weide. Wenn seine Schafe den Stall verlassen haben, geht er vor ihnen her, und die Schafe folgen ihm, weil sie seine Stimme kennen ... Ich bin der gute Hirte und kenne meine Schafe, und sie kennen mich, genauso wie mich mein Vater kennt und ich den Vater kenne. Ich gebe mein Leben für die Schafe. Zu meiner Herde gehören auch Schafe, die jetzt noch in anderen Ställen sind. Auch sie muss ich herführen, und sie werden wie die Übrigen meiner Stimme folgen. Dann wird es nur noch eine Herde und einen Hirten geben.

Johannes 10,2-4.14-16

Wir sind seine Schafe. Jesus sagt, dass seine Schafe seine Stimme kennen. „Ich stehe vor der Tür und klopfe an. Wenn jemand meine Stimme hören wird und die Tür auftun, zu dem werde ich hineingehen und das Abendmahl mit ihm halten und er mit mir" (Offenbarung 3,20; L). Jesus spricht. Er macht ein Angebot. An wen? An „jemand". Also an jeden. Was sagt Jesus, was passieren wird? Jemand kann – jeder kann – seine Stimme hören. Und wenn wir auf seine Stimme und sein Klopfen antworten, was wird Jesus dann tun? „Hineingehen und das Abendmahl mit ihm halten und er mit mir." Eine Mahlzeit zu teilen ist ein Akt der Gemeinschaft und ein Angebot der Freundschaft. Jesus möchte sich einen Stuhl schnappen, sich zu uns an den Tisch setzen und sich mit uns unterhalten. Er bietet uns freundschaftlichen, vertrauensvollen, engen Umgang an. Könnte es noch deutlicher sein? Wir sind für eine enge Beziehung mit Gott geschaffen. Er möchte diese Vertrautheit. Und Vertrautheit gibt es nicht ohne Gedankenaustausch, ohne Kommunikation. Gott redet mit seinen Leuten.

Aber was ist mit mir?

Zurück zum Interview.

Wir waren schließlich bei der Gretchenfrage angelangt. Die junge Frau fragte mich: „Was sagen Sie Menschen, die Gott nicht so hören wie Sie?"

Einverstanden. Das ist etwas anderes. Es ist eine Sache, zu behaupten: „Gott redet heute nicht mehr zu uns." Es ist etwas anderes, zu sagen: „Ich erlebe nicht, dass Gott zu *mir* spricht." Das war es, was hinter ihren Einwänden stand – *sie* hatte Gott nicht so gehört. Es tat mir leid für sie. Sie hatte all diese theologischen Annahmen verinnerlicht, wonach Gott nicht mit seinen Leuten redet, nur weil *sie* noch nicht erlebt hatte, dass Gott zu ihr sprach. Das ist nachvollziehbar. Wenn man Ihnen ständig erzählt, dass Gott nicht zu Ihnen spricht, dann werden Sie vermutlich auch nicht mehr die Ohren spitzen. Alles hängt von Ihren Annahmen darüber ab, was für eine Art Beziehung Gott anbietet.

„Es braucht Zeit", sagte ich. „Man muss es lernen. Vermutlich hat alles in Ihrem Leben, was Sie wirklich gerne tun, anfangs ein wenig Übung erfordert."

| *Gott redet mit seinen Leuten. Heute. Wirklich.*

Wenn Sie Musik machen wollen, werden Sie zunächst den Umgang mit einem Instrument erlernen. Die ersten Versuche klingen nicht sonderlich beeindruckend – all die Quietscher und Misstöne und die Probleme mit dem Takt. Sie sind wirklich auf dem Weg zum Musizieren. Aber es klingt noch so, als würden Sie ein Schwein strangulieren. Wenn Sie dranbleiben, dann wird sich etwas Wundervolles daraus entwickeln. Oder denken Sie an Snowboardfahren – die ersten Versuche auf dem Brett wirken meist recht … unbeholfen. Sie fallen hin, und das nicht zu knapp. Sie kommen sich ziemlich dämlich vor. Aber wenn Sie nicht lockerlassen, dann werden Sie daran Gefallen finden. Sie werden besser. Es wird Ihnen natürlich vorkommen. Und dann stellt sich auch der Spaß ein. So geht es mit fast allem im Leben.

Unser Leben mit Gott bildet da keine Ausnahme. Es braucht Zeit und Übung. Es wirkt anfangs unbeholfen, und manchmal kommen wir uns dämlich vor. Aber wenn wir dranbleiben, bekommen wir irgendwann den Dreh raus, es wird immer selbstverständlicher und unser Leben wird erfüllt mit Gottes Gegenwart und mit all der Freude und Schönheit und den Segnungen, die damit verbunden sind.

Man muss dieses Leben lernen.

Und es lohnt jede Anstrengung.

Damit hätten Sie meine grundlegende Annahme. Eine enge Beziehung, ein persönliches Gespräch mit Gott ist möglich. Ist sogar normal. Oder *sollte* jedenfalls normal sein. Mir ist durchaus bewusst, dass die meisten Menschen diese Art vertrauensvoller Beziehung zu Gott nicht kennen – noch nicht. Aber genau das ist es, wonach Gott sich sehnt und was er anbietet. Ich gründe meine Annahme darauf, wer Gott ist und wer der Mensch ist, auf das Wesen Gottes und auf das Wesen des Menschen, der als Gottes Ebenbild erschaffen wurde. Wir sind kommunikative Wesen. Ich gründe meine Annahme außerdem auf das Wesen von Beziehungen – Beziehungen erfordern Verständigung und Austausch – Kommunikation. Ich gründe meine Annahme auf die umfangreiche Akte all der Gespräche, die Gott in denkbar unterschiedlichen Situationen mit Menschen geführt hat. Und schließlich gründe ich sie darauf, dass Jesus gesagt hat, dass wir seine Stimme hören.

Kommen wir zu Annahme Nummer 2.

Worauf ist Gott aus?

Ich sitze vor meinem Computer, mein Zeigefinger schwebt wie eingefroren über der linken Maustaste.

Mein E-Mail-Programm fragt mich: „Sind Sie sicher, dass Sie diese Nachricht unwiderruflich löschen wollen?" Nein, ich bin nicht sicher. Es ist eine so *gute* E-Mail. Unvergleichlich. Nicht zu leugnen. Und längst überfällig. Jemand hat mich in Rage gebracht (Einzelheiten verschweige ich lieber, weil dieser Jemand das Buch bestimmt lesen wird), und ich habe eine Antwort aufgesetzt, die meiner Ansicht nach sehr ehrlich, sehr direkt, in gewisser Weise beschämend und alles in allem unwiderlegbar ausgefallen ist. Ich war schon dabei, auf „Senden" zu klicken, und zwar mit derselben Genugtuung, die ein Stürmer beim hart erkämpften Siegtreffer empfinden muss, der seiner Mannschaft die Meisterschaft sichert. Das fühlt sich so was von gut an.

Und dann sagte Gott: *Tu es nicht.*

Nicht? Grrrr. Etwas in mir sackt zusammen. Der Schiri pfeift ab. Foulspiel. Das war's. Dabei sah es so was von gut aus. Es war berechtigt. *Warum kann ich die Mail nicht abschicken?* Ich erwarte keine Antwort von Gott. Ich weiß, warum. Die Tatsache, dass ich eine solche klammheimliche Freude an der Sache hatte, sagt mir, warum. (Sie werden diese Art Freude kennen. Genau wie diese speziellen Momente – diese Gespräche, die in Ihrem Kopf ablaufen, bei denen Sie brillant abschneiden und Ihr Gegenpart sprachlos ist.) Ich spüre, wie Gottes Geist mir klarmacht: *Es würde nichts Gutes bewirken. Sie sind nicht in der Verfassung, damit richtig umzugehen. Lass es sein.*

Lange Pause. Ein tiefer Seufzer. Die ganze Euphorie fällt in sich zusammen. Es geht um mehr als darum, eine Führung Gottes zu akzeptieren. Ich lasse mich auf eine Veränderung ein. Tief in meiner Seele, wo mein Wille und mein Herz sich treffen, lasse ich eine Verwandlung geschehen. Ich klicke „Ja" und begrabe die ganze Idee.

Jesus sagt, dass er uns führen wird – er ist schließlich unser Guter Hirte. Was für ein ermutigender Gedanke. Jesus führt Sie, Jesus führt mich. Er umsorgt uns wie ein Hirte seine Schafe. Ich kann regelrecht spüren, wie es mir bei diesem Gedanken leichter ums Herz wird. Einverstanden. Ich muss mein Leben nicht auf eigene Faust leben. Jesus hat die Führung übernommen, und nachdem das so ist, liegt es an uns, ihm zu folgen. Und Sie werden feststellen, dass es bei dieser Nachfolge ausgesprochen hilfreich ist, wenn man weiß, worauf Gott hinauswill. Nun wissen wir natürlich nicht *genau*, was Gott mit diesem oder jenem Ereignis in unserem Leben bezweckt. „Warum habe ich die Stelle nicht bekommen?" „Warum geht sie nicht ans Telefon?" „Warum haben meine Gebete nichts gegen den Krebs ausgerichtet?" Ich weiß es nicht. Manchmal bekommen wir Klarheit, und manchmal nicht.

> *Tief in meiner Seele, wo mein Wille und mein Herz*
> *sich treffen, lasse ich eine Verwandlung geschehen.*

Aber was auch immer vor sich geht, eins können wir wissen: Gott geht es immer darum, uns zu verändern.

> Wir wissen, dass für die, die Gott lieben und nach seinem Willen zu ihm gehören, alles zum Guten führt. Denn Gott hat sie schon vor Beginn der Zeit auserwählt und hat sie vorbestimmt, seinem Sohn gleich zu werden, damit sein Sohn der Erstgeborene unter vielen Geschwistern werde. Und da er sie erwählt hat, hat er sie auch berufen, zu ihm zu kommen. Er hat sie gerecht gesprochen und hat ihnen Anteil an seiner Herrlichkeit gegeben.
>
> Römer 8,29f; NL

Die Übertragung *The Message* fasst diese Passage in folgende Worte:

Von Anfang an wusste Gott, was er tat. Von Anfang an hatte er im
Sinn, das Leben der Menschen, die ihn lieben, dem Leben seines
Sohnes ähnlich zu machen. Der Sohn ist der Erste in einer langen
Reihe einer erneuerten Menschheit. In ihm sehen wir das Original
und die eigentlich gemeinte Gestalt eines Lebens mit Gott. Nachdem
Gott also beschlossen hatte, wie das Leben seiner Kinder aussehen
sollte, kam der erste Schritt, diesen Plan zu verwirklichen: Er rief sie
mit Namen. Und nachdem er sie gerufen hatte, stellte er ihre Beziehung zu ihm auf ein solides Fundament. Und nachdem er das getan
hatte, blieb er für alle Zeit an ihrer Seite und vollendete so auf herr-
liche Weise, was er begonnen hat.

Gott hat etwas vor. Er ist fest entschlossen, die Menschheit zu
heilen und zu erneuern. Sie und mich zu heilen und zu erneuern.
Und er kümmert sich persönlich darum. Er hatte einen ganz
bestimmten Mann, eine ganz bestimmte Frau im Sinn, als er Sie,
als er mich geschaffen hat. Durch das Leben, Sterben und die
Auferweckung Jesu hat er uns zu sich zurückgeholt. Damit hat
er die Beziehung zu uns hergestellt. Und nun ist er darauf aus,
uns zu erneuern. Sie und mich. Er macht das, indem er uns „seinem Sohn gleich" macht. Er formt uns nach dem Vorbild von
Jesus. Sie können sich darauf verlassen. Das ist so. Was immer
sonst passieren wird in Ihrem Leben, Gott hat stets dieses Ziel
im Blick: Ihre Verwandlung.

Das ist übrigens eine gute Nachricht. All die anderen Dinge,
nach denen wir uns im Leben sehnen – Liebe und Freundschaft,
Freiheit und Ganzheit, zu wissen, wozu wir da sind, und alle
Freuden, die wir gern erleben möchten – all das hat eine Voraus-
setzung: dass wir von Gott zu neuen Menschen gemacht werden. Verwandelt. Umgestaltet. Man kann schlecht Freundschaf-
ten pflegen oder gar neue Freunde gewinnen, solange man
launisch und unausgeglichen ist und anderen das Leben schwer
macht. Und die Liebe hat keine Chance, solange man alles unter
Kontrolle haben will. Sie können Ihren Platz im Leben nicht
finden, solange Sie immer noch sklavisch die Erwartungen ande-

rer Leute zu erfüllen versuchen. Sie können keinen Frieden finden, solange Sie von Furcht beherrscht werden. Sie können sich nicht an dem freuen, was Sie haben, solange Sie neidisch auf das starren, was Ihr Nachbar hat. Und so weiter und so fort.

Gott möchte, dass wir glücklich sind. Wirklich wahr. „Ich bringe Leben – und dies im Überfluss" (Johannes 10,10).

Aber er weiß auch, dass wir erst wahrhaft glücklich sein können, wenn wir heil geworden sind. Oder besser gesagt: heil*ig*. Wir müssen erneuert werden. Neu werden.

> *Gott hat etwas vor. Er ist fest entschlossen,*
> *die Menschheit zu heilen und zu erneuern.*

Betrachten Sie es mal so: Machen Sie sich bewusst, wie Sie sich fühlen, wenn Sie etwas versaut haben. Denken Sie an den Gesichtsausdruck Ihres Sohnes, wenn Sie ihn angeblafft haben. An die Kluft, die sich aufgetan hat, selbst wenn Sie sich anschließend entschuldigt haben. Zum hundertsten Mal. Wie es Sie innerlich in Fahrt bringt, wenn Sie sich romantischen Fantasien über eine Affäre mit jemandem, der schon vergeben ist, hingeben. Sie wollen das, ja – und zugleich wollen Sie es nicht, und doch wünschen Sie sich, sie könnten, aber ganz zutiefst wünschen Sie es doch nicht … Und warum geht das alles in Ihnen vor? Das Schuldgefühl, wenn Sie einen Freund ins Gesicht hinein angelogen haben. Und wenn es an den Tag kommt. Die Stunden, die Sie mit bitteren Gedanken vergeudet haben. Die Scham, die mit Süchten und Abhängigkeiten einhergeht. Sie wissen am besten, was Sie quält.

Und nun stellen Sie sich vor, wie es wäre, wenn Sie das nie wieder tun würden. Noch nicht einmal damit kämpfen müssten. Wie würde Ihr Leben aussehen, wenn Sie von all dem frei wären, was Ihnen im Nacken sitzt?

Was für eine Freude, was für ein Freiheitsgefühl würde es in uns hervorrufen, wenn ein solcher Wandel in uns geschähe. Das allein wäre schon mehr Glück, als die meisten von uns je erleben. Und damit nicht genug: Denn ein solcher Wandel würde uns dazu befreien, das Leben zu führen, das Gott uns zugedacht hat.

Und genau darauf ist Gott aus, meine Freunde. Das ist das Ziel, das unser Hirte im Auge hat. Was immer sich sonst in unserem Leben abspielt – vor allem *das* spielt sich ab. Gott will unsere Umwandlung. Wenn es das ist, was Gott will, wäre es dann nicht sinnvoll, dass wir ihn etwas bereitwilliger an uns heranlassen, um diese Umgestaltung ins Werk zu setzen? Ein Teil von mir wünscht, ich hätte die garstige E-Mail abgeschickt. Aber der wahrhaftigere, tiefere Teil von mir ist froh, dass Gott mich aufgehalten hat. Ich hätte den Empfänger verletzt. Ich hätte es später bereut. Ich hätte eine Krise heraufbeschworen, die man nur in langen Stunden emotionaler Feuerwehrtätigkeit wieder in den Griff bekommen hätte. Ich möchte gar nicht genau wissen, wie viele Desaster dieser Preislage Gott verhindert hat – all die Dinge, wo er mir den Mund verschlossen oder mich durch sein Eingreifen vor törichten Entscheidungen bewahrt hat.

Ich möchte mit Gott leben – unter seinen Augen und in enger Tuchfühlung mit ihm.

Auftakt

Sommer

Herbst

Winter

Frühling

Zeit der Erneuerung –
Zeit, den Rückweg zur Freude
einzuschlagen

Ausgebremst, um hören zu können

Diese Geschichte beginnt im Juni, am ersten Tag unseres Sommerurlaubs.

Ich sitze auf der Veranda unseres Ferienhäuschens und lausche dem Geräusch des Regens, wie er auf das Blechdach plätschert und all meine Pläne für diesen Tag fortschwemmt. Ich kann nicht wandern gehen. Ich kann nichts auf dem Grundstück erledigen. Ich kann nicht Angeln gehen. Der Matsch ist so tief, dass ich noch nicht einmal mit dem Auto irgendwo hinkomme. Ich sitze in der Falle. Festgenagelt. Allein mit mir und mit Gott. Ich kann nichts tun, außer darauf zu achten, was in mir so aufsteigt, wenn ich mich nicht mit Arbeit ablenken kann. Und so widme ich meine Aufmerksam genau dieser Frage, mein Tagebuch auf dem Schoß, und was fließt mir aus der Feder?

Ich fühle mich mal wieder zermalmt.

Vollständig und komplett zermalmt.

Ich bin so müde, so ausgezehrt. Die Erschöpfung tut körperlich weh.

Oder vielmehr: Mein Körper meldet Schmerzen bei der ersten Gelegenheit, Dampf rauszunehmen und müde zu sein.

Okay: Das Jahr war hart. So viel los, so hohe Anforderungen. Aber Gott hat etwas vor. Während ich schreibe, fühle ich mich wie ein Häftling, der ein Geständnis ablegt.

Und ich weiß, warum ich so zermalmt bin.

Es ist der Druck.

Ich setze mich selber unter Druck. Ständig.

Dieses ständige Rackern und Drängen ist mir in Fleisch und Blut übergegangen. Ich weiß gar nicht mehr, wie ich anders leben könnte. Ich stehe ständig unter Strom. Versuche mein eigenes Leben oder das anderer Leute zu verbessern. Das fühlt sich so an, als würde ich mich selbst beatmen. Immer bin ich darauf aus, Dinge zu verbessern. Ich bin eigentlich hierher auf die Ranch gekommen, um auszuruhen, aber schon nach zehn Minuten Stille rattert mein Verstand: *Ich muss Sam endlich beibringen, wie man beim Fliegenfischen die Angel auswirft. Der Zaun zum Nachbargrundstück ist noch nicht fertig. Ich will jeden Tag, solange wir hier sind, die Pferde bewegen. Ich könnte die Tür neu streichen. Ich muss ja auch noch die Karte für die Bergtour mit Luke im August studieren. Und die ganze Sache planen.*

Jesus, Erbarmen.

Dieser Regen ist ein Segen. Er zwingt mich zum Innehalten. Leicht schmollend sehe ich ein, dass diese Sintflut von Gott kommt. Ich kann so nicht weitermachen – ständig unter Strom. Ständig am Leben herumwerkeln. Mich ständig unter Druck setzen. Es ist der erste Tag meines Urlaubs, aber ich kann es nicht genießen, weil ich in dieser Verfassung bin. Und ich bin selbst daran schuld. Ich fühle mich ausgefranst wie ein altes Seil, und zwar als Folge dessen, wie ich mein Leben führe. Und ich habe den dringenden Verdacht, dass das nicht die Art Leben ist, die Gott mir zugedacht hat. Ich bin ziemlich sicher, dass der Bibelvers nicht so lautet: „Er führt mich in die völlige Erschöpfung, er treibt mich zum Zusammenbruch." Und hat Jesus nicht gesagt, sein Joch sei sanft und seine Last leicht? Vielleicht lastet auf mir ja ein anderes Joch – das von Jesus kann es nicht sein.

Musste ich wirklich all diese Reisen in diesem einen Jahr unternehmen? Musste ich mich wirklich für alle und jeden einsetzen, für die ich glaubte, mich einsetzen zu müssen? Musste ich das *wirklich*? Und dann die entlarvende Frage: Habe ich in all diesen Angelegenheiten je Gott gefragt? Nun, ich weiß schon – vieles in unserem Leben erscheint unausweichlich. Es gibt immer einen Grund. Es gibt immer eine Ausrede. „Aber ich *muss* doch so leben! Wenn ich nicht die Welt auf meinen Schultern trage – wer sonst würde es tun?"

Tropf. Tropf. Tropf. Der Regen macht keine Anstalten aufzuhören. Er ist genauso hartnäckig wie Gottes Geist dahinter.

Festgesetzt auf meiner Veranda wird mir klar, dass es um

mehr geht als um meinen Urlaub. Ich weiß das nur zu gut. Es geht darum, wie ich mein Leben führe. Für einige Augenblicke zur Untätigkeit gezwungen, wird mir auch bewusst, dass ich eigentlich nicht so leben will. All das, was ich unternehme, um mein Leben zu inszenieren; all die Dinge, die so unausweichlich und zwingend erscheinen – all das zehrt mich aus und hält mich davon ab, das Leben zu finden, das Gott mir anbietet. Wenn man nicht mit leerem Tank liegen bleiben will, ist es das Beste, Gas wegzunehmen und Sprit zu sparen, damit man es noch zur nächsten Tankstelle schafft. Ich mache das Gegenteil. Ich drücke das Gaspedal bis zum Bodenblech durch. Kein Wunder, dass Gott uns *gebieten* muss zu ruhen. Wir kämen von selbst nicht auf die Idee. Und selbst mit Gottes Gebot gönnen wir uns keine wirkliche Erholung.

> *Gott liebt mich zu sehr, als dass er mich mir selbst überlassen würde.*

Wie ich da mit Gott auf der Veranda sitze, fällt mir auf einmal etwas wieder ein, was ich vergessen hatte: Es gibt ein Leben, aus dem alles andere entspringt. Ein Leben, das von Gott ausgeht. Jesus hat uns das Gleichnis vom Weinstock und den Reben gegeben. Er ist der Weinstock, wir sind die Reben (Johannes 15,5). Der entscheidende Punkt an diesem Bild ist die Lebenskraft, die den Reben vom Weinstock zufließt. Nur so entwickeln sich Trauben. Die Reben sind hauptsächlich Kanäle. Sie können selbst keine Frucht erzeugen. Die Reben müssen von Leben durchströmt werden, damit sich die Trauben und all die Freuden, die damit zusammenhängen – das Feiern, der Wein, die Festtafel nach der Ernte – entwickeln können. Dieses Leben liegt nicht in den Reben an sich. Sie – wir – müssen es aus einer anderen Quelle beziehen. Von Gott.

Nun ist Ruhe natürlich nur ein Weg, auf dem uns Gott das Leben zukommen lässt. Wir halten inne, lassen all die dringenden Geschäfte mal beiseite und erlauben uns, dass wir wieder aufgetankt werden. Das sollte regelmäßig geschehen. Die Originalvorschrift hieß: wöchentlich. Warum also fühlt sich Erholung wie der pure Luxus an? Ernsthaft betrachtet fühlt es sich unverantwortlich an. Wir glauben ernsthaft, dass wir uns fünfzig Wochen im Jahr wie die Ochsen antreiben können, uns dann in zwei Wochen erholen, und dann fängt alles wieder von vorne an. Das ist Wahnsinn. Dass ich ständig gerackert und mich selbst unter Druck gesetzt habe, hat mich nur von dem Leben abgeschnitten, das ich so dringend brauche. Ich komme von selbst nicht auf die Idee, mal anzuhalten und zu fragen: *Ist es das, was du von mir erwartest, Herr? Möchtest du, dass ich das Badezimmer streiche? Mich in der Gemeinde engagiere? Bis in die Nacht hinein arbeite?*

Also schickt Gott diesen Wolkenbruch und bringt mich sachte davon ab, dass ich mich auch in meinem Urlaub wie der Hamster im Rad verhalte. Er liebt mich zu sehr, als dass er mich mir selbst überlassen würde.

Und da bin ich wieder beim Hirten und bei der Herde. Wenn die Schafe dem Hirten folgen, finden sie saftige Weiden. Finden sie Leben. Das Leben kommt nicht auf wundersame Weise zu uns. Wir müssen uns schon dafür empfänglich machen. Es gibt einen Lebensstil, der es uns ermöglicht, das Leben, das Gott geben möchte, zu empfangen. Ich weiß, dass ich das ersehnte Leben vermutlich viel eher finde, wenn ich enger an Jesus dranbleibe und seiner Stimme folge. Ich weiß das. Wenn ich auf ihn höre und ihn den Takt vorgeben lasse, wenn ich einwillige in mein Verwandelt-Werden, dann werde ich ein viel glücklicherer Mensch. Und deshalb steigt in mir ein neues Gebet auf. Ich frage Gott: *Was für ein Leben soll ich führen; was meinst du?*

Alles wird sich ändern, wenn wir auf diese Frage eine Antwort bekommen.

Wie man Hören lernt

Wir sind eingeladen, Menschen zu werden, die Jesus folgen.

Nicht nur Menschen, die Jesus glauben. Die ihm folgen. *Nachfolger*. Das ist schon ein Unterschied.

Folgen – das setzt voraus, dass ein anderer die Führung übernimmt. Erinnern Sie sich? „Er ruft ein jedes mit seinem Namen und führt sie ... und die Schafe folgen ihm, weil sie seine Stimme kennen" (Johannes 10,3f). Gott bietet uns ein Vertrauensverhältnis an und führt uns so zu dem Leben, das er uns zugedacht hat – wenn wir ihm folgen. „Ich will dich lehren und dir sagen, wie du leben sollst; ich berate dich, nie verliere ich dich aus den Augen" (Psalm 32,8). Gott verspricht seine Führung auch für die Details und scheinbaren Nebensächlichkeiten des Lebens. Und weiter heißt es in diesem Psalm: „Sei nicht wie ein Pferd oder ein Maultier ohne Verstand! Wenn sie wild ausschlagen, musst du sie mit Zaum und Zügel bändigen, sonst folgen sie dir nicht" (V. 9).

Wie würde das aussehen, wenn Gott auch in den Kleinigkeiten unseres Lebens mitreden könnte? Was hieße das, in all den kleinen Entscheidungen, die das alltägliche Leben ausmachen, seinem Rat, seinen Weisungen zu folgen?

Es wäre ... zum Staunen.

Ich glaube, wir würden wie David ausrufen: „Du zeigst mir den Weg, der zum Leben führt" (Psalm 16,11). Das ist das Vorrecht und die Freude der Schafe, die dem Guten Hirten gehören. Er führt sie gut. Er führt sie zum Leben. Zurück zur Frage: *Was für ein Leben soll ich führen; was meinst du?* Eine gute Frage – vielleicht eine der wichtigsten Fragen, die wir Gott überhaupt stellen können. Er hat uns schließlich geschaffen. Er wusste, warum. Er weiß, was das Beste für jeden von uns ist. Wenn wir von ihm lernen könnten, was für ein Leben wir nach seinen Vorstellungen führen sollen – die Einzelheiten, das Tempo, die Orte, an denen wir uns investieren sollen, und die, von denen wir uns fernhalten sollen, dann wären wir eins mit seinem Willen. Dort und dann hätten wir das Leben.

> *Wie würde das aussehen, wenn Gott auch in den Kleinigkeiten unseres Lebens mitreden könnte?*

Aber vielleicht ist die Frage eine Nummer zu groß. Ich versuche es mal mit einer etwas bescheideneren Frage.

An jenem Wochenende, dem ersten in unserem Sommerurlaub, war meine schlichte Frage: *Was willst du, was sollen wir tun: Eher zur Ranch fahren oder zu Hause bleiben?* (Die Ranch ist für uns ein Ort der Ruhe und der Erholung. Zumindest ist sie dafür gedacht.) Ich wusste, dass ich so anfangen musste, mit einer schlichten Frage.

Das ist der erste Lernschritt in Sachen „Gottes Stimme hören": Stellen Sie einfache Fragen. Sie sollten nicht mit gewichtigen Fragen anfangen, auf die Sie verzweifelt eine Antwort suchen, etwa vom Kaliber: „Soll ich Ted heiraten?" Oder: „Willst du, dass ich das Familienunternehmen morgen verkaufe?" Oder: „Habe ich Lungenkrebs?" (Paranoia hat mir nur selten geholfen, Gottes Stimme zu hören). Das wäre ja so, als würde man im Klavierunterricht gleich mit Mozart anfangen oder sich im Skikurs sofort die schwarze Piste hinunterstürzen. Damit sind jeweils so viele Empfindungen verbunden, da schwirrt jeweils so viel im Kopf herum. Meine Erfahrung ist: Um Gottes Stimme zu hören, müssen wir in einer ruhigen Verfassung sein. Mit kleinen Fragen anfangen – das macht die Sache einfacher.

Denken Sie an die Geschichte des Propheten Elia nach seinem Triumph auf dem Karmel: Er ergriff die Flucht und versteckte sich in einer Höhle. Und dort sprach Gott ihn an. Und was sagte er zu ihm?

> „Komm aus deiner Höhle heraus, und tritt vor mich hin! Denn ich will an dir vorübergehen." Auf einmal zog ein heftiger Sturm herauf,

riss ganze Felsbrocken aus den Bergen heraus und zerschmetterte sie.
Doch der Herr war nicht in dem Sturm. Als Nächstes bebte die Erde,
aber auch im Erdbeben war der Herr nicht. Dann kam ein Feuer, doch
der Herr war nicht darin. Danach hörte Elia ein leises Säuseln.

1. Könige 19,11f

Ein leises Säuseln. Um dieses leise Säuseln zu hören, müssen wir
erst einmal zur Ruhe kommen. Alle Aufregung vergessen. Unser
Herz besänftigen. Wir sind ja auf einem Weg fortschreitender
Heil(ig)ung, und so könnten wir eigentlich auch bei großen Fragen ruhig und voll Vertrauen auf Gott sein. Aber das erfordert
Zeit und Reife. Fordern Sie sich das nicht schon am Anfang ab.
Beginnen Sie mit schlichten Fragen. Ich kann bei der Frage *Sollen wir zur Ranch fahren oder zu Hause bleiben?* recht entspannt
sein. Hier geht es nicht um Leben und Tod. Ich hoffe nicht verzweifelt darauf, eine ganz bestimmte Antwort zu hören. Die Sache ist nicht so dramatisch.

Wie mache ich es: Ich sitze mit der Frage einige Minuten vor
Gott. Damit ich mich auf ihn ausrichte und meine Gedanken
nicht zu wandern beginnen (*Habe ich die Socken aus dem Trock-
ner genommen? War die Telefonkonferenz mit meinem Verleger
schon morgen? Wo habe ich mein Handy hingelegt?*), wiederhole ich die Frage still im Herzen. *Gott, was willst du: Sollen wir
zur Ranch, oder sollen wir zu Hause bleiben?* Dann halte ich
wieder inne und lausche. Und wiederhole die Frage erneut. *Was
rätst du uns? Ranch oder nicht?*

Und während ich dies tue, versuche ich auch auf die Regun-
gen meines Herzens in dieser Sache zu achten. Bin ich überhaupt
bereit zu hören, was immer Gott dazu zu sagen hat? Das ist
absolut entscheidend. Wenn ich eigentlich nur eine Antwort hören will, die mir in den Kram passt, dann bin ich ja offensichtlich
nicht bereit, mich dem Willen Gottes unterzuordnen, und es
wird mir schwerfallen, ihn überhaupt wahrzunehmen – oder
dem zu vertrauen, was ich höre, gerade wenn es die Antwort ist,

die ich am liebsten hören will. Wenn es um das Hören auf die Stimme Gottes geht, dann ist nichts so entscheidend wie Hingabe. Loslassen. Und das ist etwas Schönes, glauben Sie mir. Wir wenden uns an Gott, weil wir Wegweisung suchen, und anschließend sind wir ein Stück auf dem Weg der Heiligung weitergekommen, weil wir Hingabe gelernt haben. Manchmal, wenn ich auf Gott höre, spreche ich es laut aus: *Herr, ich werde alles akzeptieren, was du mir sagen willst.* Das hilft mir, meine Seele in eine Haltung der Hingabe zu versetzen.

Das wäre also die Grundlage: Beginnen Sie mit kleinen Fragen. Wiederholen Sie die Fragen still in Ihrem Herzen. Versetzen Sie sich in eine Haltung ruhiger Gelassenheit. Lassen Sie Ihre eigenen Vorlieben in dieser Sache los. Und lassen Sie mich an dieser Stelle ergänzen: Ich gehe davon aus, dass wir über Fragen und Sachverhalte sprechen, die in der Bibel nicht direkt thematisiert werden. Sie müssen Gott nicht fragen, ob Sie einen Mord begehen oder Ihrem Nachbarn den Fernseher klauen dürfen. Er hat sich bereits eindeutig dazu erklärt. Sie müssen ihn auch nicht fragen, ob Sie sich Ruhe gönnen sollen. Er hat auch dazu schon alles gesagt. Aber manchmal wissen wir nicht, wo oder wann genau wir uns eine Auszeit nehmen sollen, und dann ist es nötig, dass wir genauere Anweisungen erbitten und auf Gott hören.

> *Der erste Lernschritt in Sachen „Gottes Stimme hören":*
> *Stellen Sie einfache Fragen.*

Nun, manchmal habe ich den Eindruck, dass ich Gottes Stimme nicht vernehmen kann, und dann versuche ich die Frage zuzuspitzen. Immer noch in einer Haltung ruhiger Gelassenheit frage ich: *Willst du, dass wir fahren? Ist es das?* Pause. In meinem Herzen überlege ich, ob das Gottes Antwort sein könnte. *Sollen wir fahren?* Pause. Lauschen. *Oder ist die Antwort nein, und du willst, dass wir hierbleiben?* Pause. Nachdenken. *Sollen wir zu Hause bleiben?* Innehalten. Zuhören.

Oft können wir Gottes Weisung in einer Angelegenheit schon ahnen, bevor wir tatsächlich Worte hören. Der Geist Gottes wird Ihnen den Willen Gottes mitunter dadurch deutlich machen, dass er eine Antwort irgendwie falsch oder unattraktiv erscheinen lässt. Dass er Sie damit ausbremst. Unser Geist steht in Verbindung mit Gottes Geist, und oft macht er uns seinen Willen tief in uns bewusst, bevor sich Worte formen. Zumindest mir geht es so. Indem ich alternative Antworten sozusagen „anprobiere", versuche ich mit Gottes Geist in Einklang zu kommen. Und mit der Zeit verdichten sich solche inneren Eindrücke dann zu Worten. Ein einfaches Ja oder Nein kann unglaublich ermutigend sein, wenn wir lernen, auf Gott zu hören.

Ich hörte: *Ja – fahrt. Es wird gut werden.*

Heil und heilig

Und jetzt das: Regen.

Ich bin mir so was von sicher, dass diese Reise in Gottes Sinn war, und nun regnet es.

Lassen Sie sich durch so etwas nicht verunsichern. Wenn Sie Gottes Stimme folgen, dann entwickeln sich die Dinge vielleicht nicht immer so, wie Sie es sich gedacht haben. Schon vergessen? Er will uns Freude schenken, *und* er ist darauf aus, uns zu verwandeln. Eins hängt mit dem anderen zusammen. Ich hatte Erholung dringend nötig – mehr, als mir bewusst war. Aber ich bin so auf Aktivität gepolt, dass ich Gottes Geschenk der Erholung unter der Hand in eine Woche Garten- und Feldarbeit umgemünzt hätte. Den Zaun reparieren, die Tür streichen, dies und das endlich erledigen. So musste er mich auf der Veranda festsetzen, damit ich das Geschenk, das er mir geben wollte, nicht ruiniere.

Und nun, da er mich festgesetzt hat, kann ich erkennen, was Gott da ans Tageslicht bringt. Er macht mir meine Gehetztheit bewusst. Wenn ich in dem Stil weitermache, ist der Burn-out nicht mehr fern. Bekomme ich einen Herzinfarkt. Bin ich bald am Ende. Und nun kann die Verbindung zu ihm noch enger werden, indem ich mich nämlich darauf einlasse, dass er mich verändert, umgestaltet. Er hat mich hier auf die Veranda gebracht, damit er mir vor Augen führen kann, in welcher Tretmühle ich stecke. Und damit wir gemeinsam erkunden, warum das so ist. Sieht nicht danach aus, dass der Regen bald aufhören wird. Uns werden Stunden zur Verfügung stehen, um zu entdecken, was Gott mit mir im Sinn hat.

Moment mal. Sie *wissen* ganz gut, worauf Gott es in Ihrem Leben abgesehen hat, stimmt's? Vielleicht ist ja gerade das der Grund für unsere zwanghafte Betriebsamkeit – so können wir diese Einsicht ignorieren; so müssen wir uns nicht damit auseinandersetzen.

> *Gott hat zwei Ziele mit uns: Er will uns Freude schenken. Und er will uns verändern.*

Und Sie wissen vermutlich auch, dass die einfachen Lösungen nicht immer funktionieren. Sich einfach zu sagen: „John, du arbeitest zu viel. Mach mal etwas langsamer" ist etwa so effektiv wie einem Junkie zu sagen, er solle mit den Drogen aufhören. Oder hat das bei Ihnen schon mal funktioniert?

Es gibt da Kräfte, die mich zu dieser Art von Leben antreiben, Beweggründe und Zwänge, die tief in meiner Seele eingeprägt sind. Ich weiß, woher meine Rastlosigkeit und mein krankhafter Ehrgeiz kommen. Es liegt an meinem Misstrauen. An einer tief sitzenden Furcht, dass ich es alles selbst richten muss. Dass es von mir abhängt, dass mein Leben rund läuft. Dass ich so weit wie möglich vorankommen muss, bevor alles zusammenbricht. Dass ich Heu machen muss, solange die Sonne scheint, denn sie scheint ja nicht immer … Gott will nicht einfach nur mein Verhalten ändern (nach dem Motto: Lass es einfach!). Er will einen echten, tief greifenden, nachhaltigen Wandel.

Und das bringt mich zu einer weiteren Annahme, mit der wir uns anfreunden müssen, wenn wir uns auf Gott einlassen wollen: Wahre Heiligkeit setzt voraus, dass unsere Seele heil geworden ist.

> Gepriesen sei unser Gott, der Gott und Vater unseres Herrn Jesus Christus! Denn durch Christus hat er uns Anteil gegeben an der Fülle der Gaben seines Geistes in der himmlischen Welt. Schon bevor er die Welt erschuf, hat er uns vor Augen gehabt als Menschen, die zu Christus gehören; in ihm hat er uns dazu erwählt, dass wir heilig und fehlerlos vor ihm stehen.
>
> Epheser 1,3.4; GN

Vollkommen, heil und heilig sollen wir also sein. Beides geht Hand in Hand. Und das ist wichtig. Sie können nicht das geheiligte Leben führen, das Sie suchen, wenn Sie nicht heil sind, komplett, ganz, unbeschädigt. Und Sie können diese Ganzheit, dieses Heilsein nicht erlangen ohne ein geheiligtes Leben. Sie können einem Menschen, der zu Wutausbrüchen neigt, nicht einfach befehlen, dass er aufhören soll, die Beherrschung zu verlieren. Wenn er könnte, würde er vermutlich gern aufhören. Sofort. Er weiß nur nicht, wie. Er kennt nicht all die Kräfte, die in ihm hochkochen und ihn mit Zorn überwältigen. Ihm zu sagen, dass er sich beherrschen soll, ist so sinnlos wie der Befehl, er solle sich den Gezeiten entgegenstemmen.

Allzu lange gab es in der Christenheit zwei Lager. Das eine Lager setzte eher auf die Heiligkeit oder „das richtige Leben". Das sind die Leute, die den Standard hochhalten und eine Botschaft der moralischen Untadeligkeit verkündigen. Die Ergebnisse waren – nun ja, gemischt. Ein bisschen Tugend, ein bisschen Wohlverhalten, und ganz viel Scham und Schuldgefühle. Aber dieser Ansatz hat nur sehr wenig nachhaltige Veränderung bewirkt. Nur um das klarzustellen: Ich bin ganz bestimmt für ein moralisches Leben. Es ist nur so: Dorthin gelangt man nur, wenn zuvor die Seele heil geworden ist.

Gott handelt an uns zu unserem Besten, damit wir an seiner Heiligkeit Anteil bekommen. In dem Augenblick, in dem wir gestraft werden, bereitet uns das nicht Freude, sondern Schmerz. Aber später
bringt es denen, die durch diese Schule gegangen sind, als Frucht
Frieden und die Annahme bei Gott. Macht also die erschlafften
Hände wieder stark, die zitternden Knie wieder fest! Geht auf rechten Wegen, damit die lahm gewordenen Füße nicht auch noch ver-
renkt, sondern wieder heil werden!

Hebräer 12,10-13; GN

Heil. Repariert. Erneuert. Ganz gemacht. Der Bibel zufolge können wir nicht darauf hoffen, dass wir den Weg beschreiten können, den Gott uns gern führen möchte, wenn nicht die Seele heil
geworden ist.

Die andere Fraktion der Christenheit setzt eher auf die Gnade. Ihre Botschaft lautet, dass wir zwar unmöglich einen heiligen
Gott zufriedenstellen können, aber uns ist ja vergeben. Wir leben unter der Gnade, Gott sei Dank. Aber was ist mit der Heiligkeit? Was ist mit der tief greifenden persönlichen Veränderung? Paulus sagt: „Die Sünde hat ihre Macht über euch verloren.
Denn ihr seid nicht länger an das Gesetz gebunden, sondern ihr
lebt von der Barmherzigkeit" (Römer 6,14). Er geht also davon
aus, dass eine bestimmte Art Gnade uns von der Macht der Sünde in unserem täglichen Leben befreit.

Gott will uns wieder in Ordnung bringen.
An uns liegt es, „umzukehren", nach bestem Vermögen
unser Leben zu ändern.

Meine Rastlosigkeit und mein krankhafter Ehrgeiz machen mich
kaputt, wenn das so weitergeht. Gott weiß das. Er weiß auch,
was ich brauche. Hier draußen auf meiner Veranda bitte ich ihn,
die tiefen, verborgenen Plätze meiner Seele aufzusuchen und
mich zu heilen. Ich weiß zumindest teilweise, wo die Ursachen

meiner Rastlosigkeit liegen. Ziemlich früh in meinem Leben stellte ich fest, dass ich auf mich allein gestellt war. Das hat mich tief und nachhaltig verletzt. Kein Junge sollte alleingelassen werden. Wie habe ich auf die Verletzung reagiert? Mit einem ebenso falschen Entschluss. *Ich werde es allein schaffen.* Ich hatte den Eindruck, dass alles von mir selbst abhing (das war die Verletzung). Und ich schwor mir, so zu leben, als ob der Erfolg meines Lebens allein von mir abhinge (das war meine Sünde). Der Weg dahin, von diesem zwanghaften Selbermachen und Alles-allein-in-die-Hand-Nehmen frei zu werden, führt über zwei Stationen: Umkehr und Heilung. Auf diesem Weg kann ich durch die Liebe Gottes heil werden – und heilig. Was sagt Jesus (mit Worten, die der Prophet Jesaja im Auftrag Gottes auszurichten hatte):

> Das Herz dieses Volkes ist hart und gleichgültig. Sie sind schwerhörig und verschließen die Augen. Deshalb sehen und hören sie nicht. Sie sind nicht einsichtig und wollen nicht zu mir umkehren, daher kann ich ihnen nicht helfen und sie nicht heilen.
>
> Matthäus 13,15

Er will sie heilen. Jesus hat um sein Volk geworben. Sie sollten sich ihm zuwenden, damit er sie heilen konnte! Wenn sie nicht so eigensinnig gewesen wären, dann hätte er sie geheilt. Diese Aussage ist entscheidend für unser Verständnis des Evangeliums. Das wird Ihre Überzeugungen in fast jeder anderen Frage prägen. Gott will uns wieder in Ordnung bringen. An uns liegt es, „umzukehren", also nach bestem Wissen und Gewissen unser Leben zu ändern. Aber wir brauchen trotzdem seine Heilung. Wie hieß es in Epheser 1,4? Gott hat uns in seiner Liebe dazu auserwählt, heil und heilig zu sein. Gott wird uns den Weg zeigen, auf dem wir das Leben finden, wenn wir ihm folgen. Und indem wir ihm folgen, werden wir unterwegs entdecken, wie groß unser Bedürfnis nach Ganzheit, nach Heilung und Heiligkeit, ist.

Und so bete ich und notiere in mein Tagebuch:

Jesus, vergib mir. Ich bitte dich um Vergebung dafür, dass ich mein Leben selbst in die Hand genommen habe – für all den falschen Ehrgeiz und die Gehetztheit und das Misstrauen, das mich antreibt. Vergib mir.

Und ich bitte dich um Heilung. Heile die Stellen in meiner Seele, an denen ich so lange meine Einsamkeit gehütet habe und die mich immer wieder dazu verleiten, zu glauben, dass alles von mir – und nur von mir – abhängt.

Beim Beten fällt mir etwas ein, was Gott mir vor einiger Zeit schon mal gesagt hat. Oder vielmehr, er sagt es mir erneut. Es rührt die tiefen Ängste in meinem Herzen an, es trifft den Kern der Sache.

Ich werde dir mein Wohlwollen nie entziehen.

Und eine sanfte, kühle Brise streichelt mein Gesicht.

Raum schaffen für Freude

Vor einigen Jahren traf ich eine Frau, die eine sensible Wahrnehmung für Gottes Absichten hat. Sie nahm mich zur Seite und gab mir die folgende Warnung mit: „Was Sie in Ihrem Leben an Anfechtungen erleben, das richtet sich gegen Ihre Freude." Das traf absolut ins Schwarze. Ich war zutiefst bewegt.

Natürlich. Auf einmal ergab vieles einen Sinn. Die Streitereien. Die Kämpfe. Die Enttäuschungen. Die Verluste. Die Resignation. Warum hatte ich das nicht schon früher gesehen? Ich meine, ich fechte jeden Tag die verschiedensten Scharmützel aus, aber das Drehbuch dahinter, das diabolische Drehbuch – das kam erst jetzt ins Blickfeld. Auf einmal sah ich, dass der Feind mir vor allem die Freude rauben wollte. Mich runterziehen. Mich ermüden. Und dann, wenn ich erst mal emotional am Boden wäre, würde er mir irgendwelche verlockenden Pseudofreuden auftischen. Es würde mit scheinbar harmlosen Verhaltensmustern anfangen und dann allmählich schlimmer werden. So würde er nach und nach alles zerstören, was Gott in mir und durch mich getan hatte. Es war so offensichtlich. Natürlich.

Die Beobachtung dieser Frau wurde mir zur Offenbarung und zur Rettung. Wie ein Rauchmelder, der anschlägt, bevor das Haus in Flammen aufgeht. Ein paar Tage lang ergab die ganze Welt für mich einen Sinn – im Licht der Freude. Aber im Alltagstrott der folgenden Monate entglitt mir diese Klarheit wieder. Vollständig. Freude als Kategorie erschien mir … bedeutungslos. Nett, aber unwesentlich. Ungefähr so bedeutsam, wie einen Whirlpool auf den Fidschi-Inseln zu besitzen. Und genauso weit weg. Wäre ja schön, wird aber nicht passieren. Das Leben hat herzlich wenig mit Freude zu tun. Ich muss noch all dieses Zeug wegarbeiten. Die Post stapelt sich, und ich habe die Rechnungen der letzten zwei Monate noch nicht bezahlt. Und jetzt leuchtet im Wagen auch noch dieses Lämpchen auf, das mir sagt: Nächste Werkstatt ansteuern. Freude? Die Tagesaufgabe heißt Überleben – und ein wenig Vergnügen ergattern. Das erscheint realistisch.

Im Ernst – wie oft denken Sie über die Freude nach? Sehen Sie die Freude in Ihrem Leben als wesentlich, als etwas, worauf Gott mit Nachdruck bestehen wird?

Gestern machte ich mit meinen Söhnen Sam und Blaine einen Ausritt in die Wälder. Das Sonnenlicht drang gedämpft durch das Laub der Espen zu uns durch, während wir einem alten Wildwechsel folgten, den wir noch nie vorher genommen hatten. Scout, unser Golden Retriever, war uns stets ein Stück voraus. Die Pferde schienen den Ritt genauso zu genießen wie wir. Es war kühl unter dem Blätterdach der Espen. Ruhig. Zeitlos. Am Abend trugen Blaine und ich das Kanu zu einem hochgelegenen Bergsee, der von einem munter daherrauschenden Fluss gespeist wurde. Wir paddelten einen knappen Kilometer von der Stelle, wo wir das Boot eingesetzt hatten, bis zum Zufluss. Die Forellen sprangen. Keine Menschenseele war zu sehen. Eine

Stunde lang fischten wir Forellen mit Trockenfliegen, umgeben von Bergen, und das Plätschern des Flüsschens war das einzige Geräusch an diesem Abend. Auf dem Rückweg sahen wir einen Fuchs und ein Wildschwein.

Es war ein unglaublicher Tag. Einer jener seltenen und herrlichen Tage, die mit der Zeit in unserer Erinnerung zum Urbild für Sommerurlaub werden.

Sehen Sie Freude in Ihrem Leben als wesentlich?
Als etwas, worauf Gott bestehen wird?

Warum also wache ich heute ohne einen Funken Freude im Herzen auf? Die Freude war doch gerade noch da. Wo ist sie hin?

Ich fühle mich gerade so, als hätte ich einen Fremden im Flugzeug getroffen. Man macht sich bekannt, tauscht ein paar Sätze aus, trinkt dabei etwas, lacht ein bisschen. Anschließend fährt man allein heim in eine leere Wohnung. So die Art. Ich hatte eine Begegnung mit der Freude. Das hat eine Sehnsucht angerührt. Aber nun wird mir klar, dass ich der Freude keine zehn Minuten eingeräumt habe. Ganz zu schweigen davon, dass ich sie als wesentlich für mein Leben betrachten und sie gezielt suchen würde.

Das hängt mit Vereinbarungen zusammen, die ich unbewusst getroffen habe. Mit Vereinbarungen meine ich jene unterschwelligen Überzeugungen, zu denen wir gelangen, denen wir Raum geben, die wir irgendwann für wahr halten, ohne sie je zu überprüfen. Das geschieht tief in unserer Seele, wo unsere wahre Einstellung zum Leben geformt wird. Etwas oder jemand flüstert uns zu: *Das Leben wird niemals so laufen, wie du es dir erhoffst*, oder: *Niemand wird dir zu Hilfe kommen*, oder: *Gott hat dich im Stich gelassen*. Und etwas in uns antwortet: *Stimmt*. Wir treffen eine stillschweigende Vereinbarung, wir geben unsere Einwilligung, und eine Überzeugung entsteht. Es klingt so einleuchtend. Ich vermute, dass wir auf diese Weise womöglich mehr Überzeugungen gewinnen als auf jede andere. Subtile Vereinbarungen.

Wie auch immer – ich begriff allmählich, dass ich die längste Zeit meines Lebens dem Gedanken gehuldigt hatte: *Ich werde nie so etwas wie bleibende Freude erleben.* Und von diesem resignativen Gedanken bin ich ausgegangen und habe mich auf alles gestürzt, was ich sonst kriegen konnte. Viele Frauen machen das so in ihrer Ehe. Sie sehen, dass sie keine wirkliche Intimität mit ihren Männern erleben, also verlieren sie sich stattdessen in Seifenopern oder Groschenromanen. Männer erleben ihren Beruf als eine Art langsames Sterben, also suchen sie abends in Bars nach ein wenig Ablenkung. Ein paar Bier mit den Kumpels, nebenbei ein Fußballspiel verfolgen. Kein Gedanke an Freude. Eine kleine Erleichterung reicht schon.

Nun, um bei der Wahrheit zu bleiben: Freude fällt in unseren Tagen nicht gerade vom Himmel. Wir gehen nicht jeden Morgen erwartungsvoll nach draußen, um Freude wie Manna einzusammeln. Freude ist nur schwer aufzuspüren. Freude scheint etwas Exklusiveres zu sein als ein Lotteriegewinn. Wir denken nicht viel darüber nach, denn es schmerzt, wenn wir uns eingestehen, wie sehr wir uns nach Freude sehnen und wie selten sie mal bei uns hereinschaut.

Aber Freude *ist* wesentlich. Ich weiß das. Gott sagt, dass Freude unsere Stärke ist. „Die Freude am Herrn gibt euch Kraft" (Nehemia 8,10). Ich denke: *Gibt mir Kraft? Ich nehme sie ja noch nicht mal für eine gelegentliche Energiespritze in Anspruch.* Aber es stimmt schon. Wenn ich es genauer bedenke, erkenne ich: Da, wo ich Freude empfunden habe, habe ich mich lebendiger gefühlt als zu jeder anderen Zeit meines Lebens. Denken Sie zurück an einen Ihrer schönsten Momente. Den Tag am Strand. Ihren achten Geburtstag. Erinnern Sie sich, was Sie damals empfanden. Und dann überlegen Sie, wie das Leben aussähe, wenn Sie regelmäßig so empfinden würden. Vielleicht kann man sich das mit der „Freude als Kraft" so vorstellen. Es wäre gut.

> *Es schmerzt, wenn wir uns eingestehen,*
> *wie sehr wir uns nach Freude sehnen und wie selten*
> *sie mal bei uns hereinschaut.*

Ich nehme die Konkordanz zur Hand und schlage das Wort Freude nach.

„Wer dich liebt, wird jubeln vor Freude" (Psalm 5,12). Jubeln vor Freude? Wann habe ich das das letzte Mal erlebt?

„Du legst mir größere Freude ins Herz, als andere haben bei Korn und Wein in Fülle" (Psalm 4,8; EÜ). Ich glaube David, wenn er das sagt. Ich glaube, dass Gott das tut. Ich kann es nur nicht aus eigener Erfahrung bestätigen.

Ich gehe zu den Evangelien. Was hat Jesus über Freude zu sagen?

„Das alles sage ich euch, damit meine Freude euch ganz erfüllt und eure Freude dadurch vollkommen wird" (Johannes 15,10). „Bisher habt ihr in meinem Namen nichts von Gott erbeten. Bittet ihn, und er wird es euch geben. Dann wird eure Freude vollkommen sein" (16,24). „All dies wollte ich noch sagen, solange ich bei ihnen bin, damit meine Freude auch sie ganz erfüllt" (17,13). Vollkommene Freude? Ganz damit erfüllt? Das hat uns Jesus zugedacht? Das bringt mich aus der Fassung. Ich kann kaum glauben, dass es wirklich um Freude geht. Es liegt zwar ganz offen zutage, aber es macht mich auch ein wenig unruhig. Vermutlich deshalb, weil es meinem Herzen und meiner innersten Sehnsucht sehr nahekommt. Freude ist so eine persönliche und intime Angelegenheit, dass wir oft davor zurückschrecken. Wir weichen ihr aus, weil es uns verletzlich macht, wenn wir uns der Freude öffnen, die wir so sehr ersehnt, aber noch nie erfahren haben.

Jesus, ich habe keine Ahnung, wo es hingehen soll. Aber ich bitte dich herein. Nimm mich dahin mit, wo ich hingehen muss. Mir ist klar: Das gehört zu dem Leben, das du mir zugedacht hast.

Bibellesen – aber wie?

Gehen wir einen Schritt zurück. Welche Rolle spielt die Bibel in unserem Leben mit Gott?

Gott spricht zu uns durch die Bibel. Und was dort gesagt wird, hat mehr Autorität als alles sonst in unserem Leben. Es ist das Fundament unseres Glaubens, es ist der Prüfstein, an dem wir alles testen können, es schafft eine lebendige Verbindung zum Herzen Gottes und zu seinen Absichten – zumindest kann das so sein, wenn wir damit rechnen, dass Gottes Geist wirkt, wenn wir die Bibel lesen, und wenn wir ihn auch wirken lassen. Ich mache diese Einschränkung bewusst. Denn schließlich kannten auch die Pharisäer die Heiligen Schriften in- und auswendig, „aber sie sind verschlossen für Gottes Botschaft … Sie lesen … zwar, aber seinen Sinn verstehen sie nicht" (2. Korinther 3,14f). Traurig, nicht wahr: Sie lasen das Wort Gottes, aber sie fanden nicht den richtigen Zugang.

Die Bibel ist kein magisches Buch. Sie offenbart ihre Schätze nicht einfach dadurch, dass man einen Abschnitt liest. Sie verleiht einem keinen Heiligenschein, nur weil man sie in Ehren hält. Viele Sekten stützen sich auf die Bibel. Sogar der Teufel zitiert sie (vgl. Lukas 4,9-12). Wir brauchen die Bibel und alles, was sie enthält. Unbedingt. Und ebenso brauchen wir den Geist Gottes, wenn wir die Bibel lesen und studieren. Er muss uns das, was wir lesen, aufschließen. „Ich sage euch dies alles, solange ich noch bei euch bin", hat Jesus gesagt, als er seine Jünger auf die Zeit nach seiner Himmelfahrt vorbereitete. „Der Heilige Geist, den euch der Vater an meiner Stelle als Helfer senden wird, er wird euch an all das erinnern, was ich euch gesagt habe und euch meine Worte erklären" (Johannes 14,25f).

Gott muss uns auf die Sprünge helfen, damit wir sein Wort verstehen. Wir können unser Leben mit Gott nicht trennen von der Lektüre der Bibel. Beides gehört zusammen, so wie zu einer Erkundung des Louvre ein Führer durch die Kunstsammlungen gehört. „Wenn ihr mich liebt, werdet ihr so leben, wie ich es euch gesagt habe. Dann werde ich den Vater bitten, dass er euch an meiner Stelle einen Helfer gibt, der für immer bei euch bleibt. Dies ist der Geist der Wahrheit. Die Welt kann ihn nicht aufnehmen, denn sie ist blind für ihn und erkennt ihn deshalb nicht. Aber ihr kennt ihn, denn er wird bei euch bleiben und in euch leben" (Johannes 14,15-17). Allzu viele Leute lesen die Bibel, ohne etwas von dieser engen Beziehung zu Gott zu wissen oder in ihr zu leben. Und entweder sind sie dann enttäuscht, weil ihnen die Bibel so wenig sagt, oder – schlimmer noch – sie häufen intellektuelle Einsichten und Überlegungen an, die von jeder echten Erfahrung Gottes himmelweit entfernt sind.

Die Bibel ist dazu gedacht, dass man sie in enger Verbundenheit mit Gott liest. Die Dinge geraten leicht aus dem Lot, wenn wir das missachten.

> *Wir können unser Leben mit Gott nicht trennen*
> *von der Lektüre der Bibel.*

Je besser wir mit der Bibel vertraut sind und je mehr wir sie verinnerlicht haben, umso eher werden wir entdecken, dass wir tatsächlich in engem Kontakt mit Gott leben können. Ein Mensch, der viel Zeit mit dem Wort Gottes verbracht hat und darin bewandert ist, trägt sozusagen eine Referenzsammlung in sich, auf die sich der Heilige Geist beziehen kann. Wenn ich zum Beispiel in einer Arbeitsbesprechung sitze und kurz vor dem Ausrasten bin, dann ruft mir der Geist in Erinnerung: „Im Zorn tut niemand, was vor Gott recht ist" (Jakobus 1,20; GN). Ich rege mich ab. Oder wenn ich durch eine Buchhandlung schlendere, und im Zeitschriftenregal lächelt mir von jedem Titelblatt eine leicht bekleidete Schönheit entgegen, dann raunt er mir zu: „Lass dich nicht von ihren Reizen einfangen, fall nicht auf sie herein" (Sprüche 6,25). Oder ich habe in den Bergen einen atemberaubenden Ausblick, und weil ich weiß, dass „dem Herrn die

ganze Erde gehört mit allem, was darauf lebt" (Psalm 24,1;
GN), wird mein Herz mit Dank erfüllt, und ich bekomme eine
Vorstellung davon, wie Gott ist – durch seine Schöpfung.

Nichts kann das geschriebene Wort Gottes ersetzen. Egal, wie
kostbar uns ein persönlich zugesagtes Wort erscheinen mag,
egal, was für tiefe und cool erscheinende Einsichten wir sonst
bekommen – an das in der Bibel niedergelegte Wort Gottes reicht
es nicht heran. Ich erlebe allzu oft, wie noch unerfahrene Christen nach besonderen Offenbarungen jagen und schließlich jeden
Bodenkontakt verlieren, weil sie nicht im Wort Gottes verwurzelt und zu Hause sind.

> Die Ordnungen des Herrn sind zuverlässig, sie erfreuen das Herz.
>
> Die Befehle des Herrn sind klar; Einsicht gewinnt, wer auf sie ach-
> tet.
>
> Die Ehrfurcht vor dem Herrn ist gut, nie wird sie aufhören.
>
> Die Gebote, die der Herr gegeben hat, sind richtig, vollkommen und
> gerecht.
>
> Sie lassen sich nicht mit Gold aufwiegen, sie sind süßer als der beste
> Honig.
>
> Herr, ich gehöre zu dir. Wie gut, dass mich dein Gesetz vor falschen
> Wegen warnt!
>
> Wer sich an deine Gebote hält, wird reich belohnt.
>
> Psalm 19,8-12

Aber *was* soll man denn in der Bibel lesen?

Es ist ein dickes Buch, selbst in kleiner Schrift auf Dünndruck-
papier. Eine Menge Stoff, mit dem man sich befassen muss. Un-
terschiedlichste Inhalte und Stile. In dieser Hinsicht so ähnlich
wie Dostojewskis *Krieg und Frieden*. – Nun, ich bin ganz und
gar dafür, sich die Vielzahl von Bibellesehilfen und -plänen zunutze zu machen, die es gibt; Handreichungen, mit deren Hilfe

man in einem Jahr die Bibel durchlesen oder ein einzelnes biblisches Buch gründlich studieren kann. Kommentare, Konkor-
danzen und Bibelsoftware – ich nutze das alles und profitiere
davon.

> *Egal, wie kostbar uns ein persönlich zugesagtes Wort
> erscheinen mag – an das in der Bibel niedergelegte
> Wort Gottes reicht es nicht heran.*

Aber neben all dem muss ich auch sagen: Es kann eine berei-
chernde Erfahrung sein, wenn man einfach mal Gott fragt: *Was
soll ich heute lesen?*

Wenn Sie sich von Ihrem Hirten in Ihrer Bibellektüre leiten
lassen, dann kann er Sie auf Abschnitte aufmerksam machen, an
die Sie von sich aus nie gedacht hätten oder die vielleicht nicht
zu Ihrem aktuellen Bibelleseplan passen, aber genau die richtige
Ansage für Ihre aktuelle Lage enthalten. Ich habe auf diese Weise viele Warnungen, unzählige Ratschläge, unermesslichen Trost
bekommen und habe erlebt, wie Gott mich sehr persönlich
durch sein Wort anspricht.

Erst heute früh habe ich Gott gefragt, was ich lesen soll. Anfangs hatte ich nur den Eindruck: *Johannes.* Ich schlage also das
Johannesevangelium auf und frage weiter: *Was genau?*, und
Gott sagt: *Zehn.* (Das war in den letzten Tagen schon öfter so.)
Nun kann ich mir vorstellen, dass es für Sie etwas Neues ist,
Gott so direkt sprechen zu hören. Auch ich selbst kannte das
viele Jahre nicht. Nichts, wofür man sich schämen müsste. Wir
sind immer Lernende; wir können alle noch dazulernen. Nur
eines sollten Sie nicht tun: Ihre bisherigen Erfahrungen mit Gott
zum Maßstab dafür machen, was Sie möglicherweise in kommenden Jahren mit ihm erleben werden.

Ich begann in Johannes 10 zu lesen, ohne zu wissen, worauf
Gott hinauswollte, aber gespannt. Immerhin das wusste ich:
Selbst wenn mir nicht genau aufgehen würde, warum ich gerade

diese Passage lesen sollte, würde es mir trotzdem guttun. Und
das war der Abschnitt, den ich las:

> „Ich sage euch die Wahrheit: Wer nicht durch die Tür in den Schaf-
> stall geht, sondern heimlich einsteigt, der ist ein Dieb und Räuber.
> Der Hirte geht durch die Tür zu seinen Schafen. Ihm öffnet der
> Wächter das Tor, und die Schafe erkennen ihn schon an seiner Stim-
> me. Dann ruft der Hirte sie mit ihren Namen und führt sie auf die
> Weide. Wenn seine Schafe den Stall verlassen haben, geht er vor ih-
> nen her, und die Schafe folgen ihm, weil sie seine Stimme kennen."
>
> Johannes 10,1-4

Ich liebe diesen Abschnitt und habe mich schon oft damit befasst. Aber heute springt mir besonders der Halbsatz „geht er
vor ihnen her" ins Auge. Das habe ich noch nie so bewusst
wahrgenommen, dem habe ich noch nie wirklich Aufmerksamkeit geschenkt. Jesus geht vor uns her. Das ist so gut zu wissen,
und das ist so ein *anderer* Blickwinkel als der, mit dem ich üblicherweise den Tag angehe. Beziehungsweise es macht mir *überhaupt* erst klar, wie ich den Tag angehe. Nämlich so:

Ich beginne meinen Tag damit, dass ich mit Gott Kontakt auf-
nehme – im Gebet oder indem ich irgendetwas lese. Aber danach
verschieben sich die Dinge irgendwie. Irgendwo zwischen meiner morgendlichen Stille und dem Frühstück und dem Transport
der Jungs in die Schule und meinem eigenen Arbeitsbeginn und
der Auseinandersetzung mit dem Posteingang und dem Abarbei-
ten von aktuellen Problemen reißt auf subtile Art der Faden.
Und dann habe ich nicht länger den Eindruck, dass Jesus vor mir
hergeht. Eher kommt es mir so vor, als ob ich mir selber den Weg
bahnen muss. Bis zu diesem Morgen habe ich mir nie ernsthaft
Gedanken darüber gemacht. Aber nun ist mir anhand der Verse
aus dem Johannesevangelium klar geworden: Ich habe meine
Beziehung zu Gott nie so gesehen, dass er mir vorausgeht. Aber
ich wünsche es mir. Das wäre ja großartig! Ich bin ganz aufge-

regt. Das ist keine Verstandesübung, sondern ein lebendiger und unmittelbarer Austausch mit Gott durch sein Wort.

> *Eines sollten Sie nicht tun: Ihre bisherigen*
> *Erfahrungen mit Gott zum Maßstab dafür machen,*
> *was Sie möglicherweise noch mit ihm erleben werden.*

Machst du das wirklich, Jesus? Gehst du wirklich vor mir her?
Das ist jedenfalls eine viel bessere Vorstellung von Gott. Eine Sicht, in der er sich für uns einsetzt, in der er eine ganz unmittelbare Rolle in der Welt und in unserem Leben spielt. Und wenn ich so darüber nachdenke, sehe ich, dass ich so etwas wie ein unbewusster Deist war. Gott ist da, aber ich habe mich hier unten abgemüht in der Überzeugung, dass er von irgendwoher auf mich herunterlächelt und sich um die Details nicht kümmert. Diese Sicht von Gott stimmt nicht, und mit dieser Sicht zu leben ist deprimierend. Mir kommt George MacDonalds wunderbare Einsicht in den Sinn:

> Sagte ich mir: „Gott greift nur hin und wieder ein",
> mein Glaube würde auf der Stelle blind.
> Ich sehe ihn in allem …
> Liebe ist er, Liebe, die sieht und hört.
>
> Diary of an Old Soul

Ich glaube das. Aber warum glaube ich in den alltäglichen Abläufen meines Lebens nicht daran? Es sieht doch eher so aus: Ich glaube, dass Jesus uns führt, aber ich unternehme keine bewusste Anstrengung, ihm im Klein-Klein des Alltags zu folgen, da, wo sich das Leben wirklich abspielt. Und nun ist die Frage: Will ich Jesus folgen, oder will ich mich weiter auf eigene Faust durch den Tag wursteln? Hier eröffnet sich die Chance auf ein besseres Leben. Indem ich ihn frage, wo er hin will und was er an diesem Tag vorhat. Indem ich ihn vorangehen lasse und ihm folge.

Genau das war es, was ich an diesem Morgen brauchte. Das war die ärztlich verordnete Therapie.

> *Ich glaube, dass Jesus uns führt, aber ich unternehme keine bewusste Anstrengung, ihm im Klein-Klein des Alltags zu folgen.*

Nun gibt es auch andere Zeiten. Da lese ich auch Stellen, von denen ich glaube, dass Gott mich mit der Nase darauf gestoßen hat, aber was ich da lese, ergibt im konkreten Moment keinen Sinn für mich. Vor einigen Wochen ging es um Johannes 7. Ich las das ganze Kapitel und fand den Inhalt ja auch ganz spannend, aber er löste nichts in mir aus. Gerade so, als hätte ich das Periodensystem der Elemente vor mir. Ich zuckte innerlich mit den Schultern und ging in den Tag hinein mit der Überlegung, dass Gott mir schon beizeiten klarmachen würde, was an diesem Kapitel für mich so wichtig war. Falls ich ihn überhaupt richtig verstanden hatte. Ein paar Tage vergingen. Dann, auf einer Autofahrt, landete ich in Gedanken beim Thema Selbstwahrnehmung und wie ich mir immer das Gehirn verknote, wenn ich im Zweifel bin, was andere wohl von mir halten.

Und in diesem Zustand erinnerte mich Gottes Geist an Johannes 7.

Unter den Festbesuchern wurde viel über Jesus gesprochen. Einige hielten ihn für einen guten Menschen, andere wieder behaupteten: „Er verführt das Volk!" Aber keiner hatte den Mut, frei und offen seine Meinung über ihn zu sagen. Alle fürchteten sich vor den führenden Männern des jüdischen Volkes. Als das Fest zur Hälfte vorüber war, ging Jesus in den Tempel und lehrte dort öffentlich. Die Juden staunten. „Wie kann jemand so viel aus der Heiligen Schrift wissen, obwohl er keinen Lehrer gehabt hat?" Jesus beantwortete ihre Frage: „Was ich euch sage, sind nicht meine eigenen Gedanken. Es sind die Worte Gottes. Wer von euch bereit ist, Gottes Willen zu tun, der wird erkennen, ob diese Worte von Gott kommen oder ob es meine eigenen Gedanken sind. Wer seine eigene Lehre verbreitet, dem geht es um das eigene Ansehen. Wer aber Anerkennung und Ehre für den sucht, der ihn gesandt hat, der ist vertrauenswürdig und tut nichts, was seinem Auftrag widerspricht."

Johannes 7,12-18

Jesus ist wirklich frei. Es hat ihn nicht gekümmert, was die religiösen Gelehrten von ihm dachten, ob gut oder böse. Er hat sich auch von der aktuellen öffentlichen Meinung nicht verunsichern lassen. Er sagte, was er zu sagen hatte, im Bewusstsein, dass sein Vater ihm die Autorität dazu verliehen hatte.

Aha, darum ging es dir. Es kam dir darauf an, dass ich das erkenne.

Stimmt.

Herr, ich möchte diese Freiheit. Was andere von mir denken, soll mir nichts mehr ausmachen.

Versuchen Sie es mal. Fragen Sie Gott, was Sie lesen sollen. Kommen Sie innerlich zur Ruhe und fahren Sie die Antennen aus. Setzen Sie sich nicht unter Druck. Sie *müssen* hier und jetzt nichts von Gott hören, und vielleicht ist es ja auch nicht an der Zeit. Die Dinge stehen gut für Sie. Sie gehören Gott. Das ist das Entscheidende. Und dann fragen Sie einfach. *Gott, was schlägst du vor: Was soll ich heute lesen?* Nehmen Sie sich Zeit und lauschen Sie. Wiederholen Sie die Frage. Wenn Sie einen Eindruck bekommen oder glauben, dass Gott Ihnen etwas gesagt hat, fragen Sie nach. *Hab ich dich richtig verstanden, Herr? Johannes 10?* Üben Sie das einige Wochen lang. Und seien Sie darauf gefasst, dass sich Erstaunliches tut.

Wenn wir Gott nicht hören

Heute morgen finde ich meine Uhr nicht. Und das treibt mich in den Wahnsinn.

Ich habe nur ein paar kostbare Stunden zum Schreiben zur Verfügung, aber ungefähr alle Viertelstunde unterbreche ich die Arbeit, um nach der verflixten Uhr zu suchen. Erfolglos. Ich brauche sie im Moment eigentlich nicht. Ich muss nirgendwo pünktlich hin. Vielmehr lässt mich die Tatsache, *dass* ich die Uhr nicht finde, umso versessener nach ihr suchen. Ich mache noch eine Runde durchs Haus, schaue an all den üblichen Plätzen – auf dem Nachttisch, der Badezimmerkommode, unter den Kissen auf dem Sofa – nichts. (Vor einer Viertelstunde war sie auch schon nicht dort. Glaube ich wirklich, sie wird sich wie von Zauberhand hier materialisieren?) Dann schießt mir durch den Kopf: *Du schreibst ein Buch über das Leben mit Gott. Warum fragst du ihn nicht, wo die Uhr steckt?*

Einverstanden. Ich bete. „Gott, du weißt, wo meine Uhr ist. Bitte sag es mir."

Stille. Ich höre nicht das Geringste. Und ich weiß nicht, warum. Aber ich werde das nicht als typisches Merkmal meiner Beziehung zu Gott verbuchen. Das ist überaus wichtig. Wir werden nie genau verstehen, warum wir an bestimmten Tagen Gott nicht hören können. Wer weiß, was da alles hineinspielt. Vielleicht bin ich zu sehr abgelenkt, versessen darauf, die Uhr selbst zu entdecken. Vielleicht sagt Gott in diesem Moment in dieser Sache auch wirklich nichts. Vielleicht will er, dass ich etwas ganz anderes entdecke – dass ich mir zum Beispiel Gedanken mache, warum ich so zwanghaft meine Uhr suche, obwohl ich sie gar nicht brauche und eigentlich lieber schreiben sollte. Ich durchschaue nicht alles, was passiert.

Aber das eine weiß ich: Ich darf daraus nicht auf mein Verhältnis zu Gott oder auf seine Haltung mir gegenüber schließen.

Wenn wir Gottes Stimme hören, dann ist das eine *Folge* unserer vertrauensvollen Beziehung. Diese Beziehung hat Jesus für uns hergestellt. „Nachdem wir durch den Glauben von unserer Schuld freigesprochen sind, haben wir Frieden mit Gott durch unseren Herrn Jesus Christus" (Römer 5,1). Egal, was wir gerade empfinden – wir stehen in enger Beziehung zu Gott, denn wir gehören ihm. Und diese Beziehung ist sicher. „Denn ich bin ganz sicher: Weder Tod noch Leben, weder Engel noch Dämonen, weder Gegenwärtiges noch Zukünftiges, noch irgendwelche Gewalten, weder Hohes noch Tiefes oder sonst irgendetwas können uns von der Liebe Gottes trennen, die er uns in Jesus Christus, unserem Herrn, schenkt" (Römer 8,38f).

Ich gehöre zu Gott. Er gehört zu mir.

Weil wir diese Beziehung zu Gott haben, hergestellt und garantiert durch Jesus und all das, was er getan hat, können wir nun an dieser Beziehung arbeiten und sie entwickeln. Wir können mit Gott in unserem Leben Erfahrungen machen, die sich mit der Zeit immer mehr vertiefen. Und dazu gehört, dass wir lernen, seine Stimme wahrzunehmen. Dass wir Gebet nicht als Vortrag an Gott, nicht als Einbahnstraße verstehen, sondern als einen Vorgang, in dem wir mit Gott reden und von ihm hören. Als echtes Gespräch eben. Das ist ein reicher Schatz, den es zu heben gilt.

> *Lernen wir, das Gebet nicht als einen Vortrag an Gott zu verstehen, nicht als Einbahnstraße, sondern als echtes Gespräch.*

Wie gut oder schlecht ich Gottes Stimme an einem bestimmten Tag hören kann, ändert an meinem Status in Jesus Christus nicht das Geringste. Ich sage das ausdrücklich, weil ich nichts weniger will, als Ihnen Scham oder Selbstzweifel oder sonst etwas einflößen, nur weil Sie zurzeit womöglich nichts hören. Der Weg zu immer engerer Vertrautheit mit Gott ist etwas Wunderbares, und er ist gespickt mit Überraschungen und Geschenken.

Aber es kann uns völlig aus der Bahn werfen, wenn wir unsere Beziehung zu Gott davon abhängig machen, ob wir ihn in diesem Augenblick zu diesem oder jenem konkreten Sachverhalt reden hören. Ich habe das selbst schon erlebt. Unser Glaube gründet auf etwas viel Soliderem als auf Tagesereignissen. Gott hat uns sein Wort in Form der Bibel in die Hand gegeben, und das ist der Ausgangspunkt für alles Weitere. Aus der Bibel wissen wir, dass wir zweifelsfrei zu Gott gehören, weil wir unser Vertrauen auf ihn setzen. In der Bibel wird uns versichert, dass Gott an unserem Leben Anteil nimmt, ob wir es spüren oder nicht. Und dass er uns niemals im Stich lassen wird.

> *Wir haben eine Beziehung zu Gott, die von Dauer ist. Deshalb können wir nun daran arbeiten, diese Beziehung zu vertiefen.*

Wenn Sie Gottes Stimme also noch nicht hören können – keine Panik. Das ist in Ordnung. Beten Sie weiter. Lauschen Sie weiter. Seien Sie darauf gefasst, dass Gott Ihnen womöglich etwas klarmachen will, was gar nichts mit Ihrer aktuellen Frage zu tun hat. So wie in meinem Fall. Ich merke gerade, dass ich drauf und dran bin, andere Leute zu beschuldigen. *Wer hat meine Uhr geklaut? Wetten, das war Stacy.* Hallo – wo kommt das denn plötzlich her? Warum bin ich so schnell bei der Hand mit Verdächtigungen? Ich muss über mich selbst lachen. *Komm mal wieder runter. Das kannst du doch gar nicht wissen. Jetzt inszenier mal keinen Staatsakt.* Was ich in diesem Augenblick machen muss: Loslassen. Die Sache nicht weiterverfolgen.

Diese Geschichte hat einen vielsagenden Schluss.

Inzwischen sind eineinhalb Stunden verstrichen. Ich möchte fort, und ich hätte wirklich gerne meine Uhr. Also bete ich noch einmal. *Jesus, hilf mir, meine Uhr zu finden.* Ich lege es nicht darauf an, eine konkrete Antwort zu hören. Ich vertraue auf etwas Grundlegenderes – dass er hier ist und mich auch auf andere Weise führen kann. Es geht nicht um Alles oder Nichts. Die Alternative ist nicht, dass ich entweder Gottes Stimme höre – oder er sich nicht für mich interessiert. Nichts dergleichen. Ich gehe ins Schlafzimmer, hole ein Paar Socken aus der Schublade und setze mich auf den Boden, um sie anzuziehen. Ich glaube nicht, dass ich das je so gemacht habe – an eben diesem Fleck sitzen und Socken anziehen. Aber von dieser Stelle aus kann ich unters Bett sehen. Und da ist sie. Meine Uhr.

Ich habe den Eindruck, dass Gott lächelt.

An ihren Früchten sollt ihr sie erkennen

An diesem Vormittag versuche ich zu schreiben, aber ich kann mich nicht konzentrieren. Und ich finde nicht den richtigen Rhythmus.

In den letzten zwanzig Minuten habe ich alles Mögliche versucht, um über diese Hürde zu kommen. Ich habe eine Stichwortliste angelegt, damit ich klarer denken kann. Ich habe mich mit einem anderen Kapitel befasst, vielleicht würden die Gedanken dort eher fließen. Ich habe mich abgelenkt – meine E-Mails gesichtet, einen Spaziergang durchs Haus gemacht in der Hoffnung, dass ich anschließend wieder in Schreibform bin. Nichts scheint zu wirken. Und nun dämmert es mir: Wer hat eigentlich ein Interesse daran, die Arbeit an diesem Buch zu torpedieren? Wem würde es gefallen, wenn ich einen Monat oder auch nur einen Tag verliere? Wer will mein Denken verwirren, sodass ich am besten keinen hilfreichen Gedanken zu Papier bringen kann?

An ihren Früchten sollt ihr sie erkennen, sagt Jesus.

Das lässt sich auf fast alles im Leben anwenden. Es ist besonders hilfreich bei der Diagnose, was der Feind im Sinn haben könnte. Was ist die Frucht dessen, was Sie erleben? Was ist das Ergebnis? Wenn es so weitergeht, was wird dabei herauskommen? Was bleibt auf der Strecke? Jesus hat gesagt, dass er gekommen ist, um uns Leben im Überfluss zu verschaffen. Er hat uns auch gewarnt, dass Diebe und Räuber unterwegs sind, um zu stehlen, zu schlachten und zu vernichten. Ist etwas gestohlen worden? Dann war das bestimmt nicht Gott. Er bezeichnet den Satan als den „Ankläger". Stehen Sie unter Anklage – im Sinn von Selbstvorwürfen à la „Ich bin ja so ein Idiot!"? (Ich drücke mich dabei noch gepflegt aus.) Schauen Sie auf die Früchte – das verschafft Ihnen eine gute Vorstellung von dem Baum, der sie hervorbrachte.

Paulus sagt es so: Gottes Geist lässt „als Frucht eine Fülle von Gutem wachsen, nämlich: Liebe, Freude und Frieden, Geduld, Freundlichkeit und Güte, Treue, Bescheidenheit und Selbstbeherrschung" (Galater 5,22; GN). Ich empfinde im Augenblick nicht wirklich Freude. Im Gegenteil. Je länger diese Depression in der Luft hängt, umso mutloser werde ich. Es ist auch nicht viel Frieden zu spüren. Kein bisschen. Was immer es mit dieser Wolke auf sich hat, die auf mir lastet, es bringt jedenfalls nicht die Früchte des Geistes mit sich. Ich finde nicht zurück in die klare Luft, die ich normalerweise atme, wenn ich schreibe. Etwas ist im Weg. Ich kann es nicht richtig benennen, aber ganz sicher sehe ich die Frucht davon. Schreibblockade.

Nun ist es natürlich richtig, dass wir uns vor den Früchten hüten sollen, die unser eigenes Wesen hervorbringt. Paulus zählt sie auf: „sittenloses und ausschweifendes Leben, Götzenanbetung und abergläubisches Vertrauen auf übersinnliche Kräfte, Feindseligkeit, Streitsucht, Eifersucht, Wutausbrüche, Intrigen, Uneinigkeit und Spaltungen, Neid, Trunksucht, üppige Gelage und vieles andere" (Galater 5,19). Aber hier geht nichts dergleichen vor. Ich bin bestimmt bereit, Sünde einzugestehen, wenn ich sie erkenne; aber ich bin nicht betrunken und habe keine Wutausbrüche. Und Schreibblockaden stehen nicht auf der Liste. Es muss etwas anderes sein.

Das erste große Aufwachen auf unserer Reise des Glaubens ist die Erkenntnis, dass Gott existiert. Schon das kann einen umhauen. Die zweite, erst recht lebensverändernde Erleuchtung ereignet sich da, wo uns klar wird, dass wir uns mit Gott beschäftigen und mit ihm rechnen müssen. Wir erkennen, dass wir ihn nicht ignorieren dürfen. Das ist eine wesentliche Kurskorrektur für jedes menschliche Wesen. Viele Menschen drücken sich jahrelang davor. Aber hoffentlich begreifen wir am Ende, dass uns nichts Besseres passieren kann, als unsere Liebe und unser Vertrauen auf Gott zu richten, seine Einladung zum Leben anzunehmen und ihm unser Herz zu schenken. Wir werden seine Söhne und Töchter durch den Glauben an Jesus Christus. Und hoffentlich werden wir auch Menschen, die ihm folgen und in seiner Spur gehen.

> *Hoffentlich begreifen wir, dass uns nichts Besseres passieren kann, als unsere Liebe und unser Vertrauen auf Gott zu richten.*

Und dann gibt es noch einen weiteren Donnerschlag auf unserem Weg des Glaubens: die Erkenntnis, dass es da auch einen Feind gibt. Dass wir uns auch mit ihm auseinandersetzen müssen. Wir werden feststellen, dass man auch ihn nicht ignorieren kann. Diese Erkenntnis ist eher unpopulär, selbst unter den Nachfolgern Jesu. Und das ungeachtet der Tatsache, dass es in der Bibel von Warnungen vor dem Feind nur so wimmelt.

Dann brach im Himmel ein Kampf aus: Michael und seine Engel griffen den Drachen an. Der Drache schlug mit seinem Heer von Engeln zurück, doch er verlor den Kampf und durfte nicht länger im Himmel bleiben. Der große Drache ist niemand anders als der Teufel oder Satan, der als listige Schlange schon immer die ganze Welt zum Bösen verführt hat. Er wurde mit allen seinen Engeln aus dem Himmel auf die Erde hinuntergestürzt … Der Drache wurde so wütend, dass er jetzt alle … bekämpfte, die nach Gottes Geboten leben und sich zu Jesus bekennen.

Offenbarung 12,7-9.17

Satan ist auf die Erde verbannt worden. Zusammen mit seinem ganzen Heer gefallener Engel. (Man nennt sie auch Dämonen.) Und nun führen sie Krieg gegen die Freunde Gottes. Nur dass die meisten Freunde Gottes das nicht wissen. Ich wusste es lange Zeit auch nicht. War blind dafür. Aber es ist sehr hilfreich, wenn man es weiß. Es wirft eine Menge Licht auf das, was in Ihrem Leben vorgeht.

Erinnern Sie sich an die naive Annahme, dass A + B = C ist? Sei anständig. Glaube an Gott. Dann wird alles gut. Nein, sagt Jesus. Es passiert hier noch mehr. Du hast einen Feind. Das solltest du berücksichtigen, sonst wirst du das Leben, das ich dir anbiete, nicht finden. Ausgehend von der Frucht (meiner Mutlosigkeit, meinem Mangel an Klarheit) und von der Tatsache, dass Gott an diesem Morgen weit weg zu sein scheint, drängt sich mir der Verdacht auf, dass der Feind zur Stelle ist und meine Arbeit unterminiert.

Folglich empfiehlt es sich, mir Zeit zu nehmen und zu beten.

Tun Sie es gleich

Und zwar *jetzt gleich*.

Aber fast immer, wenn ich mich einer geistlichen Attacke ausgesetzt sehe, ist auch der Impuls da, es erst einmal zu ignorieren, das Gebet auf später zu verschieben oder die ganze Sache wegzuerklären – schlecht geschlafen, schweres Essen gestern Abend, bin der Aufgabe nicht gewachsen – oder dergleichen. An meinen Freunden beobachte ich dasselbe. Am liebsten wäre es uns, wir müssten uns nicht damit befassen.

Gott hat uns einen Willen gegeben. Wer zu einer Persönlichkeit heranreifen will, muss lernen, diesen Willen zu gebrauchen. Sie wollen morgens nicht aufstehen? Das wird Sie Ihren Job kosten. Sie wollen sich nichts versagen? Das führt Sie in die Schuldenfalle. Das ist das Einmaleins des Erwachsenwerdens. Und nichts schult uns in der Kunst, unseren Willen zu gebrauchen, so nachhaltig wie die Tatsache, dass es einen Feind gibt, dem es zu begegnen gilt. Denn erstens wollen Sie sich mit dieser Tatsache nicht befassen. Also ist das Beste, was Sie tun können, genau dies: Nehmen Sie diese Tatsache ernst, machen Sie sich klar, dass Sie unter Beschuss stehen, und unternehmen Sie etwas. Jetzt. Es wird Ihren Willen stärken. Die meisten Christen scheuen sich, direkt gegen die Attacke anzubeten. Sie beten etwas in der Art von *Jesus, du kannst das wegnehmen.* Wenn sie sich entmutigt fühlen, beten sie vielleicht *Bitte, bau mich wieder auf.* Und das ist ja auch wünschenswert, von Jesus ermutigt zu werden. Oder angenommen, sie sind mit begehrlichen Gedanken konfrontiert. Die meisten werden dann beten: *Gib mir reine Gedanken, Herr.* Und es ist gut, um reine Gedanken zu bitten.

> *Gott hat uns einen Willen gegeben.*
> *Wer zu einer Persönlichkeit heranreifen will, muss lernen,*
> *diesen Willen zu gebrauchen.*

Aber damit weichen sie dem Kern der Sache aus.

Im Jakobusbrief werden wir aufgefordert: „Widersetzt euch dem Teufel. Dann muss er von euch fliehen" (Jakobus 4,7). Wo kein Widerstand ist, gibt es keine Flucht. Wir sollen widerstehen. Uns widersetzen. Das ist etwas Aktives. An Paulus kann man sehen, wie es geht: „Paulus war ... so aufgebracht, dass er sich umwandte und zu dem Geist sprach: ‚Ich gebiete dir im Namen Jesu Christi, dass du von ihr ausfährst.' Und er fuhr aus zu derselben Stunde" (Apostelgeschichte 16,18; L). Gebieten. Im Namen Jesu Christi. Direkt und bestimmt. „Drohend sagte Jesus zu dem bösen Geist: ‚Schweig und fahr aus ...'" (Lukas 4,35; GN).

Den Feind genau zu kennen, hilft dabei, ihm Widerstand zu leisten. Es ist gut, wenn man das Problem genau benennen kann. Manchmal erkennen Sie, womit Sie es zu tun haben, an den

Früchten. Wenn Sie plötzlich von begehrlichen Gedanken und Vorstellungen überfallen werden, dann können Sie gezielt die Lust des Feldes verweisen. Wenn Sie Verzweiflung anfällt, dann weisen Sie ausdrücklich die Verzweiflung ab. Besser, Sie fragen Gott, womit Sie es zu tun haben, als dass Sie wild herumraten. Im konkreten Fall frage ich Gott: *Herr, womit habe ich es hier zu tun?*

Geringschätzung, sagt er. Oh ja, den kenne ich – das ist ein altbekannter Feind von mir. Ein Geist der Geringschätzung. Ich gebiete diesem Geist im Namen Jesu zu verschwinden. Und dann bitte ich Gottes Geist, mich wieder aufzurichten und zu erfüllen.

Anschließend geht es mir schon besser. Noch nicht richtig gut – aber besser, und jetzt bin ich natürlich sensibilisiert für weitere Attacken. Wenn ich auch nach einer halben Stunde noch nicht wieder frei denken kann und immer noch den Druck spüre, dann werde ich die Prozedur wiederholen.

> *Die Bibel rechnet ganz nüchtern damit,*
> *dass der Glaube Anfechtungen ausgesetzt wird.*

Ich kann mir vorstellen, dass das alles etwas verrückt und unheimlich klingt. Aber in der Bibel heißt es unmissverständlich, dass Menschen, die Jesus folgen, Anfechtungen erleben werden. „Bleibt besonnen und wachsam! Denn der Teufel, euer Todfeind, läuft wie ein brüllender Löwe um euch herum. Er wartet nur auf ein Opfer, das er verschlingen kann. Stark und fest im Glauben sollt ihr seine Angriffe abwehren. Und denkt daran, dass alle Christen in der Welt diese Leiden ertragen müssen" (1. Petrus 5,8f). „Alle Christen in der Welt" heißt, dass diese Art geistlicher Attacken nicht auf Billy-Graham-Evangelisationen oder auf Christen in einem dämonengläubigen Umfeld, etwa in Neuguinea, beschränkt sind. Sie sind Teil der christlichen Existenz.

Ich bete schätzungsweise alle paar Tage gegen eine derartige Anfechtung an. Im schlimmsten Fall täglich. Das mag Ihnen viel vorkommen, aber Sie werden bald feststellen, dass es Aufmerksamkeit erregt, wenn Sie Leben und Freude wollen und eine engere Beziehung zu Gott suchen. Dem Feind wird das gar nicht behagen. Aber das soll Sie nicht erschüttern. Geben Sie nicht auf. Zucken Sie nicht zurück. Widerstehen Sie, wie es die Bibel empfiehlt. Stehen Sie dagegen auf. So werden Sie den Angreifer los. Und im besten Fall werden Sie dadurch heiliger. Denn es stärkt Ihre Willenskraft und bringt Sie Gott näher. Es lässt Sie reifen, denn Sie müssen lernen, aufmerksam zu sein und Anfechtungen direkt abzuwehren.

Keine Ausweichmanöver mehr.

Hüten Sie sich vor Vereinbarungen

Wie viel von diesen bedrückenden Dingen lassen wir in unserem Leben zu, wie viel Freude opfern wir damit, nur weil wir nie auf die Idee kommen zu fragen: „Woher kommt eigentlich diese Seelenverkrustung?" Ich hätte mir sagen können, dass ich nur mit dem falschen Fuß aufgestanden bin. Ich hätte meine Zerstreutheit einer handelsüblichen Schreibblockade zuschreiben können. Es wäre so leicht gewesen, eine subtile Vereinbarung zu treffen nach dem Motto *Vermutlich kriege ich heute eh nichts geschafft*. Man muss wirklich auf der Hut sein vor solchen Vereinbarungen.

Wir wissen, dass der Feind ein Lügner ist. Um genau zu sein: Er ist der Vater der Lüge (Johannes 8,44). Wir wissen auch, dass er verschlagen ist. Listiger als jedes andere gottgeschaffene Wesen (1. Mose 3,1). Also ist es vernünftig anzunehmen, dass er richtig gut darin ist, uns hereinzulegen und uns seine Lügen glauben zu machen. Seine Angriffe sind oft so subtil, sind oft perfekt getarnt (zum Beispiel als Schreibblockade). Er setzt darauf, dass wir die Attacke gar nicht als solche wahrnehmen und einfach weitermachen und uns damit arrangieren. Beispiel gefällig?

Wir hatten uns eines Tages mit ein paar alten Freunden zum Abendessen verabredet – ein Ehepaar, das wir seit Jahren nicht mehr gesehen hatten. Im Lauf des Abends sprachen wir über unsere Kinder und wofür sie sich interessierten und über Reisen, die wir unternommen hatten. Eine wunderbare Unterhaltung über alles Mögliche. Plötzlich unterbrach mich die Frau (nennen wir sie Anne) mitten im Erzählfluss. „Ihr sagt ständig solche Dinge wie ‚Dann hat uns Gott gesagt' oder ‚Wir fragten Gott, und er sagte …' – das klingt gerade so, als ob Gott ständig zu euch spricht."

„Na ja, ständig natürlich nicht", sagte ich, „aber schon recht oft."

Sie blickte etwas irritiert. „Ich habe die Stimme Gottes noch nie gehört." Nun muss man wissen, dass Anne seit dreißig Jahren mit ganzem Herzen Christin ist, und die längste Zeit davon ist sie mit einem Pastor verheiratet.

„Vielleicht liegt das ja gar nicht an dir, Anne?", meinte ich. Tränen stiegen ihr in die Augen. Sie glaubte, es sei ihre eigene Schuld. Wir alle tun das. Wir denken, es liegt an uns. „Wer hätte ein Interesse daran, dass du Gottes Stimme nicht hörst?"

„Vermutlich der Teufel", sagte sie halbherzig. Sie hielt nicht viel von dieser Dimension des geistlichen Lebens. „Ich möchte dir etwas vorschlagen – wir sollten beten und sehen, ob da etwas im Weg ist; etwas, das dich daran hindert, Gottes Stimme zu hören." Sie stimmte zu. Wir standen vom Esstisch auf, gingen ins Wohnzimmer, setzten uns dort und begannen zu beten. „Herr, gibt es etwas, das Anne blockiert und ihre Sinne für dich taub macht?" Wir saßen einige Minuten schweigend da. Und mir wurde deutlich, dass wir hier tatsächlich auf einer heißen Spur waren. Das äußerte sich unter anderem darin, dass ich plötzlich mit dem schier übermächtigen Eindruck konfrontiert wurde: *Das wird nicht funktionieren. Du solltest das sein lassen.*

Dann sagte Stacy: „Nun, ich höre *Im Stich gelassen.*"

Aha. Im Stich gelassen. Man weiß nie, wo einen diese Dinge hinführen. Ich wandte mich an Anne und fragte: „Hast du dich je im Stich gelassen gefühlt?" – Noch mehr Tränen. Sie konnte nicht reden, nur nicken. „Möchtest du davon erzählen?"

Sie begann eine Episode aus den Anfängen ihres Glaubenslebens zu erzählen. Sie hatte gerade ihr erstes Kind bekommen, und der Säugling hatte schreckliche Koliken und schrie den ganzen Tag. Ein Schreikind, wie es im Buche steht. Eines Tages kam sie an ihre Grenzen. Sie konnte es einfach nicht mehr ertragen. Sie bat Gott verzweifelt, das Kind zu beruhigen. Er tat es nicht. Der Feind war sofort zur Stelle: *Siehst du, Gott hat dich im Stich gelassen.* Und etwas in ihrem Herzen stimmte zu. Sie willigte ein in die Vereinbarung. *Gott hat mich im Stich gelassen.* Und in Annes Herz fiel ein Vorhang zwischen ihr und Gott.

Paulus warnt, dass unbereinigte emotionale Dinge im Leben von Christen zu Brückenköpfen des Feindes werden können. „Lasst euch durch den Zorn nicht zur Sünde hinreißen! Die Sonne soll über eurem Zorn nicht untergehen. Gebt dem Teufel keinen Raum!" (Epheser 4,26f; EÜ). Paulus schreibt hier an Christen, und er macht unmissverständlich klar, dass wir dem Feind erlauben, in unserem Leben Tritt zu fassen, wenn wir mit bestimmten Ereignissen falsch umgehen. Auch daran ist nichts Abgedrehtes oder Unheimliches; es geht schlicht um einen Kampf, um etwas, dem wir uns stellen müssen. Die „Frucht" war in diesem Fall, dass Anne Gottes Stimme nicht hören konnte. Das war offensichtlich keine Frucht des Heiligen Geistes.

„Herr, wie sollen wir damit umgehen?", fragte ich. *Die Vereinbarung aufkündigen.* Wir sprachen über diesen Mechanismus unserer oftmals fast unbemerkten Einwilligungen in Annahmen, die nicht auf Wahrheit beruhen. Und schließlich konnte Anne in etwa folgendes Gebet sprechen: „Herr, du hast versprochen, mich nie zu verlassen oder von mir zu weichen. Vergib mir, dass ich mir habe einreden lassen, du hättest mich im Stich gelassen. Ich widerrufe diese Vereinbarung im Namen Jesu."

Und was nun?, fragte ich innerlich. *Heilung erbitten.* Anne betete etwa so: „Herr, ich habe mich von dir verlassen gefühlt. Komm und heile mein Herz an dieser Stelle. Komm in meine Erinnerungen, in diesen Teil meines Lebens. Komm und mach mich heil." Wir verweilten einige Augenblicke in der Stille.

Und jetzt?, sagte ich zu Gott. *Frag, ob sie meine Stimme hört.*

Wenn Sie je bei Nacht auf winterlichen Straßen unterwegs waren, dann werden Sie das Gefühl kennen, wenn man auf die Bremse steigen muss und hofft, dass man kein blankes Eis unter den Rädern hat. Die atemlose Spannung, wenn alles in einem sagt: *Hoffentlich funktioniert das.* So ging es mir in dem Moment. *Herr, du verlangst da Sachen von mir ...* Wenn wir mit jemandem beten, bin ich immer sehr darauf bedacht, den Schmerz nicht noch zu vergrößern oder dem Feind eine Steilvorlage zu geben, indem ich den betroffenen Menschen zu etwas verleite, wozu er oder sie noch nicht bereit ist. Aber Gottes Anweisung war klar, und so sagte ich: „Anne, Gott möchte, dass du jetzt auf ihn hörst. Möchtest du das tun?"

Sie nickte, und wir beteten: „Herr, du liebst Anne, und du möchtest zu ihr reden wie ein Vater zu seiner Tochter. Was ist dein Wort an Anne?"

Ich denke: *Lass sie jetzt nicht hängen.* Eine lange Stille. Ich blicke aus den Augenwinkeln zu Anne hinüber und sehe, dass sie weint. „Was hast du gehört?"

„Er sagt, er liebt mich."

Das war das erste Mal seit langer Zeit, dass sie Gottes Stimme hörte. Alles wegen einer Vereinbarung.

Seien Sie bereit, hinzuschauen

Ich fahre einen alten 78er Toyota Land Cruiser, und meistens liebe ich das Gefährt. Es ist ein einfaches, ehrliches, nicht aufgedonnertes Arbeitstier. Keine Bordcomputer, keine elektrischen Scheibenheber, kein Navigationssystem. Ich liebe die Einfachheit alter Autos. Gestern Abend allerdings, als ich losfahren wollte, streikte die Batterie. Es gibt da so eine Laune der Bremsbeleuchtung, die manchmal dazu führt, dass die Bremslichter noch an sind, auch wenn die Zündung aus ist. Und wenn ich nicht aufpasse, dann geht die Batterie über Nacht in die Knie. Solche kleinen Eigenheiten treten gehäuft bei alten Autos auf. Und bei Menschen.

Ich löste das Problem für den Moment, indem ich dem Geländewagen mit unserem anderen Auto Starthilfe gab. Aber ich wusste, dass ich noch nicht weit oder lang genug gefahren war, um die Batterie wieder aufzuladen, und deshalb würde ich mich an diesem Morgen erneut darum kümmern müssen. Bei der letzten Starthilfeaktion war mir aufgefallen, dass die Pole der Batterie korrodiert waren. *Vielleicht muss ich sie nur mal sauber machen*, hatte ich mir gesagt. Die Hoffnung stirbt zuletzt.

> *Es gibt so vieles, was man bewusst oder unbewusst vernachlässigt und womit man sich dringend mal befassen sollte.*

Als ich die Motorhaube öffnete, ging mir auf, dass es schon lange her war, seit ich mich dort zuletzt gründlich umgesehen hatte. Der nagende Gedanke stellte sich ein: *Es ist bei so ziemlich allem hier schon lange her, dass du dich dort gründlich umgesehen hast.* Es gibt so vieles, was man bewusst oder unbewusst vernachlässigt und womit man sich dringend mal befassen sollte. Derselbe Gedanke beschleicht mich, wenn ich die Zahnseide in der Badezimmerkommode sehe. Egal, zurück zum Land Cruiser.

Das erste, was man normalerweise unter der Motorhaube eines Autos sieht, ist der Kühler. Ein schwarzer Kasten mit einer silbernen Verschlusskappe obendrauf, wo man Wasser und Frostschutzmittel einfüllt. Ich dachte: *Oha, wann habe ich eigentlich zuletzt das Kühlwasser kontrolliert?* Ich konnte mich nicht erinnern. Vergangenen Sommer? Kappe abschrauben, Sichtprobe. Keine Flüssigkeit zu sehen. *Besser mal nachfüllen.* Ich blicke mich in der Garage um, entdecke tatsächlich einen Kanister Kühlflüssigkeit und fülle auf. Es passt eine ganze Menge in dieses Labyrinth von Röhren, und man weiß bei so einem alten Auto nie, wie viel Flüssigkeit man braucht, bis man es ausprobiert. Je mehr der Kühler schluckt, umso länger ist es her, seit man zuletzt nachgesehen hat. Es dauert, bis sich die grünliche Flüssigkeit am Einfüllstutzen zeigt.

Als ich die Verschlusskappe wieder zuschraube, wandern meine Gedanken zum Öl. Eine gewisse Angst beschleicht mich. *Wann habe ich den Ölstand überprüft?* Auch daran konnte ich mich nicht erinnern. Aus Unruhe wird Panik. Es ist ein Ding, das Kühlwasser zu vergessen. Im schlimmsten Fall bleibt der Wagen überhitzt und mit fauchendem Kühler liegen. Aber wenn man schlagartig merkt, dass etwas mit dem Öl ist, dann hat der Motor oft schon einen kapitalen Schaden erlitten.

Dieser Land Cruiser läuft unermüdlich wie ein altes Kamel, und er wird es tun, bis er endgültig zusammenbricht. Aber das möchte ich ihm nun wirklich nicht antun, dass er an Ölverlust zugrunde geht. Und niemand will erst die Teile des Motors auf der Straße einsammeln, um zu merken, dass er vergessen hat, den Ölstand zu kontrollieren.

Ich stehe da und weiß das alles, weiß, dass ich den Ölstand *jetzt* kontrollieren soll, aber etwas in mir zögert.

Ich wollte es gar nicht wissen.

Ich wusste, dass es lange her war seit dem letzten Ölwechsel. Und ich war nicht sicher, ob ich die Information wirklich haben wollte, die mir der Ölprüfstab offerieren würde.

Ich stand da und starrte in den Motorraum meines Wagens wie ein Idiot, unbeweglich. Ich war wie gelähmt von der Erkenntnis, dass ich es wirklich nicht so genau wissen wollte, und ich erkannte diese Empfindung wieder. Ich kenne sie von den Momenten, in denen ich mich mit meinem Scheckbuch befassen muss. (*Wann habe ich zuletzt das Konto ausgeglichen?*) Sie kommt in mir hoch, wenn ich an der Zahnarztpraxis vorbeifahre. (*Wann war ich zum letzten Mal zur Kontrolle?*) Ich kenne dieses flaue Gefühl im Zusammenhang mit allem, was ich vernachlässigt habe, besonders wenn das schon eine ganze Weile so läuft.

Mit unserem inneren Leben machen wir es meistens ganz genauso. Etwas passiert und macht uns darauf aufmerksam, dass es schon lange her ist, seit wir zuletzt unter die Motorhaube geschaut haben. Ein Streit mit dem Ehepartner kann der Auslöser sein. Oder die Tatsache, dass man sich auf einmal stark zu jemand anderem als dem Ehepartner hingezogen fühlt. Die Furcht vor einer bevorstehenden Redeverpflichtung. Panik. Depression. Die schlichte Frage „Wie geht es dir?" – Wir spüren, dass es unter der Oberfläche knirscht. Aber wir wollen es gar nicht so genau wissen.

> *Wir vernachlässigen unser inneres Leben nur allzu leicht. Und selbst wenn die Warnsignale unübersehbar sind – wir wollen es gar nicht so genau wissen.*

Ich musste mich vergewissern. Also suchte ich nach dem Ölstab, zog ihn voller Befürchtungen heraus und seufzte erleichtert, als ich sah, dass der Ölstand zwar am unteren Limit, aber nicht bedrohlich niedrig war. Ein weiterer Seufzer der Erleichterung, als mir klar wird, dass ich schon wer weiß wie lang keine Probleme mit Ölverlust mehr hatte, und der Eisblock in meiner Magengegend schmilzt schlagartig. Ich finde eine Kanne Motoröl hinter den Schneeschuhen und Farbtöpfen und fülle es ein. Dann befasse ich mich mit der Batterie.

Womit bin ich hier konfrontiert worden? Mit etwas in mir, das zum Teil feige, zum Teil genusssüchtig und bequem, zum Teil von magischem Denken beseelt ist. Dieser Teil von mir will vor allem nicht gestört werden, nicht einmal, wenn es um eine lebensrettende Information geht. Ich entdecke denselben Zug auch an Freunden. Vermutlich ist er universell. Wir wollen nicht wirklich unter die Motorhaube schauen. Wir wollen eigentlich nicht wissen, was wir dringend wissen müssen. Das ist keine gute Eigenschaft. Jedenfalls keine, die uns ein Freund ist.

Mit den Jahren habe ich eine einfache Lektion gelernt: Zahle gleich, später kostet es mehr. Das gilt in allen Lebensbereichen. Ich möchte mich nicht körperlich fit halten, möchte den Preis nicht bezahlen. Ich komme auch so durchs Leben, meine ich. Aber am Ende zahle ich doch dafür, wenn wir auf einer Bergtour sind oder schwimmen, oder wenn ich im Flughafen von Terminal A zu Terminal B hechle, um meinen Anschlussflug zu erwischen, und dabei nach Luft japse und Seitenstechen bekomme. Ich weiß, dass die höchste Rate am Schluss fällig ist, in Sachen Gesundheit nämlich. Ich möchte eigentlich überhaupt nicht bezahlen, nie. Ich möchte vieles gerne haben, aber was es kostet, will ich nicht wissen. Und so zahle ich letztlich fast das Doppelte für das Abendessen oder den iPod oder was immer es ist, indem ich mit Kreditkarte bezahle und die Schulden mit Zinsen abstottere.

> *Mit den Jahren habe ich eine einfache Lektion gelernt:*
> *Zahle gleich, später kostet es mehr.*
> *Das gilt in allen Lebensbereichen.*

In meinen Beziehungen läuft es nicht anders. Ich möchte Stacy nicht fragen, wie es ihr geht. Ich scheue die Auseinandersetzung mit dem, was sie womöglich zu sagen hat. Ich möchte nicht das Buch weglegen, das ich gerade lese. Schließlich könnte ein Gespräch Stunden dauern. Also frage ich lieber nicht nach, so lange, bis es unausweichlich geworden ist. Ich möchte es nicht auf einen Krach mit meinem Freund anlegen, möchte ihm nicht sagen, was ich beobachte – dass er unausstehlich geworden ist –, oder ihn fragen, was ihm Kummer macht. Lieber zahle ich später mehr, wenn wir uns völlig einander entfremdet haben oder die Freundschaft ganz verdunstet ist, einfach weil der innere Abstand zu groß wurde.

Meine Güte, ich würde lieber eine schmerzhafte Zahnoperation in Kauf nehmen als regelmäßig mit der Zahnseide hantieren, denn (das sage ich in einem weinerlichen, selbstmitleidigen Ton) „ich bin es so leid." Ich scheue mich nicht, dieses Beispiel zu nennen, weil ich weiß, dass es vielen ähnlich geht.

Und worauf läuft das alles hinaus? Wir wollen nicht belästigt werden.

Ob es um den Ölstand meines Wagens geht oder um eine alte Wunde, die unter der Oberfläche vor sich hin eitert, ich will die mutmaßlich schlechte Nachricht gar nicht hören. Ich hasse die Unterbrechung, die damit einhergehen würde. Ich weiche lieber allem aus. So lange, bis mein Wagen hundertachtzig Kilometer von zu Hause entfernt liegen bleibt oder bis ich tief in einer Sucht stecke, von der ich weiß, dass ihre Ursache ein unbehandelter Schmerz ist.

Herr, ich möchte meine Haltung in dieser Sache ändern. Ich möchte aufhören, vor notwendigen Unterbrechungen auszuweichen. Ich möchte bereit sein, unter die Haube zu schauen, wann immer und wo immer du mich dazu drängst. Ich möchte die Bereitschaft entwickeln, überall dorthin zu gehen, wo ich hingehen muss, um mich dem Leben zu stellen. Besonders wenn es um mein inneres Leben geht. Ich liebe meinen alten Land Cruiser, aber was ist schon ein Auto im Vergleich zu meinem Herzen und meinem Leben mit dir? Hier hast du mein Ja.

Liebe Freunde, das ist vielleicht einer der wesentlichsten Unterschiede zwischen den Menschen, die Gott und das Leben, das er bereithält, kennen, und allen anderen.

Seien Sie bereit, hinzuschauen.

Der richtige Zeitpunkt ist jetzt

Gott verschafft uns jeden Tag Dutzende Chancen dieser Art, Dutzende Gelegenheiten, uns ehrlich mit den Motiven zu beschäftigen, die uns antreiben. Was wir daraus machen, ist unsere Sache.

So sehr achtet uns Gott. Als Gott uns schuf, hat er uns einen Willen verliehen und jenes schöne und geheimnisvolle Innenleben, das wir Seele nennen. So, wie Sie Ihren heranwachsenden Kindern Raum geben, ihre eigenen Entscheidungen zu treffen, so tritt auch Gott ein Stück zurück und lässt uns selbst entscheiden. Diese einfachen Entscheidungsmomente sind bedeutungsvoll. Wenn ich mich entschließe, allem aus dem Weg zu gehen, was Gott zur Sprache bringt, dann wird etwas in mir schwächer. Fühlt sich kompromittiert. Es ist letztlich die Weigerung, reifer zu werden. Wenn ich mich dagegen auf das Ungewisse einlasse, wenn ich meine Ausweichmanöver eingestehe und mich mit meinen Ängsten auseinandersetze, dann wächst etwas in mir ein kleines Stück. Ich fühle mich gestärkt. Und die Waage neigt sich ein wenig mehr in Richtung enger Verbundenheit mit Gott.

Wie gestaltet sich ein Leben in enger Tuchfühlung mit Gott im Alltag? Wir stellen uns dem Leben. Jetzt und hier.

Was immer wir mit solchen Gelegenheiten anfangen, über eines sollten wir uns im Klaren sein: Sie lassen sich nicht aufschieben. Es gibt kein Später. Sie verstreichen einfach. Und doch staune ich, wie oft wir uns einreden: *Ich werde mich später damit befassen*, wohl wissend, dass es nie geschehen wird, aber so beruhigen wir für den Augenblick unser Gewissen *und* drücken uns vor der Auseinandersetzung, lassen sie mit dem Kunstgriff *später* entgleiten.

Wie also gestaltet sich unsere Tuchfühlung mit Gott im Alltag, im jeweiligen Augenblick?

Wir stellen uns dem Leben. Jetzt und hier. In dem Moment, in dem es sich entwickelt. Das ist die einzige Möglichkeit, um eine echte Beziehung zu Gott zu pflegen. Ich musste den Augenblick auf der Veranda im Regen nutzen und mich mit dem befassen, was Gott da ans Tageslicht holte. Es wäre ein Leichtes gewesen, das zu ignorieren. Aber ich hätte verpasst, was Gott gerade in meinem Leben tun wollte. Ich musste den Kampf austragen, als er aufkam, musste mich mit dem Thema auseinandersetzen, musste dort und auf der Stelle beten. Andernfalls hätte ich noch wer weiß wie lang mit der Malaise leben müssen. Ich sah beim Dinner mit Anne, wie sich das Fenster einer Gelegenheit öffnete, eine Chance, ihr das Leben und die Freude zu zeigen, die Christus uns bringt. Ein Teil von mir wollte die Chance ausschlagen, wollte lieber ein banales Wort der Ermutigung sagen, und damit zurück zum Abendessen und zur belanglosen, netten Unterhaltung. Aber dann wäre es nicht zu diesem wunderbaren Durchbruch gekommen.

Der richtige Zeitpunkt ist jetzt.

Ausruhen

Eine kühle Brise weht an diesem Nachmittag. Der Himmel ist bewölkt. Die Brise kommt aus dem Westen und streicht über mein Gesicht. Ich sitze am Gartentisch und schaue nach Westen auf die Bergkette am Horizont. Es riecht jetzt anders hier oben auf der Ranch – die Lupinen sind verblüht, und der Beifuß duftet nicht mehr so stechend wie in der Julihitze. Der Sommer neigt sich dem Ende zu. Ich sehe es an der Natur. Es geht jetzt im Spätsommer alles etwas ruhiger zu.

Ich liebe diese Zwischenzeit. Das Sommercamp ist vorbei, meine Verantwortung als Leiter der Veranstaltung bin ich los. Niemand fragt mich etwas. Die Bogenschützen kommen erst am nächsten Wochenende. Nichts liegt an. Was ich heute getan habe, habe ich nur deswegen getan, weil ich es wollte. Etwas Holz hacken. Die Pferde füttern.

Es ist so still. Das finde ich besonders schön. Keine E-Mails. Kein Telefon. Mein Handy hat hier oben keinen Empfang. Jeder Mensch, den ich kenne, ist mindestens vier Autostunden weit weg. Vielleicht schmiere ich mir ein Brötchen mit Erdnussbutter und Marmelade. Richtig kochen will ich nicht.

Und das Beste an dem Frieden und der Ruhe ist Gott. Einfach nur hier sitzen vor den Augen Gottes, in seiner Gesellschaft. Ohne Tagesordnung. Ohne Gebetsliste, ohne Fürbitten. Einfach nur Gott. Das ist unvergleichlich. Nichts kommt dem auch nur nah. Das ist es, was der Augenblick bietet. Das hat Gott heute im Angebot. Und ich lasse es geschehen, lasse mich dankbar darauf ein und ruhe bei ihm aus.

Vielleicht gehe ich morgen fischen. Wenn es das ist, was er im Sinn hat.

Was Gott uns schenkt

Früher in diesem Sommer habe ich mit meinem Sohn Luke zusammen einen großartigen kleinen Fluss entdeckt. Er strömt energisch und rasch von den Flat Tops herab, hier und da gebremst von einem alten Biberdamm oder einem tiefen Bergsee. Und manchmal durchläuft er einen flacheren, lieblichen Talabschnitt. Wir hatten eine wundervolle Zeit, in der wir Forellen fingen – viel größere, als ich sie in dem kleinen Fluss erwartet hatte. Aber wir konnten überhaupt nur auf einem Abschnitt von etwa eineinhalb Kilometern angeln. Ich hatte seitdem immer davon geträumt, dorthin zurückzukehren und mehr von dem zu erkunden, was diese Schatzkammer zu bieten hatte. Ich hatte auf meiner Karte entdeckt, dass der Fluss weitab von der Straße mäandert, bevor er in den Bear River mündet, und nichts belebt die Fantasie eines Fliegenfischers mehr als die Vorstellung eines unberührten Gewässers. Vielleicht wäre ich der erste Mensch seit Jahren, der in diesem Flussabschnitt fischen würde.

Aber ich bin im Lauf des Sommers etwas entspannter geworden. In meinem Innern geht es nicht mehr so verbissen zu. Also bete ich: *Herr, ist es ein guter Tag zum Fischen, oder soll ich mich einfach hinlegen und die Zeit hier genießen?* Ich halte inne und lausche. Ich wäre mit jeder Antwort einverstanden. *Was meinst du, Herr?* Ich höre, offen für alles, was er mir sagen will. Denn auch das habe ich gelernt: Manchmal möchte Gott mit mir über etwas ganz anderes sprechen als über die Frage, die ich ihm vorgelegt habe. Wenn ich keine Antwort auf die gestellte Frage bekomme, dann muss ich vielleicht eine andere Frage stellen. Vielleicht hilft Ihnen das in Ihrem Kurs in Sachen größere Nähe zu Gott. Wenn er auf Ihre Frage nicht eingeht, dann machen Sie Stopp und fragen Sie ihn, worüber *er* sprechen will.

Heute bin ich bereit, alles zu opfern. Selbst das Fischen, was für einen fanatischen Fliegenfischer auf dem Weg der Heilung ein gutes Zeichen ist, dass Gott am Werk ist. Ich sitze still da und wiederhole die Frage. *Herr, sollen wir fischen gehen? Was hast du heute mit mir vor?*

Da ist die Antwort. *Fischen.*

Ich hatte geplant, am Bear River flussaufwärts zu wandern und meine Erkundungen dort zu beginnen. Aber schon der Canyon des Bear überraschte mich. Es ist schön dort unten. Der Fluss windet sich durch einen Wald aus Nadelbäumen, manche ragen weit hinaus über das Wasser. Hier und da bricht das Sonnenlicht durch und zeichnet Schattenbilder auf das Wasser. Der Fluss teilt sich manchmal in mehrere Arme auf, die dann wieder zusammenführen.

Ich hatte eigentlich nicht vor, am Bear zu fischen – ich wollte zu den unberührten Wassern des Flüsschens. Aber als ich den Grund des Canyons erreicht hatte und flussaufwärts ging, stieß ich sofort auf einen netten Abschnitt mit klarem grünem Wasser, das geradezu um eine Trockenfliege bettelte. Es war zu verlockend. Schon mit dem ersten Wurf fing ich eine schöne vierzig Zentimeter lange Forelle und änderte meinen Plan. Ich würde am Bear fischen, und dabei langsam weiterwandern. Nicht allzu ernsthaft, schließlich war das Flüsschen mein Ziel, aber ernsthaft genug, um die schönsten Fischgründe kennenzulernen.

Der Bear River erwies sich als der Höhepunkt des Tages. Bis ich den kleinen Fluss erreichte, hatte ich ohne große Mühe bereits ein halbes Dutzend Fische gefangen. Am Ziel angekommen, stellte ich fest, dass der Fluss hier zum Fischen ungeeignet war. Über knapp zwei Kilometer stürzte er hier eine geologische Formation herunter, und sein Wasser hat eine solche Geschwindigkeit, dass man nicht gut fischen kann. Ich war enttäuscht. Das Flüsschen sollte das Eigentliche sein, der Bear River war nur als Bonus gedacht. Hatte ich zumindest gedacht.

Dann erinnerte ich mich an etwas, was Gott mir im Lauf des Sommers deutlich gemacht hatte: Nicht das ist wichtig, was er einem vorenthält, sondern das, was er schenkt. Wir können so versessen sein auf das, was wir nicht haben oder was wir glauben zu brauchen, dass wir die Geschenke übersehen, die Gott uns gibt. Und tatsächlich: Obwohl der Bear River mir all das gegeben hatte, was ich mir vom Flüsschen versprochen hatte – Einsamkeit, Schönheit, kraftvolle Fische am Haken –, schmollte ich den halben Rückweg über, weil ich meinen Fluss nicht bekommen hatte.

> *Wichtig ist nicht, was Gott uns vorenthält,*
> *sondern was er uns schenkt.*

Damals im Juni war ich darauf versessen gewesen, Elchschaufeln auf unserem Grundstück zu finden. Ich wusste, dass im Frühjahr einige mächtige Elchbullen die Gegend durchziehen, und da sie auch unser privates Land passierten, rechnete ich mir gute Chancen aus, irgendwo im Unterholz oder an einem Zaun ein mächtiges Geweih zu finden. Ich zog also eines Nachmittags los mit dem Gebet: *Vater, ich weiß, dass du mich liebst. Wirst du mir helfen, eine Schaufel zu finden?* Als ich den Steilhang hinter unserer Hütte hinaufging, versuchte ich von Gott irgendeine Weisung zu erlauschen. Und an einigen Weggabelungen hatte ich tatsächlich den Eindruck, dass ich eher rechts als links gehen oder noch höher hinaufsteigen sollte.

Ich war optimistisch. Als ich den Kamm erklomm, musste ich mich zwischen einigen jungen Tannen hindurchzwängen, und da, direkt vor mir, saß ein großer Rotschwanz-Bussard auf dem Gipfel einer kleinen Tanne. Er hatte mir den Rücken zugekehrt und schwankte im Wind. Er hatte mich nicht bemerkt, also konnte ich ihn eine gute Viertelstunde lang beobachten. Ab und zu wehte eine Windböe den Steilhang hinauf, und dann spreizte der Bussard seine Schwingen, um das Gleichgewicht nicht zu verlieren. Oder um mir seine wunderbare braun-weiße Zeichnung zu zeigen? Dann auf einmal war er in der Luft und flog übers Tal davon. Ein schönes Geschenk. Ich wusste, dass es eines war. Und ich musste mir sagen: *Nicht das ist wichtig, was Gott mir vorenthält, sondern das, was er mir schenkt.* Keine Elchschaufeln. Dafür ein Bussard. Er weiß, dass ich diese Vögel mag. Ich sammle ihre Federn. Ich würde jede Tätigkeit unterbrechen, um sie zu beobachten. Das war das Geschenk des Tages. Gott hat mich geführt, nur nicht so, wie ich es erwartet hatte.

Ein paar Wochen später paddelten wir als Familie mit Kanus auf dem Snake River im Teton-Nationalpark. Diese Tour war ein sehr bewusster Aufbruch in Richtung Freude. Wir lieben den Snake und die Landschaft, durch die er fließt. Es war Abend, und ich lotste die Familie und einige Freunde in einen Abschnitt des Flusses, den nur wenige je zu sehen bekommen – und schon gar nicht in der Abenddämmerung und vom Kanu aus. Ich wusste also, dass wir allein dort sein würden, wenn das Wild zum Trinken ans Wasser kam. Wir konnten also durchaus erwarten, Elchbullen und -kühe zu sehen und wer weiß was sonst noch. Wir hatten dort auch schon mal einen Bären gesichtet. Der

Abend hätte nicht schöner sein können. Als wir zwischen den Ufern dahinglitten und rechts und links in die Wildnis spähten, verlor sich jedes Zeitgefühl. Wir hätten auch im 19. Jahrhundert sein können. Oder im 17. Wir waren allein auf dem stillen Fluss im Zwielicht, und ich wusste, dass uns Großes erwartete.

> *Ich war völlig fixiert auf das, was Gott uns nicht schenkte, und verpasste völlig, was er uns schenkte.*

Wir fuhren an der Höhle einiger Flussotter vorbei, die wir im Jahr zuvor gesehen hatten. Niemand zu Hause. Wir passierten eine Insel, auf der sich sonst gern die Elche tummeln. Nichts. Nur ein Biber oder zwei. Frustriert ließ ich die Gruppe noch einen Kilometer weiter durch einen Nebenarm paddeln, von dem ich *wusste*, dass die Elche dort sein mussten. Aber nein. Die Sonne verschwand hinter dem Mount Moran, und wir erlebten alle ein spektakuläres Lichtspiel in den Wolken über uns. Nur ich bekam nichts davon mit, so enttäuscht war ich darüber, dass wir kein Wild gesehen hatten. Ich war völlig fixiert auf das, was Gott uns *nicht* schenkte, und verpasste völlig, *was* er uns schenkte. Erst später, als ich die Fotos sah, die Blaine gemacht hatte, ging mir das auf. Der Sonnenuntergang war wirklich atemberaubend. Orange und Violett und Rot über dem schwarzen Scherenschnitt der Berge, und alles spiegelte sich im Wasser wieder. Das war mir entgangen. Und heute war mir um ein Haar die Schönheit des Bear River entgangen.

Vater, vergib mir. Vergib mir mein Anspruchsdenken, meine Erwartung, dass das Leben nach meinen Vorstellungen laufen muss. O Herr, wie viele Geschenke habe ich schon ausgeschlagen? Vergib mir. Meine Haltung ist hässlich und engstirnig. Bitte verändere meine Einstellung. Ich möchte offen und dankbar sein für das, was du mir in jedem Augenblick schenkst. Ich möchte dein Kind sein.

Jagdsaison und Elia

Was kann schlimmer sein als Kälte? Nass-feuchte Kälte.

Immer Ende August wird in Colorado die Saison für die Bogenjagd auf Rotwild eingeläutet. Wir fiebern stets diesem Tag entgegen. Schon im Juni und Juli beginnen wir mit den Vorbereitungen, suchen unsere Ausrüstung zusammen, packen und packen wieder um und diskutieren unsere Pläne für den Tag, an dem die Jagdsaison beginnt. Dutzende Male. (Oft ist die größte Freude an einem Abenteuer die Vorfreude.) Wir kamen schon ein paar Tage vor dem großen Tag auf die Ranch, um nach Rotwildspuren zu suchen, und weil uns zumute war wie Schuljungen kurz vor Ferienbeginn, waren wir für nichts sonst zu gebrauchen. Also hätten wir genauso gut gleich losziehen können. Wir hegten große Hoffnungen – wir hatten ein stattliches Rudel gesichtet, wir wussten, wo die Tiere waren, und wir wussten, wie wir dorthin gelangen konnten. Es würde großartig werden.

Ich erwachte am ersehnten Tag X durch das Prasseln von Regen auf dem Dach unserer Hütte. Viel Regen. Mächtig viel. Es hatte um vier Uhr angefangen und seitdem nicht mehr aufgehört. Hätte jemand uns vier bei Tagesanbruch herumsitzen sehen, er hätte den Eindruck bekommen, der Regen sei in der Hütte niedergegangen. Wir blickten so verdrießlich, wie ein Hund im Zwinger dem wegfahrenden Familienauto nachschaut. Ich dachte: *Dieb. Da raubt uns jemand die Freude.* Wir wollten jetzt eigentlich oben in den Bergen sein, in guter Position, um am ersten Tag der Jagdsaison möglichst viel zu sehen zu bekommen. Und so begannen wir zu beten, dass das Wetter besser werden möge.

Gedankenausflug. Eine meiner Lieblingsgeschichten im Alten Testament ist die von Elia, wie er um Regen betet. (Ja, ich weiß, wir hatten Regen in dem Moment. Mehr als genug. Was wir brauchten, war kein Regen. Aber bitte gehen Sie meinen Gedankengang trotzdem mit. Es lohnt sich).

Elia stieg auf den Gipfel des Karmel, hockte sich nieder und steckte den Kopf zwischen die Knie.

Nach einer Weile befahl er seinem Diener: „Steig auf den höchsten Punkt des Berges und blick über das Meer! Dann sag mir, ob du etwas Besonderes siehst."

Der Diener ging hin, hielt Ausschau und meldete: „Kein Regen in Sicht!" Doch Elia schickte ihn immer wieder: „Geh, sieh noch einmal nach!" Endlich, beim siebten Mal, rief der Diener: „Jetzt sehe ich eine kleine Wolke am Horizont, aber sie ist nicht größer als eine Hand."

Da befahl Elia: „Lauf schnell zu Ahab, und sag ihm: ‚Lass sofort anspannen, und fahr nach Hause, sonst wirst du vom Regen überrascht!'" Da kam auch schon ein starker Wind auf, und schwarze Wolken verfinsterten den Himmel. Es dauerte nicht mehr lang, und ein heftiger Regen prasselte nieder.

1. Könige 18,42-45

Ich finde es toll, dass Elia seinen Diener losschickt, um nachzusehen. Funktioniert es? Ich finde es toll, dass dieser mächtige Mann sieben Runden lang beten muss, bis es klappt. Diese Geschichte scheint direkt aus dem Leben gegriffen. Und nun ein wirklich steiler Gedanke: Jakobus behauptet, dass wir das auch hinbekommen. Gegen Ende seines Briefes ermutigt er uns, kühne Bitten zu äußern – und damit zu rechnen, dass sie erfüllt werden. Seine berühmte Aussage: „Das Gebet eines Menschen, der nach Gottes Willen lebt, hat große Kraft" illustriert er mit der Geschichte von Elia: „Elia war ein Mensch wie wir. Er betete inständig, es möge nicht regnen, und tatsächlich fiel dreieinhalb Jahre kein Wassertropfen auf das Land. Dann betete er um Regen. Da regnete es, und alles Land wurde grün und brachte wieder Früchte hervor" (Jakobus 5,16-18).

Nun stellt sich die Frage: Warum reitet Jakobus so darauf herum, dass Elia „ein Mensch wie wir" war?

Wegen jenes zaghaften Wesens in uns, das ständig sagt: *Ich könnte das nie.* Wegen jener Theologie, die solche Geschichten zu Ausnahmen erklärt. Diese Art des Denkens amputiert den Glauben. Sie verkrüppelt das Gebetsleben. Wozu haben wir die Geschichten darüber, wie Gott das Gebet von Menschen erhört, die ihn lieben, wenn unsere Gebete angeblich wirkungslos sind? Jakobus sagt, dass Elia einer war wie Sie und ich. Er war keine Ausnahme. Folglich können wir beten und dasselbe erleben. Wir können beten und beobachten, dass etwas passiert.

Und nun aufgepasst. Wie oft musste Elia es versuchen? Sah er schon nach der ersten Runde Ergebnisse? Nach der zweiten? Der dritten?

> *Wozu erzählt die Bibel uns Geschichten darüber,*
> *wie Gott das Gebet von Menschen erhört, die ihn lieben,*
> *wenn unsere Gebete angeblich wirkungslos sind?*

Allzu oft haben unsere Gebete das kümmerliche Format von „Herr, steh uns bei". Er steht uns bei. Immer. Oder vielleicht beten wir: „Herr, schenk uns heute gutes Wetter." Und das war's dann. Wir hören schon nach der ersten Runde auf. Und dann sind wir enttäuscht, weil unsere Gebete scheinbar nichts bewirken, und wir kommen zu dem Schluss, dass Gebet grundsätzlich wirkungslos ist. Richtiger wäre es zu behaupten, dass *derartige* Gebete nichts bewirken. Versuchen Sie es mal mit Gebeten à la Elia, und Sie werden vielleicht Ergebnisse sehen.

Ich bin also auf den Beinen und wandere in dem winzigen Raum umher, in dem wir uns befinden, und bete, dass es aufklaren möge. Wie Elias Diener schaue ich aus dem Fenster, allerdings will ich keine Wolke sehen, sondern eine Wolkenlücke. Nichts dergleichen, also beten wir weiter. Nun weiß ich natürlich nicht, wo dieses Wetter herkommt. Ich weiß nicht, ob Gott sich nicht etwas dabei gedacht hat für uns. Ich weiß nicht, ob meine Gebete den Tag retten. Ich weiß nur eins: Uns ist etwas Wichtiges geraubt worden.

Gestohlene Freude – das sollte bei uns immer Alarm auslösen. Ich weiß auch, dass es Gott gefällt, wenn wir im Vertrauen losziehen. Ich weiß, dass er meine Gebete nach seinen Vorstellungen interpretieren und nutzen kann. Ich weiß auch, dass ich nicht gut herumsitzen und nichts tun konnte. Also betete ich – inständig.

Gerne würde ich erzählen, dass Blaine aus dem Fenster schaute und eine Wolkenlücke, nicht größer als eine Hand, sah. Aber es geschah nichts dergleichen. Ich weiß nur, dass nach etwa zwanzig Minuten der Regen etwas nachließ, und wir uns entschlossen, aufzubrechen. Ungeachtet des Wetters schnappten wir unsere Ausrüstung, zogen jeweils zu zweien los und versuchten, unsere Pläne umzusetzen.

Aber diese Geschichte handelt nicht von unserem Glauben. In Wirklichkeit handelt sie von unserem bemerkenswerten Talent zum Unglauben.

Wir sitzen nun zusammengekauert unter den Ästen einer Rotfichte hoch oben in den Bergen und versuchen so, dem schlimmsten Regen zu entgehen. Mit Wild rechnen wir schon lang nicht mehr. Es gibt keine Wapitis. Nicht auf diesem Berg. Es waren nie welche da. Wozu schleppen wir eigentlich unsere Bogen mit uns herum? Alles ist kalt. Kalt und feucht. Der Boden. Das hohe Gras. Wir selbst. Die ganze Welt – kalt und feucht. Doch, wir haben Wapitis gesehen. Auf dem Weg zu diesem Berg hier sind wir nicht weniger als *drei* Rudeln begegnet. Vor einer Stunde noch hatten wir Wapitis vor und hinter uns. Aber jetzt sind keine da. Waren nie da. Werden nie da sein. Alles, was es gibt, ist kalt und feucht.

Und dann bricht die Sonne durch. Kein Witz.

Wir jubeln. Wir kriechen unter den Zweigen hervor und beschließen, in die Schlucht unterhalb abzusteigen, in dem Glauben, dass jedes Stück Rotwild in dieser Gegend, wenn es denn welches hier gibt, sich dort zeigen muss. Die Sonne brennt auf uns hernieder, uns wird beim Wandern warm, und wir ziehen eine Schicht Kleider nach der anderen aus. Am Fuß des Berges angekommen, sind wir erhitzt. Der ganze Missmut des Morgens ist verflogen. Die Welt ist voller Sonnenlicht. Uns war kalt? Was ist das, Kälte? Ich kann mich nicht erinnern. Es gibt keinen Regen. Gab nie welchen. Es ist nur noch heiß, und ich habe Durst.

Ich bin außerdem total verblüfft darüber, wie restlos mir das abhandengekommen ist, was Psychologen Objektpermanenz nennen. Nur weil man etwas nicht hier und jetzt sieht, heißt das doch noch lange nicht, dass es nicht existiert! Am Tag sieht man keine Sterne. Sie entschwinden unserem Blick. Aber sie sind natürlich nicht weg. Sie sind immer noch da. Das Wild ist immer noch irgendwo auf diesem Berg. Warum gebe ich so schnell die Hoffnung auf? Ich weiß, dass ich es mit Gott genauso mache. Wenn seine Sonne auf mich herabscheint, bildlich gesprochen, dann ist mir das klar. Dann *glaube* ich. Aber sobald Wolken aufziehen – Furcht, Zweifel oder ein widriges Ereignis –, ist die Sonne weg. Und mein Glaube auch.

Herr, vergib mir. Wie wetterwendisch muss ich dir vorkommen. Wie oberflächlich muss dir mein Glaube erscheinen. Vergib mir und heile diesen Zug an mir.

Ein wenig Trost finde ich im Ende von Elias Geschichte. Bevor er um Regen betete, hatte er Feuer vom Himmel erbeten und 450 Propheten des Baalskultes niedergemacht. Es hatte drei Jahre nicht geregnet, aber an diesem Nachmittag hat er einen Monsun herbeigebetet. Anschließend packt ihn die Panik, und er rennt um sein Leben. Als Gott ihn anspricht, sitzt er auf einem Berg und ist in einer trostlosen Verfassung. Sein Glaube ist weg.

> „Elia, was tust du hier?" Elia antwortete: „Ach Herr, du großer und allmächtiger Gott, mit welchem Eifer habe ich versucht, die Israeliten zu dir zurückzubringen! Denn sie haben den Bund mit dir gebrochen, deine Altäre niedergerissen und deine Propheten ermordet. Nur ich allein bin übrig geblieben, ich allein. Und nun trachten sie auch mir nach dem Leben."
>
> 1. Könige 19,9f

Alles war weg. Es gab kein Feuer vom Himmel. Es gab keinen Regen. Alles futsch. Vielleicht sind Elia und ich gar nicht so verschieden.

„Meine Liebe"

Im Lauf eines Tages oder einer Woche richte ich oft mein Herz und meine Gedanken auf Gott aus und frage ihn: *Herr, hast du was für mich?* Es ist eine Art Auf-Sendung-Gehen; ich signalisiere Empfangsbereitschaft. Gott soll, wenn er will, in meinen Alltag hineinsprechen oder mir sonst irgendetwas sagen, was gerade nötig ist. Beim Autofahren, während einer Sitzung oder wenn ich den Müll raustrage – ich frage innerlich: *Herr, willst du mir etwas sagen?* Und versuche so, auf meinem Weg mit Gott Schritt zu halten.

> Wenn wir aus dem Geist leben, dann wollen wir dem Geist auch folgen.
>
> Galater 5,25; EÜ

Ich glaube, das ist mein Versuch, diesen Rat des Apostels umzusetzen.

In den vergangenen zwei Monaten hat Gott mir bei solchen Gelegenheiten immer wieder dasselbe gesagt: *Meine Liebe.* Das vernahm ich jedes Mal, wenn ich mir Zeit nahm, um auf ihn zu hören: *Meine Liebe.* Wieder und wieder. *Meine Liebe.* Und ich fragte mich, warum. Es passiert schließlich so vieles in der Welt und in meinem Leben; so vieles würde ich gerne von ihm hören, aber er sagt mir: *Meine Liebe.*

Ich wusste wirklich nicht, was ich damit anfangen sollte. Anfangs war ich durchaus zufrieden damit. Wunderbar, so etwas zu hören. Mein Herz kam zur Ruhe und sagte: *Ja, deine Liebe. Ich danke dir für diese Liebe.* Aber nach ein paar Wochen begann es mich zu ärgern. Das ist alles? Schon wieder? Deine Liebe? Hältst du mich für schwerhörig? Verstehe ich dich überhaupt richtig? Warum sagst du wieder und wieder dasselbe?

Nachdem ich diese Phase durchgestanden hatte, wurden Gottes Worte für mich zu einer ergiebigen Quelle von Trost und Orientierung. Sie haben mich wieder und wieder zurückgebracht zu seiner Liebe. *Einverstanden. Alles dreht sich um deine Liebe.* Wenn ich nicht mehr als das bekomme, keine weitere Erklärung, dann soll es mir genügen. Ich kann gut auskommen mit *Meine Liebe.* Aber um ehrlich zu sein, glaube ich nicht, dass ich es wirklich begriffen habe. Gott wiederholt sich aus gutem Grund. Das habe ich verstanden. Ich habe nur noch keine Ahnung, warum. Sieht aus, als ob er etwas damit bezweckt.

Auftakt

Sommer

Herbst

Winter

Frühling

Zeit der Krisen und der Kämpfe,
aber auch des Durchbruchs und neuer
Entdeckungen

Der Unfall

Als ich wieder zu mir kam, lag ich mit dem Gesicht im Blut.

Ich konnte jemand reden hören. Es dauerte einen Moment, bis ich die Stimme erkannte. Stacy fragte: „Bist du in Ordnung?"

Bin ich in Ordnung? „Meine Nase ist gebrochen", sagte ich, „und meine rechte Hand vermutlich auch. Und die linke – kann ich nicht sagen." Mein Hirn hechelte das übliche Testprogramm durch, wie immer, wenn man sich verletzt hat. *Ich kann meine Beine bewegen. Und meine Arme. Mein Kopf brummt, aber ich denke, das ist nichts Schlimmeres. Meine Nase ist definitiv demoliert. Fühlt sich riesig an. Und etwas stimmt nicht mit meinen Handgelenken. Ich muss gestürzt sein.*

Es war am Wochenende vor dem Labour Day[1]. Die Jungs waren irgendwo im Wald, ein Baumhaus bauen, also beschlossen Stacy und ich, auszureiten. Wir ritten gerade durch eine schöne, wenn auch recht schmale Espenallee, als mein Pferd S'mores auf einmal unruhig wurde. Ich hielt an und klopfte ihm aufmunternd den Hals. „Alles ist gut, mein Freund." Es gibt einen alten Holzstoß am Rand des Weges, und manchmal gehen die Pferde nur ungern daran vorbei. Also gab ich S'mores wie schon so oft in den vergangenen Wochen Zeit, sich selbst umzuschauen und zu vergewissern, dass niemand hinter dem Stapel lauerte. Noch jedes Mal, wenn wir an diesen Platz gekommen waren, hatte er sich nach einigen Augenblicken wieder beruhigt, und wir konnten weiterreiten.

Aber diesmal nicht.

S'mores scheute, stieg auf die Hinterbeine und schoss wie eine Rakete davon. Es ist ein großes Pferd (Stockmaß über 1,65 m) mit entsprechend langen Beinen, und ich kann Ihnen sagen, wir waren rasant unterwegs. Stacys Pferd galoppierte mit kurzem Abstand hinterher. Ich stellte mich vor der nächsten Biegung im Sattel auf, bekam die Zügel wieder zu fassen und dachte: *Das kriegen wir vielleicht noch in den Griff*. Ich zog die Zügel an. Das Nächste, was ich weiß: Ich erwachte in einem See aus Blut. Auch Stacy war abgeworfen worden. Sie hatte ein paar Abschürfungen, aber nichts Schlimmes. Mir ging es elend. Aber es schoss so viel Adrenalin durch meinen geschundenen Körper, dass ich die Schmerzen gar nicht richtig spürte.

Wir hatten keine Ahnung, wo die nächste Unfallklinik war, und ich war auch nicht sicher, ob ich das nötig hatte. Stacy begann, die Nachbarn anzurufen. *Soll ich überhaupt in die Klinik?*, fragte ich mich. Ich wollte nicht hin. Ich hasse Krankenhäuser. Ich hasse es, auf Hilfe angewiesen zu sein. Vielleicht ist es ja nicht so schlimm.

Geh, sagte Gott. Und es war gut, dass ich es tat. Die gebrochene Nase war nicht das größte Problem. Auch nicht der Bruch im linken Handgelenk. Aber im rechten Handgelenk war etwas verrutscht, und wir bekamen gesagt, dass das eine ernsthafte Verletzung sei, die operiert werden müsse. Anschließend würde die Hand neun Wochen lang ruhiggestellt. Bei der linken Hand würden sechs Wochen reichen.

Ich weiß nicht, ob wir Gott gefragt hatten. Ich habe mir den Kopf darüber zerbrochen, habe versucht, mich zu erinnern, was an jenem Morgen vorgefallen war. Ich weiß, dass ich während des Morgengebets gegen den Dieb angebetet hatte, der uns die Freude raubt. Das hatte ich noch nie zuvor getan. Und das ist verdächtig. Ich weiß, dass an jenem Wochenende eine ernsthafte geistliche Auseinandersetzung um unsere Ranch stattfand. Vielleicht hatten wir Gottes Einverständnis für den Ritt, aber ich weiß, dass wir ihn nicht gefragt haben, *wohin* wir reiten sollten.

Ganz nebenbei: Das ist ein wichtiger Schritt im Prozess des Hörens auf Gott. Die *nächste* Frage nicht vergessen. So oft bekommen wir eine Antwort auf eine erste Frage und versäumen es, die folgerichtige zweite Frage zu stellen. Wir hören: *Ja, nimm die Stelle an*, oder: *Ja, verkauf das Haus*. Aber anschließend müssten wir vielleicht nachhaken: *Wann denn? Heute, nächste Woche, nächstes Jahr?* Preschen Sie nicht schon auf den ersten Eindruck hin los. Für uns wäre es vermutlich gut gewesen, wenn wir gefragt hätten: *Wo entlang?*

Aber jetzt ist es dafür ein wenig spät. Und man kann sich deshalb in den Hintern beißen, aber man bewirkt damit nichts außer noch mehr Verwirrung. Bei Krisen oder Ereignissen, die uns wirklich aus der Fassung bringen, habe ich gelernt: Man kann entweder Gott haben, oder man kann Durchblick haben. Seltener auch beides zusammen. Aber wenn man darauf *besteht*, einen Vorfall zu verstehen, dann stellt sich dieses Verständnis oft nicht ein. Und das kann zu einer Distanz zu Gott führen. Denn ich bin ja aufgewühlt und verlange eine Erklärung, damit ich mit den Ereignissen klarkomme, aber die Erklärung bleibt aus, und dann gehe ich etwas auf Abstand zu Gott und verspiele die Gnade, die er mir ja tatsächlich anbietet. Er erklärt nicht alles. Aber er bietet sich uns immer selbst an.

Außerdem ist es nun mal geschehen. Mir tut jeder Knochen weh. Wenn es etwas zu lernen gibt aus diesem Unfall, dann traue ich Gott zu, dass er mir das mit der Zeit klarmacht. Im Augenblick mache ich mir nur Gedanken über den nächsten Schritt. Was fange ich mit dieser Situation an? Was wird Gott daraus machen? Wie sieht es *jetzt* aus, online mit Gott zu leben?

> *Gott erklärt nicht alles. Aber er bietet sich uns immer selbst an.*

Gerade erst wird mir bewusst, wie sehr mich das alles erschüttert hat. Mir wird klar, dass mein Leben sich für einige Zeit radikal ändern wird. Ich bin todunglücklich, wenn ich daran denke, was mir alles entgehen wird. Die Jagdsaison kann ich abhaken, diese kostbare Zeit mit Blaine und den Freunden. Ich kann mir ja nicht einmal die Schuhe zubinden, geschweige denn einen Bogen spannen. Sam und ich waren dabei, seinen ersten

Wagen neu aufzumöbeln. Das ist jetzt auch erst mal auf Eis gelegt. Ich werde ihm nicht helfen können. Wie sehr wünsche ich
mir, dass Gott mich heilt. Und ich bin mir nur zu bewusst, wie
sehr ich es hasse, selbst auf Hilfe angewiesen zu sein.

Mein ganzes Lebenskonzept war auf dem Motto aufgebaut:
„Selbst ist der Mann!" Danke, ich brauche nichts. Ich schaffe es
allein. Ich hasse diese Krankenhaushemden, Sie wissen schon,
diejenigen, die man im Nacken zubindet. Am Tag meiner Entlas-
sung bestand ich darauf, dass Stacy mir die Schuhe anzog. Als
wir von der Unfallklinik nach Hause unterwegs waren, klingelte
mein Handy. Stacy hatte auf dem Weg ins Hospital eine Freundin angerufen und sie gebeten, für uns zu beten. Das hatte die
Runde gemacht, und nun meldeten sich unsere Freunde der Reihe nach. Ich war überwältigt von all der Liebe und Fürsorge.
Und mir fiel etwas auf.

Es fällt mir *wirklich* nicht leicht, mich lieben zu lassen.

Es ist schwer, eine grundlegende Neuausrichtung des eigenen
Lebens zu akzeptieren. Die alten Denk- und Verhaltensmuster
sind so tief mit unserer Persönlichkeit verwoben, wurzeln so tief
in unseren Grundannahmen, in früh erlittenen Verletzungen und
in unserer Lebensgeschichte. Und oft muss erst eine Krise eintreten, um das alles ans Licht zu bringen. Solange unsere erprobten
Überlebensmechanismen funktionieren, sind wir nicht wirklich
bereit, uns mit ihnen auseinanderzusetzen. Geschweige denn sie
aufzugeben. Aber dann passiert so etwas wie dieser Unfall. Nun
kann ich nicht mehr ausweichen. Und zwar bin ich nicht nur
körperlich mattgesetzt. Was immer aus dieser Sache entsteht, ich
möchte verwandelt werden. Liebe ist schließlich das Wichtigste
im Leben. Ich glaube nicht, dass es eine gute Idee ist, auf Liebe
zu verzichten.

> *Wenn unser Leben von Grund auf umgestaltet wird,*
> *ist das nicht so einfach zu akzeptieren.*

Ich kann nicht Auto fahren. Ich kann keine Tür öffnen. Eine Flasche zu öffnen ist ganz unmöglich. Ich kann kein Steak schneiden. O Mann, ich werde bei *allem* Hilfe brauchen. Ich kann noch nicht mal einen Knopf drücken. Was für einen Sinn der Unfall auch sonst hat, er durchkreuzt jedenfalls mein ganzes bisheriges Lebenskonzept. Das ist mir jetzt klar. Die Grundlage meines bisherigen Lebenskonzepts war Angriff. So habe ich mein Leben geführt. Ich habe es in Angriff genommen. Morgens, wenn ich aufstehe, nehme ich den Tag in Angriff. Egal, was für Aufgaben anstehen, was ich an Sorgen habe, was für unterschwellige Ängste dahinterstecken – ich greife an.

Aber so will ich mein Leben eigentlich nicht führen. Und so bete ich:

Herr, ich komme zurück zu deiner Liebe. Du hast sie mir zugesagt. Ich möchte mein Leben auf deiner Liebe aufbauen. Möchte verwurzelt und gegründet sein in deiner Liebe.

Man kann das kaum klar genug oder deutlich genug sagen, wie wichtig diese Erkenntnis ist. Selbst Worte wie *Paradigmenwechsel* oder *Erleuchtung* sind eigentlich zu klein dafür. Als wir vom Krankenhaus zurückfuhren, ich auf der Rückbank des Geländewagens ausgestreckt, betete ich: *Gott, ich bin einverstanden. Erneuere meine Persönlichkeit. Mach sie heil auf der Grundlage deiner Liebe.*

Gott?

Damit habe ich wirklich zu kämpfen.

Ich weiß, dass Gott mich liebt. Warum kann er mir nicht diesen Gefallen tun?

Sobald ich wieder zu Hause war, kamen Freunde, um mit mir zu beten. Wir beteten um Heilung. Ernsthaft. Eindringlich. Die nächsten Tage hindurch beteten wir um Heilung. Sehen Sie, die Unfallklinik hatte einen Spezialisten für Handchirurgie hinzugezogen, und der hatte die Verschiebung im Handgelenk gerichtet. Aber nun muss ich operiert werden. Und das will ich wirklich nicht. Ich möchte, dass Gott mich heilt. Ich glaube fest, dass er das kann. Ich glaube, dass er es eigentlich auch will.

Aber es passiert nicht. Ich muss mich morgen operieren lassen.

Ist die Gemeinde ohnmächtig? So viele Menschen beten für mich, und trotzdem passiert nichts. Warum? *Herr, warum können wir nicht heilen?*

Ich bin wirklich enttäuscht. Ich kann die Jagdsaison abschreiben. Diese Freude ist mir schon mal verdorben. Ich kann Sam nicht mit seinem Auto helfen. Ich bin wirklich deprimiert. Ich will, dass Gott was unternimmt, nicht nur für mein Herz, sondern auch für das Herz meines Sohnes und meiner Frau und so vieler anderer Leute. Es würde eine solche Ermutigung für ihren Glauben bedeuten, wenn er mich heilte.

Was soll ich damit anfangen, Herr? Ich weiß, vielen Menschen geht es viel schlechter als mir. Und trotzdem habe ich dich um Heilung gebeten. Herr, ich brauche deine Hilfe. Komm und sei meinem Herzen nah.

Bei alledem, inmitten dieser inneren Kämpfe, weiß ich, dass ich wachsam sein muss. Dies ist ein kritischer Augenblick. Denn gerade jetzt erscheinen Vereinbarungen und faule Kompromisse so vernünftig, so unausweichlich.

Gerade wenn wir angefochten sind, sollten wir besonders auf unser Herz achten. Ich weiß, dass ich mein Herz nicht an andere Dinge hängen darf. „Mehr als alles hüte dein Herz; denn von ihm geht das Leben aus" (Sprüche 4,23; EÜ). Der springende Punkt an diesem Vers ist: Wir müssen wirklich äußerst sorgfältig überlegen, worauf sich unser Herz einlassen soll – und was wir in unser Herz hineinlassen sollen. Mitten in diesem geistlichen Ringen, das ist mir klar, darf ich keine faulen Kompromisse eingehen. Nicht mit Entmutigung, nicht mit Unglauben, nicht mit Ehrgeiz, nicht mit Resignation.

> *Das eine weiß ich: Der einzige sichere Platz für mein Herz*
> *ist in Gott.*

Es wäre ja so einfach, tief innen ein kleines Einverständnis zu geben. Sich einzulassen auf einen Gedanken wie: *Was hast du denn erwartet? Gebet bewirkt ja doch nichts.* Aber das will ich nicht. Ich weiß nicht, was Gott alles tut und warum unsere Gebete manchmal scheinbar so wirkungslos sind, aber das eine weiß ich: Der einzige sichere Platz für mein Herz ist in Gott. Dort muss ich hin, ob ich die Ereignisse nun verstehe oder nicht. Ich habe schon genug Schwierigkeiten durchgemacht, um zu wissen, dass am anderen Ende des Tunnels Licht ist. Inzwischen weiß ich, dass wir unser Herz hüten können. Wir müssen es tun.

Keine Vereinbarungen.

Bis Gott unser Ein und Alles ist

„Wie können wir das Leben richtig verstehen?"

Ich hatte neulich ein Gespräch mit einer jungen Frau über einige schwere Zeiten in ihrem Leben. Ich weiß bis jetzt nicht, was für einen Sinn mein Unfall hatte oder warum meine beiden Arme eingegipst sind. Aber das Leben geht weiter, und ich musste arbeiten. Also traf ich mich mit dieser jungen Frau, die ihrerseits ihr Päckchen zu tragen hatte. Und nun fragte sie mich, was meiner Ansicht nach die richtige Sicht auf das Leben sei. „Mein Mann glaubt, dass das Leben eine einzige Prüfung ist. Ich selber denke, es ist eher vom Zufall abhängig. Wir sind zurzeit nicht wirklich gut für einander. Was meinen Sie?" – Das klingt mal wieder nach Gottes Timing. Ich bin mir auf einmal bewusst, dass noch jemand im Raum ist. Es liegt eine bedeutungsvolle Erwartung in der Luft. Was soll ich sagen? Was glaube *ich*?

„Gott will, dass wir glücklich sind", sagte ich. „Aber er weiß, dass wir nicht wirklich glücklich sind, solange wir nicht ganz und gar zu ihm gehören und er unser Ein und Alles ist. Und der Prozess der Entwöhnung ist nicht leicht." Ich hatte in diesem Moment zwar die Rolle des Seelsorgers, aber ich spürte, dass Gott die ganze Begegnung für mich arrangiert hatte.

„Die Sorgen in unserem Leben sind größtenteils seine Weise, diese Entwöhnung zu bewerkstelligen. Wir hängen unser Herz an so viele Dinge, nur nicht an Gott. Wir erwarten das Leben von so viel anderem. Mir jedenfalls geht es so. Und sogar die Geschenke, die Gott selbst uns gibt – sie werden uns mitunter wichtiger als er selbst. Aber so soll es nicht sein. Solange wir unser Glück von Dingen abhängig machen, die wir wieder verlieren können, sind wir verwundbar."

Das ist entscheidend für unser menschliches Dasein. Es ist entscheidend, wenn wir verstehen wollen, was Gott in unserem Leben tut. Wir glauben allen Ernstes, dass Gott vor allen Dingen dazu da ist, uns Glück und ein bequemes Leben zu verschaffen. Es kommt uns nicht in den Sinn, dass unser Denken auf dem Kopf steht. Es fällt uns nicht ein, dass Gott unser Ein und Alles sein will, und solange wir ihn das nicht sein lassen, sind wir keine wahren Menschen. Das erste und größte Gebot lautet, dass wir Gott lieben sollen, mit unserem ganzen Sein. Und doch findet man nur ausgesprochen selten jemanden, der so ganz und gar aus der Hingabe an Gott lebt. Dafür umso mehr Menschen, die sich auf eigene Faust durchs Leben schlagen. Wir halten die wenigen, die wirklich in Gott aufgehen, für etwas abgedreht. Der Rest, die vielen, die ihr Leben selbst meistern wollen, erscheint uns dagegen vollkommen normal.

Nach dem Unfall war ich wirklich enttäuscht, dass das Leben auf einmal buchstäblich außer Reichweite war. Die Aussichten auf die nächsten Monate waren düster. Aber fühle ich mich je so enttäuscht, wenn *Gott* außer Reichweite zu sein scheint? Was ist nur los mit uns? Ich bin richtiggehend sprachlos über diese Neigung, die ich da an mir – und in jedem anderen – wahrnehme, über diese engstirnige Haltung, die Welt nur auf eine einzige Weise zu betrachten: als Gelegenheit, ein glückliches kleines Leben zu führen.

> *Es fällt uns nicht ein, dass Gott unser Ein und Alles sein will, und solange wir ihn das nicht sein lassen, sind wir keine wahren Menschen.*

Bitte verstehen Sie mich nicht falsch. Vieles an und in dieser Welt ist gut und schön, obwohl es Teil der gefallenen Schöpfung ist. Und es ist so viel Gutes an dem Leben, das uns Gott verliehen hat. Paulus sagt, dass Gott uns „mit allem reich beschenkt, damit wir es genießen können" (1. Timotheus 6,17). Und beim Prediger Salomo heißt es, dass auch Essen und Trinken und die Früchte unserer Arbeit ein Geschenk Gottes sind (Prediger 2,24). Wir sind dafür geschaffen, Freude am Leben zu haben. Aber allzu oft endet es damit, dass wir nicht den Geber verehren, sondern seine Gaben. Wir suchen nach Leben und betrachten Gott als unseren Assistenten bei diesem Unterfangen. Wir regen uns viel eher darüber auf, dass die Dinge nicht nach unseren Vorstellungen laufen, als dass es uns Kopfzerbrechen bereitet, wenn wir fern sind von Gott.

Und so muss Gott von Zeit zu Zeit und manchmal sehr nachdrücklich unseren Lebensrhythmus stören, damit wir unsere Jagd nach Leben aufgeben. Gewöhnlich durch Schmerz. Gott bittet uns, die Dinge, die uns lieb und teuer sind und an die wir unser Herz gehängt haben, loszulassen, damit wir frei sind, unser Herz noch vollständiger ihm hinzugeben. Er durchkreuzt unsere Versuche, das Leben in Gang zu halten. Er lässt unsere Anstrengungen ins Leere laufen, bis uns aufgeht, dass wir das Leben tatsächlich nicht von Gott erwarten. Üblicherweise reagieren wir darauf erst einmal mit Wut. Wir sind sauer auf Gott, was das Problem eher noch unterstreicht. Wie viele fragen eher:

„Warum lässt Gott das zu?", als dass sie sich selbst in Frage stellen: „Warum vertraue ich Gott nicht mehr?"

Für uns ist Gott zumeist eher Mittel zum Zweck als der Zweck an sich. Eher einer, der uns *im* Leben zur Hand geht, als *das* Leben selbst. Wir betrachten unser Leben nicht als einen Prozess, der uns dahin führt, wo wir voll und ganz ihm gehören und er alles für uns ist. Und deshalb sind wir oft überrascht vom Gang der Ereignisse.

Es ist ja nicht so, dass Gott nicht unser Glück will. Er will es. Nur weiß er, dass wir nicht wirklich glücklich sein können, solange wir nicht heilig sind. Solange Gott nicht unser Ein und Alles ist und wir ganz ihm gehören, werden wir seine Geschenke an uns weiterhin vergöttern. Wir verhalten uns wie ein Kind, das einen Wutanfall bekommt, weil es die Puppe nicht haben kann. In dem Moment schert es sich nicht darum, dass es von seiner Mutter über alles geliebt wird. Seine Welt ist aus den Fugen geraten. Es sieht nicht, dass sein Herz am falschen Platz ist. Es braucht die Liebe und den Trost seiner Mutter viel nötiger als die Puppe, die es in diesem Moment zum höchsten Wert erklärt.

> *Es ist ja nicht so, dass Gott nicht unser Glück will. Er will es. Nur weiß er, dass wir nicht wirklich glücklich sein können, solange wir nicht unser ganzes Herz an ihn verschenkt haben.*

Was immer der Grund für unser gegenwärtiges Leiden ist, eines ist sicher: „Der Herr, euer Gott, stellt euch … auf die Probe. Er will sehen, ob ihr ihn von ganzem Herzen und mit aller Hingabe liebt" (5. Mose 13,3). Wir sind so damit beschäftigt, unser kleines glückliches Dasein zu arrangieren, dass Gott uns in die Parade fahren muss, um uns auf sich aufmerksam zu machen. Ich vermute, das ist die bei ihm übliche Art der Läuterung. Ein Waschprogramm für die Seele. Ich muss nicht nur alle meine falschen Hoffnungen aufgeben, sondern auch meine grundlegende Lebenseinstellung. Von allen Prüfungen möchte ich zumindest bei dieser einen nicht durchfallen.

Nun behaupte ich *nicht*, dass Gott allen Schmerz in unserem Leben verursacht. Ich glaube zum Beispiel nicht, dass er mich vom Pferd geworfen hat. Vielmehr glaube ich, dass er mein Leben gerettet hat. Aber Schmerz bleibt niemand erspart, und was fangen wir dann damit an? Was zeigt uns der Schmerz? Worauf will Gott hinaus? Wie wird er unseren Schmerz stillen? Das sind Fragen, denen nachzugehen sich lohnt.

Lassen Sie Ihren Schmerz nicht ungenutzt.

Raum schaffen für Gott

Nach meinem Unfall hatte ich den Eindruck, dass Gott etwas von mir erwartete: Ich sollte mit dem Trinken aufhören.

Nicht dass ich viel trinken würde. Ich genehmige mir dann und wann einen Drink. Und ich hasse es, betrunken zu sein. Also trinke ich nie übermäßig. Aber manche Leute sagen: *Schon ein Tropfen missfällt dem Herrn.* Warum hat Jesus Wasser in Wein verwandelt, als beim Hochzeitsempfang der Nachschub ausging? Und warum gleich ein paar Hundert Liter davon? Und zwar einen Spitzenwein. Das war ein Zeichen der Zustimmung. Das Fest soll weitergehen. Nur damit das an dieser Stelle klar ist: In der Bibel wird nicht der Alkohol verdammt. Betrunkenheit schon, Trinken nicht.

Trotzdem – dieser Drink am Abend hatte bei mir einen Stellenwert bekommen, der nicht in Ordnung war.

Schon früher in diesem Jahr war mir aufgefallen, dass ich zu oft trinke oder, um genau zu sein, aus den falschen Gründen. Wenn ich ausgepumpt und zerstreut nach einem langen Tag nach Hause kam, dann habe ich mir ein Glas Wein oder Bier gegönnt – zur Entspannung, zum Abschalten. Andere Leute essen etwas aus demselben Grund. Oder setzen sich vor den Fernseher. Bei mir war es Alkohol. Und das ist nicht gut. Ich begann, ihn als Ersatzfreude zu nutzen. Freude in der Flasche. Freude in Reichweite. Alarmierend.

Und so verschaffte mir Gott eine gnädige Gelegenheit, damit aufzuhören. Und stattdessen in meinem Leben mehr Platz für ihn zu machen. So einfach war das. Ich merkte: Wenn ich zerknittert und niedergeschlagen heimkam, tat ich jedenfalls eines in der Regel nicht – nämlich mir ein paar Augenblicke Zeit für Gott nehmen und ihn bitten, mich wieder aufzurichten, meine Zuflucht und mein Friede zu sein. Und genau das versuchte ich von da an.

Damit verzichte ich auf etwas, das ich in den letzten Jahren genossen habe. Stattdessen entdecke ich nun abends in meiner Seele eine Art Weite. Raum für Gott.

Ein geheiligtes Leben

„Bleibt in mir, dann bleibe ich in euch", sagt Jesus (Johannes 15,4; EÜ). Ein schlichtes Gebot, wie es scheint. Und eines, das wir leicht übersehen.

Wenn Jesus uns sagen muss, dass wir in ihm bleiben sollen, dann scheint er anzunehmen, dass es auch möglich ist, *nicht* in ihm zu bleiben. Normalerweise leben wir unser Leben getrennt von ihm. Und das ist eine gefährliche Art zu leben. Die Gemeinschaft mit Gott, seinen Schutz und all die Vorzüge seines Reiches können wir nur genießen, wenn wir auch in unserem Alltag in ihm bleiben – sprich, in enger Verbindung mit ihm leben. Weinstock und Reben, Hirte und Schafe. *Bleibt nah bei mir*, sagt Jesus. Ein alter Heiliger hat mir vor ein paar Jahren gesagt, dass der Teufel nicht wählerisch ist im Hinblick auf die Mittel, mit denen er uns in die Falle lockt. Sein vorrangiges Ziel ist es, uns dazu zu bringen, aus dieser Verbindung mit Jesus herauszufallen, denn dann sind wir verwundbar.

Ich möchte zwei Dinge zugleich, die unvereinbar sind. Ich möchte einerseits ein nettes kleines Leben, und andererseits möchte ich eine wichtige Rolle im Reich Gottes spielen. Und in den Zeiten, in denen ich das nette kleine Leben führe, treffe ich Entscheidungen, die mich auf subtile Weise verleiten, abseits von Jesus zu leben. Der Hirte will in die eine Richtung, und ich schlage die andere ein. Dabei geht es nicht um große Sünden – das würde ja sofort auffallen. Vielmehr gehe ich einfach etwas spazieren auf der Suche nach einer Weide, die mir schmeckt. Ich komme noch nicht mal auf die Idee, Gott danach zu fragen.

Vielleicht lief so etwas ja auch vor meinem Unfall ab.

> *Ich möchte einerseits ein nettes kleines Leben, und andererseits möchte ich eine wichtige Rolle im Reich Gottes spielen.*

Wir beten jedes Mal, bevor wir uns auf einen Ritt machen. Befehlen uns und die Pferde dem Schutz Gottes an. Und das haben wir auch an jenem Morgen gemacht. Aber manchmal habe ich beim Beten das Gefühl, dass die Leitung blockiert ist, dass das Gebet nicht ankommt. Immerhin hat ja auch Elia ein paar Anläufe gebraucht. Und das bedeutet: Wir sollten mehr beten. Noch einmal. Sieben Mal, wenn nötig. Aber manchmal will ich nicht noch mehr beten. Ich will endlich zur Sache kommen. So ging es mir auch an jenem Morgen. Es war ein sonniger Tag, und ich war das Beten leid. Ich wollte ja nur ausreiten wie ein normaler Mensch.

Eine sehr gefährliche Einstellung.

Als Christen steht uns kein „normales" Leben mehr zur Verfügung, und wenn wir uns darauf erst einmal einlassen – mit allen Konsequenzen, die das in den Details unseres Alltags hat –, dann können wir auch in Jesus bleiben. Ich erinnere mich, dass ein Freund einmal im Zusammenhang mit seinem Urlaub gesagt hat: „Ich möchte Gott nicht erst fragen, ob wir dieses

Jahr nach Hawaii fliegen sollen. Ich möchte einfach hin." Wenn unser Verlangen nach dem netten kleinen Leben mit dem Bedürfnis kollidiert, nah bei Jesus zu bleiben, dann führt das im besten Fall zu einer Heiligung unseres Willens und dazu, dass wir unser Leben in all seinen Einzelheiten wirklich Jesus unterstellen.

Aber wir sollten uns über eines nicht hinwegtäuschen: Eine Seite in uns will gar nicht wirklich wissen, was Gott uns zu sagen hat.

Ehrlich. Ich erlebe nun schon seit vielen Jahren Gottes Hilfe, seine Überraschungen, seinen Segen, und dennoch ist da immer noch etwas in mir irritiert, wenn jemand vorschlägt: „Fragen wir Gott." Das läuft ja auf eine Unterbrechung hinaus. Manchmal fühlt es sich an wie ein gewaltsames Runterschalten. Sich Zeit nehmen? Jetzt? Gott fragen? Ich fühle mich gestört. Das ist das eine. Und das andere ist: Wenn wir etwas hören, müssen wir gehorchen.

> *Eine Seite in uns will gar nicht wirklich wissen,*
> *was Gott uns zu sagen hat.*

Ich las die Geschichte von Josua, und die brachte mich wirklich zum Grübeln. Meine Güte, die Israeliten bekamen beim Kampf um Jericho jede Menge detaillierte Anweisungen – wann sie den Jordan überqueren sollten, wie sie ihn überqueren sollten, wann sie die Stadt angreifen und wie sie die Stadt angreifen sollten. Und es funktionierte! *Es funktionierte.* Man sollte meinen, sie hätten es begriffen. So folgt man Gott. Aber dann kommt der nächste Tag, und da stehen sie, bereit, die nächste Stadt einzunehmen, und was machen sie? Sie fragen nicht! Es ist nicht so, dass sie vergessen, die zweite Frage zu stellen – sie stellen noch nicht einmal die erste. Sie preschen einfach vor. Und sie bezahlen dafür. Teuer.

Ich kann das nachvollziehen. Ich frage nicht, weil ich es nicht so genau wissen will. Wenn ich wüsste, was Gott denkt, dann müsste ich mich ja entscheiden, ob ich seinem Rat folgen soll oder nicht. Was anfangs nur eine Verlegenheit oder ein Moment der Unsicherheit war, wird zu einer Frage des Gehorsams. Ich möchte diese Art von Klarheit nicht. Außerdem möchte ich nicht, dass Gott sich in meine Weise, mein Leben zu führen, einmischt.

Und damit sind wir wieder beim Thema Heiligung. Gott zu fragen ist ein Akt der Heiligung, denn wir versuchen, unserem Hirten zu folgen. Im Glauben an ihn zu leben. Und dann werden wir unausweichlich mit der Entscheidung konfrontiert, seiner Anweisung zu gehorchen, und das vertieft unsere Verbindung mit ihm.

Das „nette kleine Leben" ist uns dabei im Weg.

Denn mehr als alles andere ist es das, was mich veranlasst, auf eigene Faust loszuziehen auf der Suche nach noch saftigeren Weiden. Ich muss daran denken, was Jesus sagte: „Ich tue nichts, wenn es mir mein Vater nicht aufgetragen hat" (Johannes 14,31; Formulierung des Autors). So und nicht anders. Das soll auch unsere Haltung werden. Es setzt voraus, dass wir uns wirklich danach sehnen, in Gott zu leben, und dass wir bereit sind, unseren Willen seinem Willen unterzuordnen. Auf diese Weise werden wir geheiligt. Was ich hier beschreibe, ist nicht jene resignierte Haltung der Seele, in der wir unsere Sehnsucht verleugnen nach dem Motto: „Ganz gleich, was du von mir verlangst, ich werde es tun." Damit macht man es sich leicht. Was ich beschreibe, das ist ein Herz, das hellwach ist für Gott und ganz für ihn schlägt, ein Herz, das Gott seine Sehnsüchte vorlegt und den eigenen Willen seinem Willen unterwirft im Vertrauen darauf, dass seine Vorschläge die besten sind.

Auf diese Weise lernen wir, in ihm zu bleiben.

Was wir uns in Sachen Liebe haben einreden lassen

Ich denke heute Morgen über Liebe nach.

Mir ist aufgefallen, dass ich an den meisten Tagen nicht besonders glücklich aufwache, und ich weiß nicht, warum. Ich habe in letzter Zeit noch etwas beobachtet: Wenn ich morgens aufwache, dann rasen meine Gedanken erst einmal blitzartig durch den vor mir liegenden Tag – einmal, um mich darauf einzustellen, was von mir erwartet wird, dann aber auch auf der Suche danach, ob es wohl etwas gibt, worauf ich mich freuen kann. Ich mache das nicht bewusst. Es ist fast so, als ob mein Herz ein Eigenleben hätte und schon wach ist, bevor ich wach werde, und die Aussichten, die vor mir liegen, schon einmal einschätzt. „Ich schlief, doch mein Herz war wach" (Hohelied 5,2).

Nebenbei: Ich glaube, dass unsere Zwänge und Süchte uns genau auf diesem Weg und aus diesem Grund immer fester in den Griff bekommen. Unsere alltägliche Tretmühle hat nichts Paradiesisches an sich, und unser verletztes und verzweifeltes Herz schaut aus nach etwas, auf das wir all unsere Sehnsucht projizieren können. Wenn sonst nichts anderes im Blickfeld ist, dann reicht uns dafür notfalls auch ein Stück Torte. Wir müssen also schon ein wenig aufpassen, woran wir unser Herz hängen.

Was also war heute Morgen los? Ich bin nicht mit einem freudetrunkenen Herzen aufgewacht, und ich ertappte mich dabei, dass ich nach etwas Ausschau hielt, worauf ich mich freuen konnte. (Das alles spielte sich innerhalb von Sekunden ab, während ich ins Badezimmer stolperte.) Ich möchte mein Herz nicht einfach an irgendetwas hängen, was vage an Hoffnung erinnert, also richte ich meine Gedanken auf Gott. Denn ich weiß zumindest verstandesmäßig, dass der einzige sichere Platz für mein Herz in der Liebe Gottes ist. *Liebe. Es geht um Liebe, erinnerst du dich?*, sage ich mir. *Finde zur Liebe, mein Herz. Zurück zur*

Liebe Gottes. Mein Selbstgespräch hat insofern Erfolg, als mein Herz wieder auf Gott einschwingt. Das braucht seine Zeit; es ist vergleichbar mit dem Versuch, ein Segelboot zu wenden. Es ächzt und knarrt ein bisschen, aber allmählich bekomme ich wieder Wind in die Segel.

Als ich meine Gedanken und die Sehnsüchte meines Herzens auf die Liebe Gottes ausrichtete, meine Seele ihm zuwandte (er wartet immer schon darauf), verspürte ich so etwas wie einen stechenden Schmerz. Wie soll ich diesen Schmerz beschreiben? Er fühlte sich alt an, wie mit einer langen Geschichte, und er saß tief.

Habe ich etwa dem Gedanken zugestimmt, dass ich nie Liebe erfahren werde?, fragte ich mich. Dieser Gedanke kam mir teils aufgrund meiner seelsorgerischen Arbeit in den vergangenen Jahren, teils intuitiv, und zum Teil vielleicht auch, weil irgendwo tief in meinem Herzen dieser Satz zu Hause ist und ich undeutlich spüre, wie er aus der Tiefe aufsteigt. Ich frage mich also: *Habe ich eine Vereinbarung getroffen? Bin ich je zu dem fatalen Schluss gekommen, dass mich nie jemand lieben wird?*, und etwas in meinem Herzen springt darauf an. Treffer. Nun weiß ich, hinter was ich her sein muss. An dieser Stelle brauche ich noch Heilung.

Ich weiß, dass ich mit diesem Empfinden nicht allein bin. Viele können ebenso wie ich nicht so recht glauben, dass Gott *sie* liebt (schon eher können wir uns vorstellen, dass er alle anderen liebt), oder wir scheuen uns, die Liebe Gottes anzunehmen oder zuzulassen, dass sie unser Herz mit Leben und Freude erfüllt. Schon gar nicht auf Dauer. Ein oder zwei Stunden, das wäre großartig. Einen Tag vielleicht auch noch. Und ich habe so eine Ahnung, warum wir nur so schwer an Gottes Liebe zu uns glauben können. Der Grund liegt vermutlich irgendwo weit zurück in unserer Lebensgeschichte verborgen. Ich muss an etwas denken, was ich vor Jahren bei Gerald May gelesen habe: Wir müssen uns erlauben, unsere jeweils *eigene* Geschichte der Liebe zu erzählen – wie wir im Lauf unseres Lebens Liebe erlebt haben, oder eben nicht erlebt haben, oder wie sie verschwand. Wir müssen diese Geschichte erzählen, um zu verstehen. Und ich erinnere mich, dass ich damals, als ich das las, dachte: *Nein danke. Darauf möchte ich mich lieber nicht einlassen. Trotzdem: Dankeschön.*

> *Gottes Liebe gilt* mir. *Dass das wirklich so ist, kann ich nur schwer glauben. Und so geht es vielen.*

Und seither bin ich dem Thema ausgewichen, schon jahrelang.

Aber jetzt versuche ich mein Herz zu Gott und zu seiner Liebe zurückzubringen. Jetzt will ich, dass seine Liebe mich heilt, und dass sie in mir bleibt. Manchmal kommt mir das vor, als ob man auf der Suche nach einem verwundeten Wild, einen dichten Wald durchstreift, und wenn man das Tier dann gefunden hat, redet man ihm gut zu, bis es sich schließlich berühren lässt.

Unsere Geschichte der Liebe ist eine sehr verwickelte Geschichte über das Kostbarste in unserem Leben (unsere Sehnsucht nach Liebe). Sie lässt sich aus zwei Gründen nur schwer erzählen. Zum einen stecken wir oft allzu tief drin, als dass wir sie selbst klar sehen könnten. Wir sehen den Wald vor lauter Bäumen nicht. Zum andern ist es eine herzzerreißende Geschichte, und wir sind nicht sicher, ob wir uns den schmerzlichen Details noch einmal aussetzen wollen. Daher also unsere ambivalente Einstellung zur Liebe. O, ja, wir ersehnen sie. Wir wollen geliebt werden. Aber wir verstecken uns auch vor ihr, entwickeln Abwehrmechanismen gegen sie, verschanzen uns davor, erneut verletzt zu werden. Und geben uns stattdessen mit einem Stück Torte zufrieden.

Und dann wundern wir uns, warum es uns so schwerfällt, uns auf Gottes Liebe einzulassen, uns ihrer heilenden Kraft auszusetzen und in dieser Liebe zu bleiben.

Ich muss noch einmal auf Vereinbarungen zu sprechen kommen. Ich habe bereits dargelegt, wie subtil und niederträchtig solche Übereinkünfte sein können. Sie schwächen unser Herz, sie legen es still. Denn jede dieser Vereinbarungen händigt dem Feind den Schlüssel zu einem bestimmten Raum in unserem Herzen aus, und genau dort schließt er unser Herz dann ein. Das ist oft der Hintergrund, wenn ansonsten gesunde Menschen plötzlich seelisch zusammenbrechen. Da ist Jana, eine wundervolle Frau mit einem tiefen Glauben und einer Gabe, anderen von Gott zu erzählen. Aber sobald jemand sie kritisiert, klappt sie innerlich zusammen. Bekommt Depressionen oder fängt an zu trinken. Oder nehmen Sie Ihren Bruder. Ein lieber und netter Kerl, der sein Leben auf die Reihe bekommt. Aber seit drei Wochen geht er nicht mehr ans Telefon, wenn Sie anrufen, und das vermutlich, weil Sie ihn eines Abends beim Essen gefragt haben, ob sich nicht mal was in Sachen Freundin tut.

Vermutlich haben Sie da eine wunde Stelle im Herzen angerührt, eine Wunde, die durch irgendeine Übereinkunft unter Verschluss gehalten wird, und oft hat sie mit Liebe zu tun.

Denken Sie an Ihre eigene Geschichte mit der Liebe. In dem Moment, in dem Sie verwundet wurden, waren Sie besonders empfänglich für verhängnisvolle Einflüsterungen. Die kommen auf leisen Sohlen, unvorhersehbar, oft als Antwort auf eine Botschaft, die mit einer erlittenen Verletzung einherging. Angenommen, Ihre große Liebe ging in die Brüche. Der Schmerz ist groß, also unterdrücken Sie ihn und versuchen ihn zu überwinden. Gleichzeitig zieht Ihr Herz seine Schlüsse. *Es ist alles meine Schuld. Ich werde nie wieder wahre Liebe erleben.* Und dabei merken Sie vermutlich noch nicht einmal, auf was für einen Handel Sie sich da eingelassen haben. Unser Feind ist schlau, und sobald er die Vereinbarung in der Tasche hat, wird er das Thema erst einmal ruhen lassen, taucht ab, spielt die Sache runter, sodass niemand seine Aktivitäten bemerkt. Womöglich merken Sie dreißig Jahre lang gar nichts. Oder länger. Nur eines merken Sie: Sie spüren die Liebe Gottes nicht.

Ich stehe im Badezimmer, die Dusche läuft, und ich sinniere. *Wo und wann bin ich auf den Gedanken eingegangen, dass ich nie Liebe erfahren werde?* Und ich frage mich: *Wie weit ist diese Vereinbarung wohl in Menschenherzen verbreitet?* Ich weiß nicht, was ich sonst tun kann, und ich muss in den Tag hineinfinden, also bete ich:

Einverstanden, Herr. Komm zu mir. Ich will und ich brauche deine Liebe wirklich. Ich brauche viel mehr davon, als ich es mir bisher gestattet habe. Ich möchte, dass du in mir bleibst und mein Herz in deiner Liebe bewahrst. Komm und zeige mir, auf was für Vereinbarungen in Sachen Liebe ich mich eingelassen habe. Hilf mir, sie aufzukündigen. Mich davon loszusagen. Und stattdessen deine Liebe anzunehmen. Heile mein ängstliches Herz. Ich bin bereit, mich mit der Liebe in meiner eigenen Geschichte auseinanderzusetzen. Sei bei mir, wenn ich diesen Weg beschreite.

Später im Büro saß ich eine Weile schweigend da. Ich hatte keine Klarheit, aber ich spürte, dass es in mir rumorte. Ich wollte jetzt auf keinen Fall irgendetwas erzwingen. So kommt man dem waidwunden Wild nie nah genug. Also setzte ich mich an den Schreibtisch und begann ein wenig herumzuschreibseln. Vielleicht hatte ich ja für heute schon genug Arbeit an mir geleistet. Ich schickte mein Werk durch die Rechtschreibprüfung. Schaute aus dem Fenster. Meine Gedanken schweiften ab zur Jagd. Zu einer Sitzung später am Tag. Zu einem Anruf, den ich hätte erledigen sollen. Aber ich wusste, dass ich mich im Grunde nur nicht näher mit diesem Thema der falschen Überzeugungen über Liebe befassen wollte, aber fliehen wollte ich eigentlich auch nicht. Schließlich nahm ich den Faden wieder auf mit einer Frage an mich selbst: Was glaube ich eigentlich im Blick auf die Liebe wirklich?

Dass sie nie von Dauer ist.

Hollala! *Wie lange trage ich das denn schon mit mir herum?*, frage ich mich. Ich muss es wohl zugeben: Ich traue der Liebe nicht. Das ist so. Das erhellt vieles in meinem Leben. *Herr, hier brauche ich deine Hilfe*, seufzte ich. Schweigend saß ich eine Weile da, grade so, als müsste ich den Schock über eine eben erhaltene schlechte Nachricht verdauen.

> *Die Botschaften, die wir bekommen,*
> *wenn wir verletzt werden, sind oft genug das Einfallstor*
> *für fatale Übereinkünfte, die uns innerlich lähmen.*

Ich wusste, dass die Einsicht stimmte. Kein Gehirnchirurg war nötig, um herauszufinden, warum ich nicht daran glaubte, dass die Liebe beständig sein könnte. Dad hat mich verlassen. Der Alkohol hat ihn mir geraubt. Meine Mutter hat mich verlassen. Sie musste arbeiten, um uns über Wasser zu halten. Mein Freund Brent hat mich verlassen. Verstandesmäßig war mir zwar klar, dass sein Tod jedenfalls keine bewusste Entscheidung war, mich im Stich zu lassen. Und doch – er war weg. Und ich hätte noch eine Reihe Leute aufzählen können, die mich allesamt verlassen hatten. Mein ganzes Leben war offenbar eine Serie immer wieder derselben Erfahrung: Menschen verlassen mich.

Herr, was fange ich an mit diesem Gefühl?

Gib es mir.

Okay. Ich gebe es dir, Herr. Ich lasse es los. Deine Liebe bleibt. Ich kann deiner Liebe trauen. Ich gebe meine Überzeugung auf, dass Liebe nie von Dauer ist. Ich bitte dich, heile den Schmerz, der mit all diesen Verlusten verbunden war. Mach mein Herz frei, der Liebe zu trauen – deiner Liebe.

Nun muss ich los. Aber ich möchte mit dieser Stelle in mir behutsam umgehen, möchte im Lauf des Tages darüber nachdenken und wieder dahin zurückkehren, wenn ich kann.

Am nächsten Tag

Diese Sache mit der Liebe hat mich gestern wirklich erschüttert. Ich meine, ich wollte mich wirklich nicht damit beschäftigen. Ich bin an dieser Stelle so empfindlich. Meine Geschichte mit der Liebe? Meine Güte – das ist zu viel. Ich möchte mich darauf nicht einlassen, möchte das nicht durchbuchstabieren. Lieber bleibe ich auf Distanz.

Vielleicht stößt uns Gott gerade deshalb mit der Nase darauf.

An mir selbst und an allen meinen Freunden entdecke ich diese Einstellung zum Leben, die da lautet: *Stör mich nicht; bleib mir vom Leib mit Sachen, die mir unangenehm sind. Lass mich einfach mein Leben weiterleben.* Sie erinnern sich an den Land Cruiser? Ich möchte mich ja noch nicht mal mit dem Ölstand befassen, geschweige denn mit meiner Geschichte mit der Liebe. *Lass mich einfach mein Leben weiterleben.* Und Gott in seiner Liebe und Güte sagt: Nein. (Und etwas in uns sagt daraufhin: *Mist.* Oder etwas noch Kräftigeres. Wir wissen, dass Gott recht hat. Und er lässt nicht so schnell locker.) Gott sagt zu uns: *Wir müssen uns damit befassen. Es geht dir nicht gut. Du bist noch nicht heil und nicht heilig, jedenfalls nicht ganz. Ich gönne dir das Leben, aber du wirst es nicht genießen können, solange du nicht heil und heilig bist.*

Wir sind allzu verwundbar unterwegs in dieser Welt, solange wir die Tiefen unseres Herzens nicht ausloten wollen. Besonders unsere Geschichte mit der Liebe.

> *In seiner Güte und in seiner Liebe zu uns lässt Gott uns unsere Ausweichmanöver nicht durchgehen.*

Und nun will ich erzählen, was gestern sonst noch geschah. Ein Bekannter von mir hat im Moment wirklich eine schwere Zeit. Es hat mit seiner Ehe zu tun. Seine Frau ist nicht besonders zärt-

lich. Es gibt wenig Liebe zwischen den beiden. Er verliert allmählich die Hoffnung. Der Feind ist auf seinen Kummer aufmerksam geworden (er riecht unsere Probleme regelrecht, so wie
Haie Blut im Wasser von Weitem riechen) und hat sich einge-
schaltet, um die Lage noch zu verschlimmern. Das ist seine Tak-
tik – er klammert sich an unsere Anfechtungen, Schwächen,
Verletzungen und vergrößert sie noch und versucht sich dort
breitzumachen. Mein Bekannter hat gewiss seinen verständli-
chen Kummer, aber was ihn jetzt niederzudrücken droht ist ein
Gefühl überwältigender Trauer und Aussichtslosigkeit.

Gestern kommt er zu mir und fragt, ob ich Zeit für ihn hätte.
Wir beten gemeinsam, und während ich bete, spüre ich selbst
Schmerz in meinem eigenen Herzen. *So ist das also – der Feind
quält sein Herz mit Trauer.* Ich habe das schon so oft erlebt – die
geistliche Anfechtung, die auf einem anderen Menschen lastet,
versucht auf mich überzuspringen. Das Zeug scheint ansteckend
zu sein. Wie ein Computervirus. Erst heute Morgen im Bad sind
mir meine eigenen unterschwelligen Vereinbarungen in Sachen
Liebe bewusst geworden, auf die ich mich eingelassen habe, und
so bin ich noch etwas empfindlich und verwundbar. Und jetzt
sehe ich mich konfrontiert mit diesem Geist schier übermächti-
ger Trauer. Die ideale Ausgangslage, um selbst das nächste Opfer dieser Plage zu werden.

Auf so etwas sollten Sie gefasst sein, sonst finden Sie sich
unvermutet am Boden wieder.

Die Geschichte hätte auch leicht wie folgt laufen können: Ich
sehe an seinem Leben, dass Liebe nicht funktioniert, nicht von
Dauer ist, und wärme prompt meine alte Übereinkunft wieder
auf, die ich erst am Morgen widerrufen habe. *Siehst du, Liebe
hält nicht. Sei kein Narr. Du hattest doch recht.* Und schon hätte ich den eben erst gewonnenen Boden wieder verloren. Und ich
müsste mich trotzdem mit seinen Kämpfen auseinandersetzen,
mit diesem Geist überwältigenden Schmerzes, der mein Herz
durchbohrt, der mich anfällt, weil ich versucht habe, ihm zu

helfen. Wenn ich nicht gewusst hätte, wie hochinfektiös diese Art Anfechtungen sein kann, dann hätte ich womöglich den stechenden Schmerz als meine persönliche Regung gedeutet, als Ausdruck meines eigenen Kummers, und hätte schon die nächste Vereinbarung getroffen: *Stimmt, mein Herz leidet. Das Leben ist Schmerz und Verlust.*

Sehen Sie, in was für einer gefährlichen Welt wir leben? Das Leben ist kein netter Hauskreisabend. Es ist Kampfgebiet. Deshalb besteht Gott so beharrlich darauf, dass wir uns mit den heil-losen und unheil(ig)en Stellen in unserem Leben befassen. Er weiß, wie verwundbar wir sind.

Gott sei Dank hatte ich eine Ahnung, was da vor sich ging. Ich habe die Lüge zurückgewiesen, dass die Situation meines Bekannten der Beweis dafür sei, dass meine gerade erst überwundene Überzeugung in Sachen Liebe doch richtig war. Ich habe mich auf Jesus und auf sein Kreuz berufen und diese Tatsachen all den Lügen über die Liebe, die da im Raum schwebten, entgegengehalten. Und heute Morgen bin ich hier, frei von alledem, und zurück bei Gott und dem, was er zur Sprache bringt – ohne all den Müll, der auf mich überspringen wollte. Ich will zurückfinden in die Liebe Gottes, und ich brauche jetzt nur die Wahrheit – die objektive, unverbrüchliche Wahrheit über seine Liebe zu mir. Also schlage ich die Bibel auf.

> Ich habe dich schon immer geliebt, darum bin ich dir stets mit Güte begegnet. Ich baue dich wieder auf ... Dann wirst du fröhlich sein und hinausgehen zum Reigentanz.
>
> Jeremia 31,3

„Schon immer geliebt" – so viel zu der verlogenen Behauptung, dass Liebe nie von Dauer ist. Gottes Liebe ist von Dauer. Schon immer da gewesen. Wirklich wahr.

Ja, Herr. Ich brauche deine Liebe. Ich möchte mich auf sie einlassen, möchte auch fröhlich werden.

Ich lese einige weitere Verse:

Seht doch, wie groß die Liebe ist, die der Vater uns schenkt! Denn wir dürfen uns nicht nur seine Kinder nennen, sondern wir sind es wirklich.

1. Johannes 3,1

Uns ist der Heilige Geist geschenkt, und durch ihn hat Gott unsere Herzen mit seiner Liebe erfüllt.

Römer 5,5

Ich nutze eigentlich nur die Stellenverweise in meiner Studienbibel und springe von einer Aussage über die Liebe Gottes zur nächsten, wie ein halb Verhungerter, der sich am kalten Buffet bedienen darf.

„Wie mich der Vater liebt, so liebe ich euch. Bleibt in meiner Liebe!"

Johannes 15,9

„Der Vater liebt euch, weil ihr mich liebt und daran glaubt, dass ich von Gott gekommen bin."

Johannes 16,27

„Ich habe ihnen gezeigt, wer du bist. Das werde ich auch weiter tun, damit deine Liebe zu mir auch sie erfüllt."

Johannes 17,26

Ja, Herr, genau das will ich. Deine Liebe soll in mir bleiben. Ich sehne mich danach, dass deine Liebe mein Herz erfüllt. Was muss ich tun?

So frage ich, weil ich im Augenblick die Liebe Gottes nicht richtig verspüre. Mein Herz empfindet eine leichte Trauer, verbunden mit einem Hauch von Schmerz. Wie oft habe ich das schon bei Menschen gesehen, die zu einem Gespräch zu mir kamen. Wir glauben den Aussagen der Bibel nicht, weil sie sich nicht zu decken scheinen mit unserer augenblicklichen Gefühlslage. Wir zweifeln deshalb so beharrlich, weil wir in diesem Moment nicht *erfahren*, dass jedes Wort Gottes wahr ist. Als Seelsorger geht es mir oft so, dass ich enttäuscht und wie vor den Kopf geschlagen bin. Jetzt aber scheinen die Rollen vertauscht zu sein. Jetzt bin ich der zweifelnde Thomas, und jetzt erkenne ich, dass sich Gott eigentlich ständig so fühlen muss, wie es mir oft als Seelsorger geht.

Lass es gelten, sagt Gott. *Glaube es. Triff deine Vereinbarung in dieser Frage mit mir.*

> *Wir können unsere Überzeugungen nicht davon abhängig machen, ob wir die Wahrheit der Verheißungen Gottes gerade fühlen und erleben oder nicht.*

Was für ein schönes Angebot. Er weiß, dass wir Vereinbarungen mit allen Arten von Lügen, Verdrehungen und Anklagen treffen. Nun fordert er uns auf, eine Vereinbarung in Sachen *Wahrheit* mit ihm zu treffen.

Wir können unsere Überzeugungen nicht davon abhängig machen, ob wir die Wahrheit dessen, was Gott uns in seinem Wort sagt, fühlen und erleben oder nicht. Es wäre arrogant, wollten wir unsere augenblickliche Seelenlage zum Richter über die Wahrhaftigkeit biblischer Aussagen machen. Ich weiß, dass ich von der Wahrheit ausgehen, sie gelten lassen, mich auf sie verlassen muss. Erst später – manchmal Augenblicke später, manchmal erst lange danach – bekomme ich den Beweis dieser Wahrheit. So wie Jesus zu Thomas sagte: „Selig sind, die nicht sehen und doch glauben" (Johannes 20,29).

Okay. Einverstanden. Ja. Das ist die Wahrheit. So soll es sein. Ich treffe meine Vereinbarung in dieser Sache mit dir. Ich willige ein.

Was ich gebetet habe

Einige Wochen sind vergangen seit jenem Morgen im Bad, als Gott das Thema Liebe auf die Tagesordnung setzte. Ich habe ihn gefragt, worum ich beten soll, und er gab mir zur Antwort: *Dass meine Liebe dein Herz heilt.*

Wie gut er mich doch kennt. Er kennt mich besser, als ich mich selbst kenne. Wie wahr und wie gut ist diese Bitte. Mein Herz braucht seine Liebe und seine Heilung. Er hat mir auch gesagt: *Gib mir dein Herz.* Das eine hängt mit dem anderen zusammen. Erst hab ich innerlich ein bisschen gemotzt wegen seiner Hartnäckigkeit. Er gab mir keine andere Antwort als diese: *Dass meine Liebe dein Herz erfüllt, und dass sie es heilt.* Aber das zeigt nur, wie sehr ich Heilung brauche, und warum und wo ich Gottes Liebe und Heilung brauche.

Während sich all das an jenem Morgen abspielte, regte sich noch eine weitere Kraft in mir. Ich kann sie vielleicht am besten beschreiben mit dem Satz: „Das kriegen wir schon hin." Ich weiß nicht, wie tief das in mir steckt. Aber es fühlt sich so an, als sei es ein wesentlicher Zug meiner Persönlichkeit. Damals auf dem Weg von der Unfallklinik nach Hause habe ich eingewilligt, dass Gott meine Persönlichkeit auf dem Fundament seiner Liebe neu aufbaut. Im Augenblick habe ich nicht den Eindruck, dass meine Persönlichkeit auf Gottes Liebe gegründet ist. Schon eher auf der Einstellung: „Das kriegen wir schon hin."

Wir sind zurück auf der Ranch. Die Jagdsaison geht zu Ende. Nein, ich war nicht zur Jagd. Meine Hände sind immer noch in Gips. Ich kann immer noch nicht meine Schuhe binden. Aber ich wollte trotzdem mit meinen Freunden hier hochkommen, um für Blaine den Führer zu machen. Laufen kann ich ja noch. Und ich kann Wild aufspüren. Aber gestern Nacht hat es wieder geschneit, und als ich den Tag vor Gott bedachte, raunte er mir zu: *Lass es sein.* Ich könnte ausrutschen, und ein Sturz wäre gegenwärtig nicht gut. Mein „Das kriegen wir schon hin" drängt mich, mit den Jungs in die Kälte und den Schnee hinauszuziehen und zu versuchen, einen Bock für Blaine aufzutreiben. Es wäre kernig, es würde meinen Ehrgeiz befriedigen – und es wäre idiotisch.

Obwohl ich die Hände in Gips habe, was mich zugegebenermaßen daran hindert, Dinge „hinzukriegen", ist es doch nicht unmöglich. Ich könnte die Chance ausschlagen, mich verändern zu lassen, und meinen Plan einfach durchziehen. Aber meine Seele braucht Heilung, genau an dieser Stelle. Schon am Morgen, während ich betete und in der Bibel las, brummten Fliegen am Fenster, und ich fühlte den Drang, mir eine Zeitschrift zu schnappen und sie zu erschlagen. Als ob ich in der Lage gewesen wäre, ein sich bewegendes Objekt zu treffen! Ich könnte im gegenwärtigen Zustand nicht mal eine Schnecke treffen. Aber das ficht mich nicht an. *Ich muss diese Fliegen erwischen* – das ist nur eine von hundert Versionen von „Das kriegen wir schon hin".

Herr, erbarme dich. Das steckt so tief in mir drin. Ich weiß nicht, was ich tun – und was ich sagen soll. Erbarme dich. Heile mich. Heile das. Heile mich in deiner Liebe.

Selbst noch, während ich diesen letzten Satz und dieses Gebet niederschrieb, befiel mich der Gedanke: *Wie spät ist es? Vier Uhr? Ich muss um fünf raus, für die Jungs den Pfadfinder machen.* Ernsthaft. Mitten im Gebet. Und kurze Zeit später schaue ich aus dem Fenster, um nach dem Wetter zu sehen (niedrig hängende Wolken, kalt, es sieht nach Schnee aus), und sage mir: *Ich muss einen besseren Weg finden, hier oben eine zuverlässige Wettervorhersage zu kriegen. Ich werde mir ein Radio zulegen, mit dem ich den meteorologischen Dienst abhören kann.* Das geht fast ständig so. Dieses Denken, Planen, Vorausschauen, Manövrieren passiert wie von allein. Ich nehme das zum ersten Mal so deutlich wahr. Und es verschlägt mir ein wenig die Sprache. Ich brauche wirklich Gottes Erbarmen.

Heute morgen fragte ich Gott, was ich lesen sollte. *Psalm 17,* war die Antwort.

Mein Gott, nun rufe ich dich an. Ich bin sicher, du antwortest mir.
Lass mich bei dir ein offenes Ohr finden und höre mein Gebet!
Du rettest alle, die bei dir vor deinen Feinden Schutz suchen.
Zeige mir immer wieder, dass du mich liebst!
Bewahre mich, wie man seinen Augapfel behütet!
Verstecke mich, wie ein Vogel seine Jungen,
vor den gottlosen Menschen, die mich hart bedrängen,
vor meinen Feinden, die mich umzingeln!

Psalm 17,6-9

Der Satz „Bewahre mich, wie man seinen Augapfel behütet"
beeindruckt mich besonders. Ich liebe diese Vorstellung. Etwas
sehr Junggebliebenes in mir schwingt hier mit. Das ist das Leben
des geliebten Sohnes, das krasse Gegenteil von „Das kriegen wir
schon hin".

*Herr, ich überlasse Dir alle meine Talente und alle meine Fä-
higkeiten, „es hinzukriegen". Ich bringe sie zu dir, damit sie dir
dienen und nicht meinem gottlosen Lebensentwurf. Ich bitte dich,
dass deine Liebe den Teil in mir heilt, der meint, alles hinkriegen
zu müssen und für alles selbst verantwortlich zu sein, auch für
mein Glück. Bitte setze mit deiner heilenden Liebe dort an. Und,
Herr, es tut mir leid, dass ich so verbissen alles hinkriegen will.
Ich will in Zukunft nicht mehr auf meine Fähigkeiten vertrauen,
sondern auf deine Liebe und Güte. Die kriegen es hin.*

Träume

Diese Nacht hatte ich einen total verrückten Traum.

Fängt nicht jeder so an, wenn er von einem Traum erzählt?
„Ich habe diese Nacht etwas ganz Verrücktes geträumt." Als ob
eine Achterbahnfahrt mit Tut-Ench-Amun etwas anderes als
verrückt sein könnte. Welche Träume sind schon nicht verrückt?
„Verrückter Traum", das ist doppelt gemoppelt. Aber egal.

Wir sind immer noch auf der Ranch, aber ich träumte von einem Ort, an dem ich einmal gearbeitet habe. In meinem Traum arbeitete ich immer noch dort (was den Traum, fürchte ich, für die Kategorie Alptraum qualifiziert). Damit nicht schlimm genug: Man hatte mich in eine Art Gefängnis gesperrt. Ich war gerade freigelassen worden, aber nun führte ich einen erbitterten Streit mit meinem ehemaligen Chef, der der Ansicht war, man habe mich nicht ungewöhnlich oder ungerecht behandelt. „Das können Sie nicht mit mir machen!", sagte ich und dann sagte ich: „Ich kündige." Selbst in meinem Traum fühlte sich das unglaublich gut an. Ich wachte auf mit einem wunderbar freien Gefühl. „Ich kündige!"

Nun ja, es ist nicht *so* verrückt, wenn man im Traum den eigenen Job als Gefängnis wahrnimmt. Man braucht auch nicht erst zu träumen, um zu wissen, dass man seine Arbeit hasst und sich darin gefangen fühlt. Es kam mir trotzdem verrückt vor, denn es war viele Jahre her, dass ich diesen Job gehabt hatte. Aber das wirklich Verrückte ereignete sich später, beim Frühstück. Denn da eröffnete mir Blaine: „Ich habe was Verrücktes geträumt." (Schon wieder.) „Ich habe zusammen mit ein paar anderen eine Rettungsaktion durchgeführt. Wir haben dich befreit. Aus diesem Job, in dem du mal gearbeitet hast."

Was würden Sie mit einer solchen Information anfangen?

Normalerweise reagieren wir auf etwas Derartiges mit hochgezogenen Augenbrauen und mit Bemerkungen wie: „Das ist wirklich eigenartig. Huh!" Und dann gehen wir zur Tagesordnung über und verschwenden keinen Gedanken mehr daran.

| *Diese kleine innere Glocke schlägt an. Gott ruft an.*

Meine Freunde machen sich fertig für die Jagd, aber es hat die Nacht hindurch geschneit. Und obwohl ich wirklich gerne mit will, spüre ich, dass der Vater mir signalisiert, in der Hütte zu bleiben. Seinem Willen nachzugeben. Voraussicht ist die bessere

Seite der Tapferkeit. Ich bleibe. Die anderen ziehen los, und ich schlage meine Bibel auf. Ich lese Psalm 16, als ich über diesen Satz stolpere: „Ich preise den Herrn, der mich beraten hat. Auch mahnt mich mein Herz in der Nacht" (Psalm 16,7; EÜ).

Moment mal. „Auch mahnt mich mein Herz in der Nacht"? Diese kleine innere Glocke schlägt an. Gott ruft an. Ich erinnere mich an den Traum. Erinnere mich auch daran, dass wir auf dem Weg hier hoch im Auto zum Zeitvertreib ein Hörbuch eingelegt hatten, und darin ging es um einen jungen Mann, zu dem Gott durch Träume spricht. Hallo! Mein Traum und Blaines Traum haben eine Bedeutung. Gott will uns etwas sagen. Ich weiß nicht was, aber hier kommen eindeutig zu viele „Zufälle" zusammen.

Das ist ein wichtiger Punkt auf unserem Weg mit Gott. Allzu oft sagen wir bei einem solchen Vorfall nur: „Was für ein Zufall." Wir starren darauf wie auf den doppelköpfigen Hahn, der auf unserem Fensterbrett thront, und anschließend machen wir uns ein Butterbrot. Wir denken uns nichts weiter. Und übersehen so das Geschenk, das Gott uns überreichen will. Oder verkennen eine Warnung, die er uns zukommen lässt.

Ich weiß, dass ich beten sollte. Jetzt. Bevor mir Gottes Botschaft zum zweiten Mal entgeht. „Sucht den Herrn, solange er sich finden lässt", heißt es eindringlich beim Propheten Jesaja (55,6). Anders ausgedrückt: Jetzt ist der richtige Zeitpunkt. Wenn ich auf einen anderen Zeitpunkt warte, um der Sache auf den Grund zu gehen, ist es womöglich zu spät. Der Fluss des Lebens spült es hinweg.

Jetzt ist der richtige Zeitpunkt.

Was soll ich beten, Herr? Worum geht es hier?

Stille. Gott zu fragen, was man beten soll, ist nicht der schlechteste Anfang. Ich weiß nicht, was los ist. Womit ich es hier zu tun habe, schließlich ist es nicht weniger sonderbar als ein Hahn mit zwei Köpfen auf meinem Fensterbrett. Ich weiß nicht, worauf Gott hinauswill. Also frage ich ihn. Erinnern Sie sich: Selbst die Apostel haben Jesus gebeten: „Lehre uns beten!" Zu oft beten wir einfach drauflos und halten Gott Vorträge, und der Effekt ist bescheiden. Wenn Sie das eine Zeit lang machen, dann bekommen Sie den Eindruck, dass Gebet wirkungslos ist. Johannes schreibt: „Wir dürfen uns darauf verlassen, dass Gott unser Beten erhört, wenn wir ihn um etwas bitten, was seinem Willen entspricht" (1. Johannes 5,14.15).

Das ist eine gewaltige Zusage. Wenn wir im Einklang mit Gottes Willen beten, erhört er uns bestimmt. Und er antwortet auf unsere Gebete. Das ist doch genau das, was wir uns wünschen. Für mich kann ich das jedenfalls sagen. Ich möchte sehen, dass meine Gebete funktionieren! Ich möchte erbitten, was Gottes Willen entspricht. Aber nicht immer weiß ich, was das ist, also frage ich nach. Das hat die Art, wie ich bete, absolut revolutioniert. Und ich erlebe jetzt viel häufiger, dass Gott antwortet – wie es uns in der Bibel versprochen wird.

> *Gott zu fragen, was man beten soll, ist nicht der schlechteste Anfang beim Beten.*

Zurück zur Küche in der Hütte und zum zweiköpfigen Hahn. Gibt es noch etwas, was mich im Blick auf diese alte Geschichte gefangen hält? Mich darin festhält? Die Träume handelten von Gebundenheit, von Gefangenschaft, von Befreiung aus den Verhältnissen dort. Es geht in diesem Zusammenhang um Autorität. Wenn Sie sich von einem Unternehmen anstellen lassen, dann unterstellen Sie sich auch der dort geltenden Autorität. Das kann gut sein, das kann aber auch schlecht sein. Es hängt davon ab, wem oder was sich die leitenden Leute ihrerseits unterstellen, in geistlichem Sinn.

Was soll ich beten, Herr?

Ich spüre, dass Gott mich wirklich von diesem belastenden Abschnitt meiner Vergangenheit frei machen will. Um meiner neuen Berufung besser gerecht zu werden, muss ich einen endgültigen Strich zwischen mir und dieser Organisation ziehen. Entsprechend bete ich:

Christus, du hast den Sieg über alles errungen, was dir entgegensteht. Du hast alle Macht im Himmel und auf Erden. Ich unterstelle mich dir und kündige alle Verbindungen zu dieser Firma und allen damaligen Vorgesetzten. Der Feind hat keinen Anspruch auf mich – durch nichts, was während meiner Tätigkeit dort geschehen ist. Ich weihe all meine Gaben und Fähigkeiten Gott. Er soll sie reinigen und heiligen. Allein Gottes Heiliger Geist soll mich erfüllen. Das erbitte ich im Namen und in der Autorität meines Herrn Jesus Christus.

Ich kann nicht sagen, was ein solches Gebet in der geistlichen Welt ausrichtet. Aber noch während ich bete, spüre ich, wie etwas von mir abfällt. Ich fühle mich freier. Leichter. Und das alles begann mit dem „zufälligen" Zusammentreffen zweier verrückter Träume.

Stellvertretend für andere auf Gott hören

Was war das gestern für ein anstrengender Tag! Eine junge Frau, die wir kennen und schätzen, war in den letzten Monaten innerlich zunehmend in Bedrängnis geraten, und wir hatten ihr angeboten, sie durch Gebet zu unterstützen. Sie ist eine attraktive Frau mit einem tiefen Glauben. Sie sehnt sich nach einem Lebenspartner – es fehlt eigentlich nur noch ein Mann, der sie umwirbt. Für mich unverständlich. Schließlich kam tatsächlich ein Mann ins Bild, aber wie so oft bei Beziehungen gestaltete sich die Sache schwieriger als gedacht. Das machte ihr zunehmend zu schaffen – Tränen, schlaflose Nächte, sie wurde immer verzweifelter. Ihre Freunde gewannen allmählich den Eindruck, dass ihre Reaktionen auf die Situation irgendwie unverhältnismäßig waren.

Und das ist ein ernstzunehmender Hinweis.

Wenn Sie an anderen – oder an sich selbst – Reaktionen und Verhaltensmuster entdecken, die jede Verhältnismäßigkeit vermissen lassen, dann könnte es sein, dass da noch etwas anderes vor sich geht. Oder mit im Spiel ist. Wir tun solche Reaktionen oft als Zeichen mangelnder Reife ab, dabei ist es möglicherweise Gott, der damit tiefer sitzende Probleme an die Oberfläche bringt, damit wir uns mit ihnen auseinandersetzen können. Manchmal steckt aber auch der Feind dahinter. Und nicht selten ist beides der Fall. Aber wie gehen wir in aller Regel damit um? Wir schämen uns für unsere Überreaktion und wollen sie schleunigst vergessen machen. Wir flüchten aus dem Zimmer. Verstecken unsere Gefühle. Legen den Telefonhörer schleunigst auf. Und die Menschen in unserer Umgebung wollen oft dasselbe – wollen uns „darüber hinweghelfen". So wie die Freunde der jungen Frau, von der hier die Rede ist. Nennen wir sie Sally.

Sally kam vor ein paar Tagen mit verweinten und vom Schlafmangel tief umränderten Augen zu mir. „Ich weiß nicht mehr, was ich machen soll", sagte sie. Nun beobachte ich an mir seit Jahren zwei typische Reaktionen, wenn mir ein Mensch gegenübersitzt, der offensichtlich verzweifelt ist: Ich fühle mich unwohl, und ich möchte die Sache so rasch wie möglich hinter mich bringen. Das ist es, was uns dazu verleitet, andere mit ein paar tröstenden Worten oder einem guten Rat abzuspeisen, in der Hoffnung, dass das Thema rasch erledigt ist oder man sich bei der ersten Gelegenheit aus dem Staub machen kann. Es ist gottlos. Es ist feige. Es ist kampfloser Rückzug – wir weichen damit Kämpfen aus, von denen wir nicht wissen, wie wir sie führen sollen, oder vielleicht *wollen* wir sie auch nur nicht führen. Es ist eine heillose Flucht zurück zu dem netten kleinen Leben. Ich hasse das an mir.

Gott sei Dank habe ich an mir im Lauf der Zeit noch eine andere Reaktion kennengelernt, und zwar in dem Maß, in dem die Verbindung zu Jesus enger wird. Ich möchte etwas tun. Ich möchte einschreiten. Ich möchte helfen. Und so fragte ich Sally, was ihrer Ansicht nach vorging. Ich wollte von ihr hören, wie sie diese Situation einschätzte. War ihr klar, dass da etwas aus dem Lot zu sein schien? War ihr klar, dass das nur zu zwanzig Prozent mit dem jungen Mann zu tun hatte, aber vermutlich zu achtzig Prozent mit Reaktionen und Verhaltensmustern in ihrer Seele?

Um es kurz zu machen: Sally war sich bewusst, dass ihre Verzweiflung tiefer wurzelte und nicht nur mit dieser Beziehung zu tun hatte. Sie bat uns, für sie zu beten, und fragte, ob wir nicht auch ein Wort Gottes für sie erbitten könnten.

Stellvertretend für andere auf Gott hören – das gehört zu den größten Geschenken, die wir uns in der Gemeinde Jesu gegenseitig machen können.

Wenn Sie es noch nicht erlebt haben, dann werden Sie rasch entdecken, dass es leichter ist, Gottes Rat im Hinblick auf jemand anders zu hören, als in eigener Sache. Ich weiß nicht genau, warum das so ist, aber ich habe so meine Vermutungen.

Zum Beispiel sind wir dann gefühlsmäßig nicht so voreingenommen, wenn wir auf Gottes Stimme lauschen. Sally in ihrem Kummer konnte nicht hören, was Gott ihr zu sagen hatte, und zwar aus demselben Grund, aus dem man nicht gut schläft, wenn man sich vorher mit Worten wie *Ich muss heute Nacht mal wieder richtig durchschlafen* zusetzt. Der Druck ist zu groß. So schläft man garantiert nicht ein. Entsprechend kann es eine gewaltige Entlastung sein, wenn dann jemand da ist, der stellvertretend für mich auf Gott hört.

> *Stellvertretend für andere auf Gott hören –*
> *ein großes Geschenk, das wir uns in der Gemeinde Jesu*
> *gegenseitig machen können.*

Wenn man jemandem helfen will, dann ist es oft nicht damit getan, dass man sich einen Eindruck von der Seelenlage des Betroffenen verschafft. Es empfiehlt sich auch, das Radar für die Bewegungen des Feindes auszufahren. Sallys Freunde waren hauptsächlich von Sallys Verhalten irritiert und waren deshalb keine besonders große Hilfe. Aufwachen! Mit dieser Masche hält der Feind wirkungsvoll Hilfe fern. Er wird es darauf anlegen, dass *Sie* den Betroffenen dasselbe antun, was *er* ihnen antut. Selbst als wir schon angeboten hatten, für Sally zu beten, war ich versucht, es sein zu lassen. Ich fühlte mich müde und verwirrt. Lassen Sie sich davon nicht zum Narren halten. Lassen Sie sich nicht ausbremsen. In der Nacht vor unserer Gebetsrunde habe ich lausig schlecht geschlafen. Ein gutes Zeichen – der Feind gerät in Panik, spürt, dass seine Pläne in Gefahr sind – und nun richtet sich der Angriff auch gegen Sie. Aber auch das soll Sie nicht schrecken. Nehmen Sie es als Zeichen dafür, dass etwas Gutes geschehen wird. Der Durchbruch kündigt sich an.

Ich hatte so eine Ahnung, dass ein intensiver geistlicher Kampf bevorstand und dass geistliches Sperrfeuer es uns möglicherweise schwer machen würde, Gottes Stimme zu hören, wenn wir uns mit Sally zum Gebet trafen. Ich nahm mir also schon morgens beim Kaffeekochen Zeit zum Beten. *Herr, was ist los? Was bedrängt Sally?* Ich hörte: *Verlassenheit.* Aber natürlich. Verlassenheit. An ihren Früchten sollt ihr sie erkennen.

Ich vermutete, dass dieses überwältigende Gefühl abgrundtiefer Verlassenheit sich einfach Sallys emotionalen Kummer zunutze machen würde. Und so begannen wir unser Gebet damit, dass wir Sally unter den Schutz des Erlösungswerkes Jesu stellten und beteten, dass dieses tiefe Empfinden von Verlassensein das Feld räumen musste. Es kostete uns einige Anläufe des Gebets. Wie so oft. Der Feind räumt nicht so leicht das Feld. Nachdem die Luft gereinigt war, brachten wir im Gebet die tiefen Verletzungen zur Sprache, die Sally in ihrer Kindheit durch Ablehnung erfahren hatte. Die Stellen, an denen sie schon vor langer Zeit Bekanntschaft mit der Verlassenheit gemacht – und der Lüge, die damit einherging, zugestimmt hatte: Du wirst immer allein sein. Die Verzweiflung über dieses Im-Stich-gelassen-Sein hatte sich eingenistet.

> *Mit der wertvollste Ertrag daran, zu lernen, Gottes Stimme zu hören, ist das Gute, das wir anderen damit tun können.*

Aber damit war es jetzt vorbei. Wir baten Jesus, diese kindliche und verletzte Seite in Sally zu berühren und zu heilen. Sie widerrief ihre alte Vereinbarung mit der Verzweiflung. Sie sagte sich los von der Lüge, wonach sie niemals Liebe erfahren würde. Jesus war spürbar gegenwärtig.

Mit das Schönste an dieser Gebetserfahrung war, dass wir als Gemeinde Jesu gemeinsam Gott um Hilfe und Rat fragen konnten. Und dass *wir*, Sallys Glaubensgeschwister, Gott hörten, als sie seine Stimme noch nicht hören konnte. Aber in dem Maß, in dem wir über all dem beteten, was Gott uns gesagt hatte, fand Sally wieder zu sich selbst und begann auch selbst die Stimme Gottes zu hören. Wie sehr wünschte ich mir, diese Art der gegenseitigen Fürbitte würde in der Christenheit mehr praktiziert. Es liegt ein großer Reichtum darin, auf Gottes Stimme hören zu lernen, und mit der wertvollste Ertrag ist das Gute, das wir anderen damit tun können. Außerdem bin ich davon überzeugt, dass stellvertretendes Hören auf Gott auch die Sinne für Gottes Reden im Hinblick auf das eigene Leben schärft.

Rückschlag

Ich wünschte, damit wäre die Geschichte zu Ende. Aber das ist nur selten der Fall.

Am nächsten Morgen rief Sally an, in Tränen aufgelöst. Ihr Freund hatte noch am selben Abend mit ihr Schluss gemacht. Wir hatten das Gefühl, als ob wir all das mühsam eroberte Gelände wieder verloren hätten. All die alten Vereinbarungen waren wieder zur Stelle, lauerten nur darauf, sich wieder einzunisten. Der Kampf war noch nicht zu Ende. So schnell gibt sich der Feind nicht geschlagen.

Während ich noch am Telefon mit Sally sprach, sprang mich der Gedanke an: *Ich geb's auf. Diese Art von Gebet führt zu nichts. Vergiss es. Gott rettet seine Leute nicht; so etwas wie Heilung gibt es nicht. Halt dich fern von Leuten mit solchen Problemen.* Subtil, aber klar. Eine Vereinbarung mit eben jenem Ungeist, mit dem Sally sich herumplagte – Verlassenheit und Verzweiflung. Nachdem ich den Hörer aufgelegt hatte, musste ich das erst einmal abschütteln. „Nein", sagte ich laut. „Das ist nicht wahr. Ich gebe diesem Gefühl nicht nach. Ich weise diese Lüge zurück. Gott ist am Werk."

Diese Erfahrung enthält gleich mehrere Lektionen.

Erstens: Gehen Sie nicht automatisch davon aus, dass die Anfechtung, die Sie an einem bestimmten Tag erleben, speziell Ihre Anfechtung ist. Vielleicht trägt gerade jemand anders einen Kampf damit aus, und Sie bekommen sozusagen die Splitter davon ab. Manchmal passiert so etwas, nachdem Sie jemandem geholfen haben. Es kann aber auch *vor* einer geplanten Fürbitteaktion passieren, und die Absicht dahinter ist klar: Sie sollen jede Motivation verlieren, anderen beizustehen. Fragen Sie sich: „Wo kommt das her? Wessen Anfechtung könnte das sein?" Fragen Sie Gott danach.

Zweitens: Wenn Sie anderen Liebe erweisen wollen und sich für sie einsetzen, so wie uns das im Neuen Testament geboten wird, dann sollten Sie darauf achten, dass Sie nicht denselben subtilen Einflüsterungen erliegen wie die Menschen, für die Sie sich einsetzen. Auch *Sie* werden Anfechtung erleben.

Und damit wären wir wieder beim Thema Heiligkeit.

Wenn wir anderen helfen wollen, dann werden wir in Versuchung geraten, denselben Dingen auf den Leim zu gehen, die die Menschen plagen, die uns um Hilfe bitten. „Brüder und Schwestern", mahnt Paulus, „wenn einer von euch vom richtigen Weg abkommt, dann sollt ihr, die von Gottes Geist geleitet werden, ihn liebevoll wieder zurechtbringen. Seht aber zu, dass ihr dabei nicht selbst zu Fall kommt" (Galater 6,1). Der Feind wird versuchen, Ihre Schwachstellen ausfindig zu machen – eine alte Verletzung, eine Vereinbarung, eine versteckte Furcht oder Sünde – und Sie dort zu packen, nur damit Sie dem Menschen in Not nicht helfen können. Genau dort, wo wir bedrängt werden, bietet sich uns die Gelegenheit, mit alten Vereinbarungen zu brechen und verborgene Sünden aufdecken zu lassen und um Vergebung zu bitten, sodass wir heil und geheiligt werden und den Menschen helfen können, die wir lieben. Ich merke, dass ich das manchmal sogar mitten in einem Gespräch oder Gebet tun muss. *Herr, ich habe dasselbe getan. Vergib mir. Reinige mich. Ich widerrufe die Vereinbarungen, auf die ich mich an dieser Stelle eingelassen habe.*

Das gibt uns einen weiteren Grund, warum es wichtig ist, uns um Heiligung zu bemühen. Wir werden vielleicht nicht immer fähig sein, in eigener Sache zu kämpfen, aber wir können eine stärkere Entschlusskraft entwickeln, wenn es um den Einsatz für andere geht. Lassen Sie nicht locker, geben Sie nicht auf. Ihr Einsatz ist nötig.

Zurück zur Freude

Können Sie langsam sehen, wie wesentlich Freude ist?

Gerade *weil* wir in einer umkämpften Welt leben. *Weil* der Feind unnachgiebig ist. *Weil* uns „die Schwierigkeiten von allen Seiten bedrängen" (2. Korinther 4,8). Gerade darum brauchen wir Freude. Eine Menge Freude. Kistenweise. Ganze Wagenladungen. Freude kann die Wirkung all dieser anderen unerquicklichen Dinge aufwiegen. Ohne Freude wird uns der Kampf auszehren und zermürben. Ohne Freude haben wir nichts, was uns aufrichten könnte. Keine inneren Reserven. Ohne Freude geben wir auf. Werfen das Handtuch. Oder fallen irgendeiner Sucht anheim, weil wir so ausgehungert sind nach Freude.

Ich habe noch einmal überflogen, wie sich in all diesen Geschichten hier mein Leben darstellt, und dabei drängte sich mir der Gedanke auf: *Meine Güte, wie deprimierend. Ein Kampf nach dem anderen.* Aber das stimmt nicht ganz. Jetzt, wo es mir stärker bewusst ist, dass ich Freude brauche, und ich gezielter danach suche, stellt sich die Freude auch ein. Selbst wenn ich in diesem Herbst nicht auf die Jagd gehen konnte, war ich doch ein paar Mal mit Freunden in den Wäldern unterwegs. An einem kalten Wochenende im Oktober spürten Morgan und ich einen Rothirsch für Sam auf. Es war unsere erste große erfolgreiche Jagd seit mehr als zehn Jahren, und es war ein Tag voller Abenteuer und Freude. Stimmt, wir mussten das erlegte Tier vom Berg herunterschaffen – kilometerweit durch von Windbruch blockiertes Gelände. Aber selbst das machte Spaß.

> *Freude ist wesentlich. Ohne die Freude verlieren wir den Mut und die Kraft für die Kämpfe, die sich uns ganz von selbst aufdrängen.*

Und dann gibt es da jede Menge ganz gewöhnlicher Tage. In all dem zeigt sich für mich immer deutlicher, dass ich regelmäßig diese Freudenzufuhr brauche.

Die weltliche Version von Kampf und Freude lautet: falscher Ehrgeiz und Genusssucht. Häng dich voll rein, und belohne dich anschließend dafür. Arbeite wie ein Hund, und kauf dir anschließend den Großbildfernseher. Ein billiges Zerrbild von Kampf und ein billiges Zerrbild von Freude.

Wenn Sie mit Gott unterwegs sind, dann werden Sie das Original erleben. Intensiver Kampf. Echte Freude. Der Kampf stellt sich von selbst ein. Den Raum für die Freude müssen Sie bewusst schaffen.

Der Geist dieser Zeit

Nun bin ich also noch einmal hier oben auf der Ranch, spät im November, um nach dem Rechten zu sehen, vielleicht auch, um Morgan einen verspäteten Rothirsch zuzutreiben. Wie ich hier so in der Hütte sitze, fühlt sich das Leben vollkommen anders an. Irgendwie normal – im Sinne von: So sollte es eigentlich immer sein. Selbst der Kaffee schmeckt hier oben besser. Dabei ist es derselbe Kaffee, den ich auch zu Hause aufbrühe, in derselben billigen Kaffeemaschine. Aber er duftet fantastisch und schmeckt so aromatisch. Wie kommt das? Stacy und ich waren vorgestern in einem etwas feineren Restaurant zum Abendessen und legten pro Menü bestimmt dreißig Dollar auf den Tisch des Hauses, aber die 99-Cent-Nudeln, die ich – gerade von der Jagd zurückgekehrt – gekocht habe, waren das schmackhafteste Gericht seit Monaten.

Ich hasse dieses gehetzte Leben.

Ich lebe nicht. Ich erledige Dinge.

Mein ganzes Leben ist aufgabenorientiert. Ich bete, weil ich durch Anfechtungen aus der Bahn geworfen werde, wenn ich nicht bete. Es ist kein entspanntes, zweckfreies Beten; es ist stets absichtsvoll. Ich gehe ins Büro und beginne E-Mails abzuarbeiten. Projekte, die mal als gute Idee begonnen haben, sitzen mir im Nacken, sind zu Terminsachen mutiert, und was als kreatives Feuerwerk begann, ist nun eine Pflichtaufgabe. Ich komme erschöpft und abgekämpft nach Hause, und das ist genau der Punkt, an dem die Sache mit dem Trinken problematisch wurde. Manchmal versuche ich mir Zeit zum Laufen zu nehmen – aber merken Sie was? Schon wieder eine Pflichtaufgabe. Ich laufe wirklich gern, aber ich muss mir die Zeit dafür aus den Rippen schneiden. Aufgabe, nicht Leben.

Früher war es für mich ein Genuss, Menschen, die ich traf, zu fragen: „Und, wie geht's?" Inzwischen vermeide ich diese Frage, denn es ist eine Einladung zu einem Gespräch, und dafür habe ich keine Zeit, und es endet allzu oft damit, dass ich mich verpflichtet fühle, etwas zu tun. Wenn jemand antwortet: „Nicht so gut", was soll ich damit anfangen? „Das tut mir leid. Nun, ich muss weiter." Besser, ich frage erst gar nicht, dann kann ich mich weiter darum kümmern, Dinge zu erledigen.

Jede Epoche hat eine ganz eigene Stimmung, einen eigenen Geist, ein bestimmtes geistiges Klima. Der Geist unserer Zeit ist Geschäftigkeit. Wir hetzen und hasten alle wie die Lemminge vom ersten Sonnenstrahl bis weit in die Nacht hinein. Wozu brauchen wir all die Energy Drinks? Es gibt Dutzende Sorten mittlerweile. Red Bull, Speed Star, Big Pump. Nicht zu vergessen die Cafés an jeder Straßenecke. Wozu brauchen wir all das Koffein? Und warum kommen so viele nachts nur mit Hilfe von Schlafmitteln zur Ruhe? Unsere Großeltern kamen noch ohne aus. Wir dachten, in einer technologisierten Welt sei das Leben einfacher, entspannter. Weit gefehlt. Wir sehen uns genötigt, uns dem Arbeitstempo von Computern anzupassen. Ernsthaft. Heute macht es mich schon ungeduldig, dass mein Computer vier Sekunden braucht, um das E-Mail-Programm zu öffnen – früher dauerte es noch zehn. Und ich bin vermutlich nicht der Erste, dem das zu denken gibt. Viele Menschen machen seit Langem solche Beobachtungen. Wir rennen herum wie Ameisen, wenn man in ihrem Bau herumstochert, wie Hamster im Rad, wie der verrückte Hutmacher in „Alice im Wunderland".

Und aus irgendeinem Grund glauben wir entweder, wir könnten nicht damit aufhören, oder wir wollen es nicht.

Wie der verlorene Sohn rühren wir so lange keinen Finger, um etwas zu ändern, bis wir eines Tages aufwachen und begreifen, dass es uns krank macht und dass wir *ein anderes Leben* wollen. Bis dahin hat das nicht gelebte, nur erledigte Leben durchaus seine Vorzüge. Zum einen verschafft es uns die Illusion von Sicherheit – ich habe das Leben im Griff; ich komme schon zurecht. Es ist eine falsche Sicherheit, aber das sehen wir nicht ein. Wir glauben, dass wir nur so Sicherheit gewinnen können. Das Leben im Griff behalten. Wir sind vermutlich nicht so ehrlich, dass wir sagen würden: „Gott scheint sich nicht besonders um diese Dinge zu kümmern, also muss ich es selbst machen." Aber das ist unsere unterschwellige Überzeugung. Schließlich würden wir uns nicht bis zur Erschöpfung quälen, um die Illusion aufrechtzuerhalten, wenn wir vom Gegenteil überzeugt wären: dass Gott sich um all das kümmert, was uns Sorgen macht.

> *Wir leben ein Leben, das nicht gelebt,*
> *sondern einfach „erledigt" wird.*

Außerdem ist da noch die wundervolle Eigenschaft grenzenloser Ablenkung. Gezielter, bewusster Ablenkung. Ich muss mich nicht mit mir selbst oder mit Gott oder sonst jemandem auseinandersetzen, weil ich ja so beschäftigt bin. Und ich muss noch nicht einmal Gewissensbisse dafür haben, dass ich mich nicht mit Gott, mir selbst oder sonst jemandem auseinandersetze. Denn dieses ständige Beschäftigt-Sein ist ja unabänderlich, das Leben erfordert es, und schließlich beweise ich ja Verantwortungsbewusstsein, indem ich jede Menge Sachen erledige. So kann ich jede ernsthafte Unterbrechung meines Hamsterrennens vermeiden und mich zugleich als Opfer von Umständen betrachten, die sich meinem Einfluss entziehen.

Wenn wir wirklich anders leben wollten, dann würde sich das irgendwie an den Entscheidungen zeigen, die wir treffen.

Folglich fahre ich den Computer herunter und genieße, was von diesem Tag hier oben noch übrig ist.

Bussarde

Gott hat zu mir durch Bussarde gesprochen. Nicht mehr durch doppelköpfige Hähne. Durch Rotschwanz-Bussarde.

Ein Bussardpärchen nistete in diesem Sommer auf der Ranch. Ich liebe ihren Ruf. Wenn ich mit etwas beschäftigt war und irgendwo aus der Ferne den Ruf eines Bussards hörte, unterbrach ich meine Tätigkeit und hielt nach ihnen Ausschau. Es war gerade so, als würden sie mich aus meiner Welt entführen. Als würden sie nicht nur meinen Blick, sondern auch mein Herz zu sich hinaufziehen. Dann war da der Bussard an jenem Hang, zu dem mich Gott geführt hatte, als ich auf der Suche nach Elchschaufeln war. Wieder ein anderer Bussard schwebte über mir, als ich eines Nachmittags mit S'mores durch die Beifußsavanne ritt. Ich betrachtete ihn als Zeichen für Gottes Gegenwart, für seine Freiheit und Schönheit.

Er zeigt dir mein Herz, sagte Gott.

Und dann hat mir Gott heute einen prachtvollen Bussard geschenkt. Er thronte auf dem Hügel oberhalb unseres Hauses. Die Bussarde lassen sich nur in dieser Zeit des Jahres auf diesem Baumstumpf nieder, ein oder zwei Wochen lang, wenn sie im Herbst auf ihrer Reise in den Süden Station machen. Ich hatte den Eindruck gehabt, als ob Gott mich nach der Gebetszeit drängte, rauszugehen, und als ich draußen war, war es so, als sollte ich *hinauf* oder *aufwärts* schauen. Und da sah ich dann den größten Bussard, der mir je begegnet ist. Ich fürchtete, er würde nicht lange genug sitzen bleiben, bis ich das Fernglas geholt hätte. Aber er blieb. Und viel länger als nötig. Ich konnte ihn zehn Minuten lang beobachten. Dann kam der Moment, als er mich direkt anblickte, und es kam mir vor wie der Blick Gottes. Gott schaut mich an. Ich fragte ihn, was das bedeutet.

Meine Liebe.

Vergessen wir nie: „Dem Herrn gehört die ganze Welt und alles, was auf ihr lebt" (Psalm 24,1). Gott spricht ständig zu uns.

Manchmal benutzt er Worte. Zu anderen Zeiten benutzt er Träume. Und besonders gern benutzt er die schillernde, sich stets verändernde Schönheit, Dramatik und Eindrücklichkeit seiner Schöpfung.

Was hat William Wordsworth geschrieben:

Dank diesem Menschenherz, das in uns schlägt,
dank seiner Zartheit, seiner Freuden, seinem Schmerz,
weckt eine schlichte Blume, wenn sie blüht, in mir
Gedanken, die den Tränen selbst zu tief verborgen sind. [2]

Auftakt

Sommer

Herbst

Winter

Frühling

Gott finden im Verlust und in der
Vergänglichkeit; das Herz wappnen
für einen möglicherweise langen Weg
des Gehorsams

Scout verlässt uns

Unsere Familie trauert.

Unser geliebter Golden Retriever Scout ist tot.

Wie sehr uns der Verlust trifft, lässt sich kaum beschreiben – dazu hätten Sie Scout und seine Rolle in unserer Familie kennen müssen. Hier ist nicht einfach ein Haustier gestorben. Unsere Jungs sind mit Scout aufgewachsen. Er gehörte zur Familie. Nicht nur, weil wir ihn alle so liebten – eine solche Zuneigung kann selbst den Status eines Stoffhasen gewaltig erhöhen. Nein, Scout war etwas Besonderes. Er hatte ein großes Herz und ein feines Gespür. Er war loyal und aufrichtig. Er freute sich immer, wenn er einen von uns sah, war stets bereit zu spielen – mit allem, was gerade im Weg lag. Er schlief bei den Jungs im Zimmer. Er begleitete Stacy frühmorgens auf ihren Gebetsspaziergängen. Er war immer an der Tür, wenn wir nach einem langen Tag heimkamen, hieß uns bellend und schwanzwedelnd willkommen.

Scout lief gern durch den Schnee, mit der Nase dicht am Boden. Er jagte gerne Vögel. Und unsere Quads. Manchmal schlich er in die Pferdekoppel zu S'mores, und wenn S'mores seinen Kopf beugte, um Scout zu inspizieren, dann leckte Scout seine Nase. Er wollte immer Ball spielen, rückte den Ball aber nie heraus. Und wenn einer von uns traurig war, kam er angetrabt, sachte, fürsorglich, schwanzwedelnd, und schmiegte sich tröstend an ihn. Er wusste Bescheid.

Am letzten Montag waren wir traurig. Richtig traurig. Der Krebs, der erstmals im vergangenen Sommer diagnostiziert worden war, hatte sich mit Macht zurückgemeldet. Der Tierarzt gab Scout höchstens noch einen Monat. Aber wir wussten ja, wie rasch der Verfall vorangeschritten war, und wir wollten nicht, dass Scout unnötig litt. Er kam kaum mehr auf die Beine, um nach draußen zu gehen und sich zu erleichtern. Nachts jaulte er vor Schmerzen. Und so vereinbarten wir am Montagabend mit den Jungs, dass wir Scout einschläfern lassen würden, bevor der Krebs so schlimm würde, dass wir seine Schmerzen gar nicht mehr stillen könnten. Wir weinten alle. Und Scout, der aufgrund des Tumors in seiner Schulter den ganzen Tag über nicht hatte aufstehen können, kam zu uns in den Familienkreis, ging schwanzwedelnd zu einem nach dem anderen. Es war, als ob er sagen wollte: „Es ist in Ordnung. Alles wird gut." So war er – tröstete seine Familie bis zuletzt.

Wie gern hätte ich für Scouts Heilung gebetet. Aber gerade wenn es um Krankheit und Gebet geht, heißt es aufpassen auf das eigene Herz und den eigenen Glauben. Es ist so wichtig zu wissen, was Gott will. Als die Jünger Jesus nach dem Grund für die Blindheit eines Mannes fragten, der ihnen über den Weg lief, was sagte Jesus da? Der Mann sei blind geboren worden, damit die Macht Gottes an ihm sichtbar werden solle (Johannes 9). Und dann heilte er ihn auf der Stelle. Aber zu der Zeit gab es viele Blinde in Israel, die Jesus *nicht* heilte. Als ich vor einigen Wochen zu fragen begann: *Herr, willst du Scout heilen?* Da hatte ich zur Antwort bekommen: *Nein. In diesem Fall nicht.*

> *Auf Gott zu hören erfordert die Bereitschaft, auch anzunehmen, was wir hören.*

Wenn Sie lernen wollen, auf Gottes Stimme zu hören, dann ist eines sicher: Sie müssen auch ein *Nein* ertragen können, sonst bekommen Sie Probleme. Oder Sie erliegen Ihrem eigenen Wunschdenken und halten es irrtümlich für Gottes Reden. Es führt kein Weg daran vorbei – auf Gott zu hören erfordert die Bereitschaft, auch anzunehmen, was wir hören. Es gilt, alles in Gottes Hand zu legen. Nicht die eigenen Sehnsüchte zu begraben, aber sie an Gott abzugeben. Natürlich hätte ich lieber gehört: *Ja, ich werde ihn heilen.* Ich hätte viel darum gegeben. Und dann hätte ich wie der Weltmeister um Scouts Heilung gebetet. Aber ich konnte das meiner Familie nicht antun, solange ich nicht wusste, dass das Gottes Wille war. Ich wollte sie nicht da hineinziehen.

Oder waren das nur Entschuldigungen, Ausflüchte, weil ich selbst nicht daran glaubte?

Ich schlug den Römerbrief auf, Kapitel 4. Ich weiß selbst nicht, warum. Aber als ich zu lesen begann, wusste ich, dass Gott zu mir redete. „Abraham glaubte, obwohl alles dagegen sprach." Ja, genau so einen Glauben möchte ich haben und daraus leben. „Er selbst war fast hundert Jahre alt, und auch seine Frau konnte nach menschlichem Ermessen keine Kinder mehr bekommen. Doch sein Glaube wurde nicht erschüttert." Das ist die Situation. Ich stelle mich den Tatsachen. Wenn kein Wunder geschieht, wird Scout bald sterben. Dann kam der entscheidende Satz: „Er zweifelte nicht und vertraute Gottes Zusage. Sein Glaube wurde dadurch gestärkt, er gab Gott die Ehre und war fest davon überzeugt, dass Gott sein Versprechen erfüllen würde" (Römer 4,19ff).

Das war das Wesentliche – Abrahams Glaube gründete auf einer klaren und eindeutigen Zusage Gottes. Gott würde „*sein Versprechen* erfüllen".

Gott hatte uns nie versprochen, dass Scout leben würde. Dabei hatte ich ihn oft darum gebeten.

Was unseren Glauben angeht, so sollten wir vorsichtig sein, dass unsere feste Hoffnung und Sehnsucht nicht unversehens zu einem nur eingebildeten Versprechen Gottes mutiert. Manchmal wollen einem ja wohlmeinende Menschen einen Gefallen tun. Aus Liebe oder aus Ratlosigkeit, wie sie sonst helfen könnten, gelangen sie schließlich zu der Überzeugung, dass ihre guten Wünsche identisch sind mit Gottes Verheißung. Aber auch die besten Wünsche sind nicht notwendigerweise identisch mit dem, was Gott verspricht. Natürlich wünschten sich auch unsere Freunde, dass Scout lebte. Ich wünschte es mir. Aber ich war ziemlich sicher, dass wir diesmal kein Wunder erleben würden.

Und so betete ich: *Herr, du bist bei uns, auch jetzt. Hilf mei-*

nen Söhnen in ihrer Trauer. Tröste uns. Auch das Sterben von Scout liegt in deiner Hand. Daran wollen wir festhalten. Heile unser trauriges Herz, Herr. Sei jetzt bei uns.

Unser Verlust – und Gott darin

Scouts Ende war das Schlimmste, aber zugleich das Anrührendste und Bewegendste, was wir bis dahin mit unseren Jungs zusammen erlebt haben, einmal abgesehen vom Tod meines besten Freundes Brent Curtis acht Jahre zuvor. Aber damals waren die Jungs noch sehr klein, und die Trauer betraf vor allem mich. Diesmal waren wir alle um Scout versammelt. Der Tierarzt hatte sich für fünf Uhr nachmittags angesagt. So saßen wir um Scout herum auf dem Boden, streichelten sein weiches Fell, sprachen liebevoll mit ihm und weinten. Wir redeten davon, was wir an Scout liebten. Er wedelte schwach mit dem Schwanz. Die meiste Zeit flossen einfach die Tränen. Es tat mir weh, meine Söhne so traurig zu sehen, und doch wusste ich, dass auch das Teil ihrer Initiation in die Männlichkeit war. Auch dem mussten sie sich stellen. Ich war dankbar, dass sie sich nicht schämten, ihre Tränen zu zeigen.

> *Auch die besten Wünsche sind nicht notwendigerweise identisch mit dem, was Gott verspricht.*

Als der Tierarzt die Auffahrt herauffuhr, sagte ich: „Es ist Zeit, dass ihr euch von Scout verabschiedet." Sie taten es, mit Gesten, mit einem Kuss – und es brach mir schier das Herz.

Der Tierarzt schläferte Scout an Ort und Stelle im Wohnzimmer ein. Er ist ein behutsamer und gütiger Mann. Anschließend ging er wortlos und ließ uns mit unserer Trauer allein. Draußen über den Hügeln nahm die sinkende Sonne eine goldene Farbe an, wie ich sie noch selten gesehen hatte. Gott war so nah.

Den Rest der Geschichte mögen Sie glauben oder nicht, ich muss es jedenfalls erzählen. Als Scout starb, hörte ich ihn bellen. Nicht in meiner Erinnerung, nicht in der Vergangenheit, sondern in der Gegenwart. Im Jenseits. Ich dachte: *Kann das sein?* Ich glaube, dass Gott in seinem Reich auch den Tieren Platz einräumt. Nicht umsonst heißt es in der Bibel, dass dort der Löwe neben dem Lamm liegen wird. Also wird es zumindest Löwen und Lämmer im Reich Gottes geben. Und warum nur sie? Viele gute Theologen glauben, dass wir den Himmel mit unseren geliebten Tieren teilen werden. Aber ich möchte hier nicht in eine theologische Debatte eintreten. Ich fragte Jesus: *Was machen Hunde im Reich Gottes, Herr?* Und er sagte: *Sie rennen über die Hügel.* Und dann sah ich vor meinem inneren Auge Scout mit einer ganzen Meute glücklicher Hunde um die Wette rennen.

Ich sprach mit Stacy und den Jungs darüber, und Blaine sagte: „Ich habe auch etwas gehört, direkt nachdem Scout gestorben war: ‚*Er will mir den Ball nicht geben.*‘" Das war Scouts Erkennungszeichen. Er war immer mit dem Tennisball im Maul zu einem gekommen, aber dann rückte er ihn nie heraus. Diese Botschaft hat uns viel bedeutet.

Wir beerdigten Scout auf unserem Grundstück, oben auf dem Hügel unter einer verkrüppelten Eiche. Ich war Tags zuvor dorthin gegangen, um das Loch auszuheben. Auf dem Fleck, den ich ausgewählt hatte, lag ein kleiner Granitbrocken, etwa so groß wie eine Hand, aber in Herzform. Ich bewahrte ihn auf, und als wir Scout dort begruben, zeigte ich ihn Stacy und den Jungs. Schon wieder ein Geschenk Gottes. Er kümmert sich um unser Herz. Den Stein legte ich oben auf den Steinkegel, den wir über Scout errichtet hatten.

Die Gnade akzeptieren, die Gott schenkt

Ich hatte mich vor Scouts Tod gefürchtet, gefürchtet vor der Trauer. Denn als ich Jahre zuvor Brent verloren hatte, war das für mich die qualvollste Erfahrung meines bisherigen Lebens gewesen. Ich fürchtete, dass die Trauer um Scout wieder die Tür für jene Qualen öffnen könnte. So ist das mit dem Kummer – er scheint mit jedem anderen Kummer im Leben verknüpft zu sein. Als ob man die Tür zu einem Zimmer öffnet, in dem der ganze Lebensvorrat an Kummer lagert, den wir je gesammelt haben. Aber so war es diesmal nicht. Es gab Anklänge an Brents Tod, aber diesmal geht es mir anders. Deutlich anders. Es ist, als würde ich tief drinnen heil. Hey. Es gibt das also wirklich: Heilung.

Als ich mich von Scout verabschiedet hatte, hatte ich gesagt: „Wir sehen uns wieder, alter Junge." Das hatte etwas in meiner Seele gelöst. Unsere Verluste sind nicht endgültig. Nicht, wenn wir sie in Gottes Hand legen. Was das ausmacht!

> *Es ist, als würde ich tief drinnen heil. Hey.*
> *Es gibt das also wirklich: Heilung.*

Selten ist mir etwas so schwergefallen wie die Entscheidung, Scout einschläfern zu lassen. Denn letztlich war es meine Verantwortung gewesen, die Entscheidung zu treffen. Ich wusste, dass der Krebs sich rapide ausbreitete. Ich wusste, dass er Scout in Kürze völlig bewegungsunfähig machen würde. Und doch ist es unglaublich schwer, darüber zu entscheiden, das Leben des Lieblings der ganzen Familie zu beenden. Als ich Sonntagabend betete, hatte ich Gott sagen hören: *Zwei Tage.* Wir ließen Scout am Dienstag einschläfern. Wir bekamen die zwei Tage. Als ich noch mit der Entscheidung rang, hatte ich auch von Gott gehört: *Euer Herz.* Welch ein freundliches Wort. Es hätte uns allen das Herz gebrochen, wenn wir hätten mit ansehen müssen, wie der Krebs Scout bis zur Unkenntlichkeit verunstaltet.

Erfahrungen wie diese mögen unabwendbar sein. Aber sie müssen nicht grausam sein und auch nicht einsam durchgestanden werden. Nicht, wenn wir Gott mit einbeziehen.

Ich habe festgestellt, dass mir Gott heute Trost und Heilung geben möchte. Aber ich habe auch gemerkt, dass ich selbst entscheiden kann, ob ich das annehme oder nicht. Es kommt mir fast falsch vor, dass es mir so kurz nach Scouts Tod und allem, was wir da durchgemacht haben, gut geht. Gerade so, als ob es Scouts Bedeutung für mich und vor allem für die anderen schmälern würde. Denn ihnen geht es nicht so gut mit der Trauer und dem Verlust. Das klingt ein wenig nach den Schuldgefühlen eines Überlebenden, nach jenem nagenden Gedanken: *Wie kann es mir gut gehen, wenn es die anderen getroffen hat?*

Das ist gefährlich. „Ich sollte mich schlecht fühlen" kann rasch zu einer Vereinbarung mit der Depression führen, und eh man sich versieht, fühlt man sich wirklich schlecht. Deshalb möchte ich betonen: Nehmen Sie die Gnade Gottes an, wenn er sie Ihnen anbietet. Sie ist ein Geschenk, und wenn er Sie beschenkt, dann sollten Sie bereit sein, das Geschenk anzunehmen.

Der Teufel ist ein Opportunist

Als ich heute früh aufwache, ist Jesus mir nah – so nah, wie ich es schon lange nicht mehr empfunden habe. Das tut gut. Ich bin dankbar, dass er spürbar nah ist und dass ich mich darüber freuen kann. Dann aber beschleicht mich eine gewisse Schwere.

Anfangs sieht das so aus, als sei das ganz natürlich. *Das liegt an Scout – natürlich bedrückt dich das.* Aber was sich in der Folge entwickelt, mag ich überhaupt nicht. Denn als die Schwere kommt, scheint sich das Gefühl der Nähe Jesu zu verflüchtigen. Und wieder kommt der Gedanke: *Natürlich ist das Gefühl nicht von Dauer. Du bist traurig, und die Situation ist gerade recht schwierig.* Aber nein – ich möchte, dass diese Nähe von Jesus bleibt, und ich glaube nicht, dass die Schwere von Gott kommt. Sie fühlt sich nicht so an wie die Dinge, die von Gott kommen. Also beginne ich zu beten, und wirklich – der Druck löst sich. Nicht sofort, nicht schnell, aber ich kann spüren, wie sich etwas in der geistlichen Sphäre tut. Da ist etwas, das versucht, sich diese Trauer über Scotts Tod zunutze zu machen und das nach einer Gelegenheit sucht, mich, uns alle runterzuziehen.

Wir sollten darauf gefasst sein. Der Teufel ist ein Opportunist. Er lauert ständig auf Gelegenheiten – auf einen Streit, einen Gefühlsausbruch, einen Verlust wie diesen, und dann nutzt er das als Einfallstor für seine Lügen und Ränke. Ich habe das schon erlebt, wenn mir jemand von einem unschönen Ereignis oder einem Verlust erzählt hat. Noch nicht einmal von einem eigenen Verlust, sondern dem eines Freundes. Schon das hat gereicht, damit mich das Gefühl einer lauernden Dunkelheit beschlich, anfangs nicht sehr deutlich, nur jenes Empfinden von *So ist das Leben in Wirklichkeit – schwer und unberechenbar.* Es ist ein Angriff auf meinen Glauben. Sicher, oft genug gehen solche Empfindungen auch auf meine eigene Überspanntheit, meine Paranoia zurück. Aber nicht immer.

Ich habe Ähnliches auch schon auf gegenteilige Weise erlebt. Ich erinnere mich, wie ich vor einigen Jahren einen wunderschönen Abschnitt der Pazifikküste im Süden Kaliforniens entlangfuhr, durch eine noble Wohngegend mit großartigen Villen und Luxusautos und penibel gepflegten Vorgärten. Es war so ein gutes Gefühl. Machte Mut. *Siehst du,* regte sich der Gedanke in mir, *man kann es schaffen. Das Leben kann so schön sein, wenn du Geld hast.* Ob wir auf so etwas hereinfallen, hängt von unserem Weltbild ab, von unserem Grundverständnis dessen, was hier auf diesem Planeten passiert. Nach meiner Beobachtung lassen sich die meisten Leute auf diese Einflüsterungen ein, machen eine Vereinbarung nach der anderen, nur weil sie nicht begreifen, dass sie einen Feind haben, und selbst wenn, dann wollen sie sich nicht damit auseinandersetzen. Und schon hat er das Feld gewonnen.

Wie geht es mir denn? Ich trauere über den Verlust von etwas, das mir sehr viel bedeutet hat, und schon lauert ein Ungeist darauf, mein Herz in Verzweiflung zu stürzen. Es wäre so leicht, sich darauf einzulassen. Ich bin müde und verletzt. Muss ich mich wirklich dagegen wehren? Wenn ich nicht dauerhaft in Depressionen verfallen will, dann schon.

Liebe Freunde, bitte vergessen Sie nie: Wir leben in einer umkämpften Welt. Warum nur sehen wir das so ungern ein? Und selbst *wenn* wir es einsehen, fällt es uns unglaublich schwer, uns dieser Tatsache im Alltag bewusst zu bleiben. Woher kommt diese fatale Neigung in uns, die Tatsachen zu ignorieren? Wobei Neigung noch ein zu schwacher Begriff ist. Woher kommt die wilde *Entschlossenheit*, nur das zu sehen, was wir sehen wollen – und die Augen vor der Wirklichkeit zu verschließen?

> Wir leben in einer umkämpften Welt.
> Wir wollen das nur nicht so gern sehen.

Jesus, woher kommt diese grimmige Entschlossenheit, die Augen vor dem Schmerzhaften und Schweren zu verschließen und unsere Sicht der Welt der Wunschvorstellung von einem netten kleinen Leben anzupassen? Ist es wirklich so, wie T. S. Eliot es vermutet hat: dass der Mensch nicht viel Wirklichkeit verträgt?

Ich fasse mir ein Herz, wenn auch nur zögernd, und beginne gegen diese Schwere, die sich an meine Trauer gehängt hat, anzubeten. Ich fühle mich dabei benommen und verzagt. Aber allmählich erwacht der Kämpfer in mir. Meine Augen fallen auf eine Ecke meines Büros, und dort steht, an die Wand gelehnt, ein Schwert. Es macht mir die Wirklichkeit bewusst. Wir sind in einen Kampf gestellt, ob es uns passt oder nicht. Es macht mir bewusst, wie Jesus ist. Er ist dem Feind klar entgegengetreten.

Mein Gebet wird jetzt leidenschaftlicher. Das Gewicht auf mir lässt nach, und ich fühle mich wieder frei, mein Herz vor Gott auszuschütten, ohne dass der Feind meine Gedanken verwirrt.

> *Wer verwundbar ist, kann sich nur schützen,*
> *wenn er um seine Verwundbarkeit weiß.*

Ich sage damit nicht, dass wir unseren Empfindungen nicht trauen sollen. Vielmehr geht es mir um Folgendes: Wenn Sie verwundbar sind, dann sollten Sie sich das auch bewusst machen und daran denken, dass jedes Raubtier sich aus der Herde genau das Tier als Beute aussucht, das verwundbar ist. Wenn wir erst einmal im verheißenen Reich Gottes leben, wenn unsere Welt wiederhergestellt und so ist, wie sie ursprünglich gedacht war, dann werden wir ein Leben ohne störende Unterbrechungen und ohne Anfechtungen haben. Und dann müssen wir nicht mehr auf der Hut sein. Aber vorher schon. Ich weiß, das erscheint unfair, aber unser Feind spielt nun mal kein faires Spiel. Er ist ein Opportunist.

Gut, das zu wissen.

Vertrau sie mir an

Eine der größten Überraschungen, die ich auf meinem Weg mit Gott erlebt habe, betrifft die Menschen, mit denen wir zu tun haben.

Menschen bestimmen einen sehr großen Teil unseres Lebens. Wir sind von Menschen umgeben. Wir haben tagtäglich mit Menschen zu tun, angefangen beim Fahrer des Wagens vor uns über die Serviererin im Café und den Kollegen im Büro nebenan bis zu denen, mit denen wir zusammenleben. Und diese Menschen stecken fast permanent in der einen oder anderen Not. Oder Krise. Oder in einem selbstverschuldeten Drama. Und eine der großen Gefahren für jemanden, der in enger Verbindung zu Gott leben möchte, besteht darin, dass wir uns im Umgang mit anderen von unserem eigenen Ermessen leiten lassen. Wir neigen dazu, uns einzumischen, anstatt aus der Beziehung zu Gott heraus zu handeln. Und dann geben wir entweder allzu viel oder allzu wenig, oder wir bieten das Nötige an, aber zur falschen Zeit.

Es ist ausgesprochen erhellend, wenn man sich mal in den Evangelien anschaut, wie Jesus mit Menschen umgeht. Manchmal unterbricht er unvermittelt eine Rede oder einen Weg, um einem in meinen Augen eher unbedeutenden Menschen in aller Öffentlichkeit ein Wort zu schenken oder sich jemandem zuzuwenden, den ich vermutlich ignoriert hätte. Ein andermal tut er etwas ganz im Stillen, vergattert die Betroffenen zur Verschwiegenheit (vgl. Lukas 5,12-16). Er besitzt eine Freiheit anderen gegenüber, die ich mir nur wünschen kann.

Was würde passieren, wenn wir Jesus fragten, was *er* über die Menschen in unserem Leben denkt?

Jason braucht einen Platz zum Übernachten. Manche von uns würden ihm das einfach anbieten, ohne Jesus erst zu fragen. Manche kämen nie auf die Idee, Jason zu helfen. Aber haben sie zuerst Jesus gefragt? Nancy braucht Gebetsunterstützung. Ich fühle mich gedrängt, ihr beizuspringen. Aber erst halte ich inne und frage Gott: *Was soll ich für sie erbitten?* Manchmal lenkt er meine Gebete dann, und ich weiß, dass ich so viel effektiver bete, denn ich bete seinem Willen entsprechend, anstatt einfach nur meine Gedanken über die betreffende Person zu äußern. Oder nur ihre Anliegen vorzutragen. Zu anderen Zeiten signalisiert mir Gott: *Das ist bereits abgedeckt. Du musst nicht dafür beten.* Und dann kann ich es auch sein lassen. Ben fragt mich, ob ich Zeit für ihn habe. Ich halte inne und frage Gott: *Soll ich ihm Zeit einräumen?* Manchmal sagt er ja, manchmal nein, und manchmal *Jetzt nicht.*

Aber was ich immer wieder und öfter als alles andere höre,

wenn ich Gott im Hinblick auf bestimmte Menschen frage, das ist: *Vertrau sie mir an.*

Diese Antwort hat mich regelmäßig überrascht – und erleichtert. Ich weiß, dass ich nicht der Einzige bin, der nicht anders kann, als sich um andere zu kümmern. Ich mache mir nachts Gedanken. *Wird die Familie ihr Auskommen haben?* Ich zerbreche mir den Kopf darüber, was jemand Bestimmtes wohl von mir denkt. *Vielleicht hätte ich das nicht zu Gary sagen sollen, vielleicht ist er jetzt sauer auf mich.* Ich ertappe mich dabei, wie ich Gespräche mit Leuten durchspiele, die gar nicht da sind. *Wissen Sie, Ihre Tochter würde sich nicht so verloren vorkommen, wenn Sie mehr Zeit für sie hätten.* Ich habe den Eindruck, dass ich mich nicht genug engagiere. *Du solltest wirklich mal Tim anrufen.* Manchmal glaube ich zu erkennen, was nötig ist, und fühle mich verpflichtet, auch selbst dafür zu sorgen. *Ich denke, ich sollte mich mal mit Kyle zusammensetzen.*

Wie gestalten wir unsere Beziehungen? Was leitet Sie eigentlich im Blick auf Ihren Umgang mit den Menschen in Ihrem Leben?

> *Woran orientieren Sie sich im Hinblick darauf,*
> *wie Sie die Beziehungen in Ihrem Leben gestalten?*

Wir haben einen Hang dazu, einfach dem nachzugeben, was wir gerade empfinden. Aber das ist keine verlässliche Methode. Wir lassen uns von Vermutungen oder Sorgen oder Schuld- oder Pflichtgefühlen leiten. Oder wir geben unserem Ärger nach, einem Missbehagen oder gar der Regung, den anderen abzuschreiben. Wir lassen uns allzu leicht in anderer Leute Probleme verwickeln, engagieren uns vorschnell. Und ärgern uns dann über die Betreffenden, weil sie uns jetzt zu viel Kraft kosten. Und warum das alles?

Weil wir Gott nicht einbezogen haben.

Heute drehten sich meine sorgenvollen Gedanken wieder einmal um Sally. *Haben wir alles getan, was nötig war? Werden wir den Boden wieder verlieren, der schon gewonnen war?* Aber dann wurde mir bewusst, was ich tat. Ich unterbrach meine Gedanken und fragte: *Herr, wie soll ich mich gegenüber Sally verhalten?* Und Gott sagte: *Vertrau sie mir an.* Einverstanden. Schon klar. Ich mache mir zu viele Sorgen. Lass sie einfach los. Das zu akzeptieren ist eine Demutsübung – ich bin nicht so unersetzlich, wie ich dachte. Sie braucht Gott mehr als mich. Es ist ein Glaubensschritt – ich muss darauf vertrauen, dass Gott ihr zur Seite steht. Er wird sich darum kümmern. Es ist ein Befreiungsakt. Und ich stelle fest: Wenn ich Menschen, um die ich mir Gedanken mache, Gott anvertraue, dann eröffnet mir das erstaunlich viel Raum in meinem Leben. Raum für ihn.

Fallstrick Mutmaßungen

Okay. Da gibt es noch etwas, das mich schon lange umtreibt, und allmählich beginne ich, da klarer zu sehen.

Es fing im vergangenen Sommer mit einem Gespräch in der Küche beim Brote schmieren an. Stacy erzählte von etwas, das sie über die Vorstellungskraft gelesen hatte und was für ein großes Geschenk Gottes doch die Vorstellungskraft sei. Sie sagte: „Aber die Welt hat unsere Vorstellungskraft durch all die schlechten Filme und Bilder, die unsere Kultur überfluten, beschädigt. Verdorben. Ich glaube, wir sollten genauer darauf achten, was wir an uns heranlassen, damit auch unsere Vorstellungskraft geheiligt sein kann."

Klingt einleuchtend, dachte ich. Aber was mich angeht, ich hatte meine Vorstellungskraft noch nie unter dem Aspekt heilig oder unheilig gesehen. Für mich war sie eher eine Fähigkeit, ähnlich wie mein Geschmackssinn. Aber das ist so die Art, wie der Heilige Geist Dinge anstößt: durch eine schlichte Bemerkung von Stacy in der Küche. Sie klang bedeutsam. Als wir so in der

Küche standen und Sandwiches in Frischhaltefolie packten, hatten ihre Worte für mich den Klang, den ich kenne, wenn Gott mir signalisiert: *Pass auf. Das ist wichtig.* Vielleicht hatte ich dieses Empfinden einfach nur, weil mir aufging, dass ich darüber noch nie nachgedacht hatte. Hier war offenbar ein Gebiet meines Lebens, über das ich noch nicht im Blick darauf nachgedacht hatte, wie es in meine Beziehung zu Gott passte.

> *Achten Sie eigentlich darauf, welchen Gedanken und Bildern Sie Zutritt zu Ihrer Vorstellungskraft geben? Gott möchte auch unsere Imagination heiligen.*

Als ich die Küche verließ, um den Geschäften des Tages nachzugehen, betete ich: *Herr, ich gebe dir meine Vorstellungskraft.* (Auch hier gilt: Der richtige Zeitpunkt ist jetzt. Gleich einen Knopf dranmachen. Man weiß nie, wann das Thema wieder zur Sprache kommt.) *Heilige meine Fantasie.* Das war alles, was mir in dem Moment einfiel.

Ich stellte mir vor, dass sich im Gebet etwas im Blick auf meine Vorstellungskraft verändern würde, oder durch das Aufarbeiten alter Erinnerungen, etwas in der Art. Aber es kam ganz anders. Mir fiel nämlich immer wieder auf, dass meine Fantasie beim kleinsten Anlass mit mir durchgeht und eine Vielfalt von Szenarien durchspielt, und das nicht nur einmal am Tag. Stacy erzählt, dass die Tochter von Bekannten sich vom Glauben abgewandt hat, und ich assoziiere sofort: *Das könnte uns auch passieren. Trifft es Blaine? Sam? Luke?* Und ich male mir alle erschreckenden Möglichkeiten aus. – Finanziell ging es knapp zu diesen Monat, und ich ertappe mich bei dem Gedanken: *Wir werden noch alle unter einer Brücke enden.* Der Geländewagen macht beim Starten seltsame Geräusche, und ich stelle mir augenblicklich vor: *Der Motor ist im Eimer. Ich sollte die Kiste lieber verkaufen, bevor sie explodiert.* Ich kann das Bild der Verwüstung schon vor mir sehen.

Es geht also um Mutmaßungen. Spekulation. Um das Durchspielen von Möglichkeiten, Möglichkeiten von der Art wie: *Ich könnte Kehlkopfkrebs bekommen.* Oder: *Dieses Flugzeug könnte abstürzen.* Meine Fantasie ist etwa so gezügelt wie ein Wildpferd.

Dieses Herumspekulieren passierte häufig im Blick auf meine Beziehungen. Leigh taucht zu einem unserer Gottesdienste nicht auf, und schon denke ich: *Sie steigt aus. Wir verlieren sie. Jeden Tag könnte sie uns verlassen.* Dabei hat sie nur eine Freundin besucht. Morgan schickt mir eine E-Mail: „Kann ich mit dir reden?", und ich denke: *Er hat Probleme. Etwas ist schiefgelaufen. Vermutlich gab's einen GAU in der Veranstaltungsorganisation.* Es stellt sich heraus, dass er mich nur nach einem Buch fragen wollte. Gary erscheint nicht zur Teamsitzung, und ich bin sofort bei: *Wie setzt er eigentlich seine Prioritäten? Er denkt wohl, er kann kommen und gehen, wie es ihm passt. Ziemlich arrogante Haltung.* Gary war beim Arzt. Wilde Mutmaßungen vergiften jede Beziehung, und meine Fantasie war völlig außer Kontrolle geraten.

Aber was mich langsam innerlich umbrachte, das waren meine Mutmaßungen und Spekulationen darüber, wie ich eigentlich so vor Gott dastehe.

Im Bemühen sicherzustellen, dass ich in Gottes Augen in Ordnung war, dass zwischen uns alles klar war, scannte ich unablässig mein Herz und mein Gewissen ab auf der Suche nach Dingen, die womöglich aus dem Lot waren, die Gott also missfallen hätten. Eine Art Seelenerkundung, wenn Sie so wollen, aber in der Haltung: *Wetten, ich entdecke etwas, das nicht in Ordnung ist.* Ganz sicher kann eine solche Selbstprüfung von dem aufrichtigen Wunsch motiviert sein, Gott zu gefallen. Ich denke auch, dass es in Ordnung ist, sich am Ende eines Tages bewusst zu machen, was an diesem Tag geschehen ist und wie das alles aus Gottes Perspektive aussieht. Aber wovon ich hier rede, das ist etwas anderes. Hier ging es nicht darum, offen zu sein dafür, dass Gottes Geist mich korrigieren konnte.

Es ging um eine Form von Hypochondrie.

Wenn Sie Ihr körperliches Befinden einer Dauerinspektion unterziehen, ständig auf Zeichen von Überanstrengung oder Verschleiß achten, dann werden Sie garantiert fündig. Sie werden irgendetwas finden, und egal wie unbedeutend es sein mag, Sie werden es rasch ins Maßlose vergrößern. *Dieses Kratzen im Hals – bestimmt habe ich mir Streptokokken eingefangen. Dieser Schmerz in meinem Handgelenk – habe ich mir gestern zu viel zugemutet? Habe ich die Heilung der alten Verletzung gefährdet?*

Wenn Sie der Ungewissheit Zutritt zu Ihrem Herzen gewähren, indem Sie anfangen, dort nach etwas zu forschen, was verkehrt ist, in der Überzeugung *Etwas ist nicht in Ordnung* – was, glauben Sie wohl, passiert dann? Sie werden sehr bald auf Probleme stoßen, weil *tatsächlich* etwas nicht in Ordnung ist. Und zwar ist nicht in Ordnung, dass Sie nicht länger auf Gott vertrauen. Sie haben die befreiende und beruhigende Haltung des Glaubens aufgegeben, und *das* ist nicht in Ordnung (Unglauben und Misstrauen gegenüber Gott sind nicht in Ordnung). Die Seele beginnt, Signale für *Etwas ist nicht in Ordnung* auszusenden. Ironischerweise erkennen wir aber nicht, was wirklich nicht in Ordnung ist – nämlich die Tatsache, dass wir aus Furcht und Misstrauen heraus agieren. Denn wir suchen nach etwas anderem, nach einer Sünde, die wir vielleicht begangen haben. Und dabei ist das Einzige, was nicht in Ordnung ist, jenes Misstrauen, das uns ja erst zu der Suche veranlasst hat.

Diese zwanghafte Selbstbeobachtung unterscheidet sich nicht groß von gewöhnlichen Sorgen. Egal, was Ihnen Anlass zur Sorge gibt – eine Beziehung, ein Vorhaben, ein Ereignis –, immer werden Sie feststellen: Sobald Sie sich auf die Sorge einlassen, werden Sie sich bald in einem besorgten *Zustand* befinden, ob die Situation danach ist oder nicht. Und wenn Sie erst einmal in diesem Zustand sind, dann werden Sie merken, dass Ihre Fantasie jedes Faktum, das damit etwas zu tun hat, in einen neuen

Grund zur Sorge ummünzt. Sie wachen in der Nacht auf. Sie fragen sich: *Hab' ich da etwas gehört?* Wenn sie auch nur ein bisschen empfänglich sind für die Furcht vor nächtlichen Geräuschen, dann werden Sie garantiert nächtliche Geräusche hören, wie sie da sitzen, in die Decke eingewickelt, und verzweifelt versuchen zu identifizieren, was sie aus dem Schlaf gerissen hat. Wer auf rätselhafte Geräusche in der Nacht lauscht, wird rätselhafte Geräusche hören. Das ist die gedankliche Schleife, von der ich spreche.

> *Sobald Sie sich auf die Sorge einlassen, werden Sie sich bald in einem besorgten Dauerzustand befinden.*

An ihren Früchten sollt ihr sie erkennen. Mein ständiges Mutmaßen und Spekulieren hat mir nur Kummer eingebracht, und Satan, der alte Opportunist, hat es sich immer wieder zunutze gemacht. Ich muss meine Vorstellungskraft Gott überlassen, damit sein Geist sie gestalten kann. Aus sich selbst heraus ist sie ungezügelt, haltlos, unkontrolliert – und deshalb heillos. „Alles menschliche Denken nehmen wir gefangen und unterstellen es Christus, weil wir ihm gehorchen wollen" (2. Korinther 10,5). Genau das muss ich tun. Ich muss diese ungestüme Fantasie an die Kandare nehmen.

Keine Mutmaßungen mehr. Schluss mit diesen Spekulationen. Sie sind durch und durch gottlos. Und sie haben mich so erschöpft, haben meine Seele mit Unruhe gefüllt. Es dauert seine Zeit und kostet bewussten Einsatz, eine Vorstellungskraft unter Kontrolle zu bringen, der noch nie zuvor Zügel angelegt worden sind. Aber endlich gelingt es immer besser. Und das Ergebnis ist Frieden und sehr viel mehr Ausgeglichenheit in meinem inneren Leben.

Was wichtig ist, kommt auf den Tisch

Vergangene Woche verbrachten Gary, Craig und ich zwei Tage zusammen. Wir saßen zusammen, die Beine hochgelegt, jeder eine Tasse Kaffee in der Hand, und sprachen über die Zukunft unserer Arbeit. Als wir mit der Initiative anfingen, aus der Ransomed Heart Ministries erwachsen ist, hatte uns Craig für die Idee begeistert, dass wir sozusagen trinitarisch arbeiten sollten, mit einer Dreierspitze. Gemeinsam getragene Verantwortung für das Unternehmen im Reich Gottes. Nicht ein Einzelner hat das letzte Wort. Keiner schwingt sich zum absoluten Herrscher auf. Wir drei leiten gemeinsam. Und so haben wir mit der Zeit einen kooperativen Leitungs- und Arbeitsstil entwickelt. Und das Entscheidende dabei ist das Hören auf Gott. Auch das gemeinsam. Sie können sich nicht vorstellen, wie viele Spannungen sich aufgelöst, wie viele Sitzungen sich erübrigt haben und wie viele Zusammenstöße vermieden werden konnten, weil wir drei uns die Zeit nahmen, gemeinsam auf Gott zu hören.

2006 waren wir für eine Veranstaltung in Kanada angefragt, aber ich wollte nicht hin. Gary dagegen meinte, wir sollten fahren. Craig ebenfalls. Man kriegt solche Gegensätze nicht durch Gespräche aufgelöst, oder wenn man es versucht, dann dauert es Stunden und Stunden. Wir hielten inne und fragten Gott. *Geht*, signalisierte er. Und das war's dann. Gott um Rat fragen rettet viele Beziehungen, denn man vermeidet so grummelnde Gedanken vom Kaliber: *Ich wünschte, Craig hätte sich mal nicht so darauf versteift.* Oder das unterschwellig triumphierende: *Ich hatte recht. Warum konnte Gary das nicht zugeben?* Oder den Druck, alles selbst unter die Lupe nehmen zu müssen. Nötig ist einzig und allein, dass jeder von uns auf Gott hört. Vielen leitenden Leuten in Kirchen, christlichen Organisationen und Wirtschaftsbetrieben würde es Klarheit und Entlastung verschaffen, wenn sie es zum festen Bestandteil ihrer Entscheidungsfindung machen würden, regelmäßig auf Gott zu hören.

Gott zu fragen. Auf seine Stimme zu lauschen. Gemeinsam. Sich seinem Rat zu unterwerfen. Denken Sie an all die törichten Dinge, die dadurch vermieden werden könnten, und an all die großen Dinge, die Gott für uns bereithält. Es ist natürlich eine Demutsübung; wir gestehen damit ein, dass wir nicht die Weisheit gepachtet haben und dass wir auf Gottes Hilfe angewiesen sind. Bei kleinen wie bei großen Entscheidungen.

> *Auf Gott zu hören – das könnte die Entscheidungsfindung in vielen Führungsgremien deutlich entlasten.*

Vergangene Woche jedenfalls hatten wir einmal mehr Gelegenheit, uns mit einem leeren Blatt Papier vor uns zusammenzusetzen, zu beten und uns auszutauschen und Gott die Führung zu überlassen – sowohl im Hinblick auf unsere Beziehungen als auch im Hinblick auf die Entwicklung von Ransomed Hearts. Und das Beste an unserem hin und her schweifenden Gesprächsverlauf war vielleicht das, was meine Freunde über die Dinge erzählten, die Gott bei ihnen auf die Agenda gesetzt und ihnen ans Herz gelegt hatte. Ich war erleichtert.

Sehen Sie, überall, wo Menschen in Beziehung zueinander leben, wo man auch nur in der *Nähe* anderer Menschen lebt, da wird man früher oder später mit den Themen konfrontiert, die jeder Beteiligte so mit sich herumträgt – mit den heillosen oder wunden Seiten unserer Persönlichkeit. Leben in Gemeinschaft ist wie ein Rudel Stachelschweine in einer winzigen Höhle. Man kommt sich in die Quere. Und dann drängt sich die Frage auf: *Wie soll ich damit umgehen?* Ich spreche nicht vom gelegentlichen Aneinanderrasseln. Vielmehr geht es um die Frage: Was tun, wenn man im Leben eines Menschen pausenlos auf Verhaltensmuster stößt, die ihm selbst und anderen (auch Ihnen) Mühe machen und zudem die Arbeit beeinträchtigen, die Gott allen gemeinsam aufgetragen hat? Sollte man das nicht zur Sprache bringen?

Fragen Sie Gott.

Denn Sie sollten achtgeben – was Sie ansprechen wollen, das wird Ihnen womöglich selbst um die Ohren fliegen. In dem Sinn, dass Sie vielleicht selbst nicht frei sind davon. Jedenfalls können Sie nicht erwarten, dass Sie das Thema einfach anschneiden können und alles glattgeht. Denn natürlich treten die üblichen Abwehrmechanismen in Aktion, und Zorn regt sich, wenn sich jemand ins Visier genommen fühlt. Und das ist noch nicht das Schlimmste. Sehr oft sind diese heiklen Themen mit tiefen Verletzungen in der Seele der Betreffenden verknüpft, und was Sie ärgert, ist für den anderen ein über lange Zeit entwickelter und sorgfältig ausgeklügelter Schutzmechanismus. Wenn Sie wie ein Holzhacker darauf herumhacken, lösen Sie womöglich die Explosion aus – Scham, Wut, Rückzug, Selbstverachtung. Und wenn der Feind dort bereits Fuß gefasst hat, dann wecken Sie nur den Kettenhund, und er wird Sie beide anfallen.

> *Wie geht es weiter, wenn in einer Beziehung ein Gespräch über ein heikles Thema ansteht? Fragen Sie Gott.*

Es wird also Demut nötig sein. Und ein Einwilligen in Gottes Weise, die Dinge zu lösen.

Bleiben Sie in Tuchfühlung mit Gott. Online mit ihm. *Wann soll ich es zur Sprache bringen, Herr? Was soll ich sagen?* Und warten Sie auf sein Startsignal, auch wenn es Monate oder Jahre dauern sollte. Sie werden sich wirklich zügeln müssen. Echte Heiligkeit ist nötig. Nur auf eines können Sie sich in aller Ruhe verlassen: Das Thema kommt wieder auf den Tisch. Sie werden mehr als eine Chance haben, es anzusprechen. Beten Sie darüber, sobald Sie damit konfrontiert werden, aber seien Sie bereit, das Thema nicht weiterzuverfolgen, so sehr es Sie auch reizt, wenn Gott Ihnen kein grünes Licht gibt. Es wird erneut auf den Tisch kommen. Das Schöne an unserer Runde vergangene Woche mit Gary und Craig war: Ich hatte gewartet – Gott weiß, wie schwer mir das gefallen ist –, und inzwischen war Gott aktiv geworden und hatte das Thema in einer viel besseren Weise geregelt, als ich es je vermocht hätte.

„Alles, was auf der Erde geschieht, hat seine von Gott bestimmte Zeit", erinnert uns der Prediger Salomo, „schweigen und reden" (Prediger 3,1; GN). Ich bin nicht klug genug oder mitfühlend genug oder tapfer genug oder gütig genug, um stets genau herauszufinden, ob jetzt der richtige Zeitpunkt ist, um in das Leben eines anderen einzugreifen. Also frage ich Gott. Und warte. Der rechte Zeitpunkt wird schon kommen.

In dir

Gerade fällt mir etwas wieder ein, was mir Gott vor Wochen auf einer Kajaktour zugeraunt hat. Ich hatte es fast völlig verdrängt.

Zusammen mit ein paar anderen Vätern hatten wir uns überlegt, was wir Außergewöhnliches mit unseren Söhnen unternehmen könnten. Ich hatte mal etwas von einer Seekajaktour gehört, die ein paar jüngere Bekannte jedes Jahr entlang der mexikanischen Küste durchführten. Mir gefiel die Vorstellung, meine Jungs in der Nähe dieser Leute zu sehen, denn sie gehören zu der Sorte von Männern, die meine Söhne begeistern können – sie sind Abenteurer, sie lieben eine bestimmte Art Musik, und sie sind richtig cool. Dazu kommt, was mir als Vater wichtig ist: Sie lieben Jesus. Mein Anliegen war also zum Teil, dass meine Jungs was Besonderes erleben sollten – und dass sie mehr Anschauungsunterricht in Sachen „Leben in enger Beziehung zu Jesus" bekämen. Und, wenn ich ehrlich bin, ging es auch um mich: Ich wollte auch gern nach Mexiko.

Ob die Reise zustande kommen würde, stand wiederholt in Frage. Mehrere Leute sagten ab. Auch ich war versucht, die Sache abzuschreiben. Wer hatte für so etwas Zeit? Dann wurde mir klar, dass es sich lohnen würde, um dieses Erlebnis zu kämpfen. Freude, Sie erinnern sich.

Der Weg führte uns sechs Autostunden südwärts nach Nogales an der US-Grenze, und von da aus ging es eine unbefestigte schmutzige Straße entlang zum Meer von Cortez (wie der Golf von Kalifornien auch genannt wird). Dort setzten wir unsere Boote ein. Es sollte eine viertägige Paddeltour werden. Die Wüste überraschte mich mit ihrer üppigen Schönheit – Saguaro-Kakteen, wohin man schaut, Ocotillos, Mesquite-Sträucher, Cholla-Kakteen – eine grüne und lebendige Wüste. Und die Strände waren menschenleer, wie wir es erhofft hatten. Wir paddelten vormittags die Küste entlang, und wenn wir nachmittags unser Lager aufgeschlagen hatten, wanderten wir am Strand entlang, sammelten Muschelschalen oder suchten Muscheln zum Essen oder spielten irgendetwas. Mit Baseball fing es an, mit Völkerball ging es weiter, am Ende landete meist jemand im Wasser.

Jeden Tag gaben wir eine Frage vor, die jeder von uns in einer stillen Stunde am Strand mit Gott besprechen sollte. Am letzten Tag der Tour lautete die Frage: *Wie steht es eigentlich mit mir, Herr? Wie schätze ich mich selbst ein, und wie siehst du mich?* Ich hatte diese Frage vorgeschlagen, weil ich den Eindruck hatte, dass Gott uns etwas über die große Kluft zwischen unserer Selbstwahrnehmung und seiner Perspektive klarmachen wollte. (Wären Sie darauf nicht auch neugierig?) Wir bitten Gott zuerst, uns bewusst zu machen, welche Sicht und welche Überzeugungen von uns selbst zutiefst in uns stecken. So kommen die Lügen und der Druck und die Anklagen ans Licht, unter denen wir unwissentlich gelebt haben, und dadurch wird die Frage nach Gottes Blickwinkel umso erhellender. Wenn erst einmal klar geworden ist, was man so alles geglaubt hat, dann ist Gottes Heilmittel, seine Wahrheit, umso wirksamer.

Ich wanderte ein Stück den Strand entlang, um ein wenig Abstand zu gewinnen. Ließ mich in den Sand fallen. Wurde prompt abgelenkt durch all das Treibholz und die Steine um mich herum. *Wow, wie lange liegt das wohl schon hier rum? Vielleicht könnte man aus dem Stein da eine schöne Kette machen.* Dann rief ich mich zur Ordnung. Ich wollte doch etwas mit Gott besprechen. Entspannte mich. Brachte das innerliche Geplapper zur Ruhe. Und fragte dann: *Wie krieg ich das hin mit dem Projekt Leben, Herr? Wie sehe ich das selbst? Und wie siehst du mich?* Und was bekam ich zur Antwort: *Eher schlecht als recht.* Und anschließend: *In dir.* Beides kam völlig unerwartet, wie aus dem Nichts. Aber beides traf voll ins Schwarze.

> *Wenn einem erst einmal klar geworden ist,*
> *was man so alles an Unwahrheiten geglaubt hat, dann ist*
> *Gottes Heilmittel, seine Wahrheit, umso wirksamer.*

Eher schlecht als recht. Ich hatte keine Ahnung, dass ich so eine abschätzige Meinung von mir selbst und von meinem Leben hatte. Aber nachdem ich nun Worte dafür hatte, wusste ich im tiefsten Innern sofort, dass es stimmte. Genau so dachte ich von mir selbst. Ich hatte den Eindruck, mein Weg mit Gott sei ein ziemliches Gestolper. *Eher schlecht als recht.* Als Vater machte ich auch keine gute Figur. *Eher schlecht als recht.* Als Mensch, als Mann – *eher schlecht als recht.* Irgendwie wurschtele ich mich schon durch. Stimmt, genauso schien es mir zu sein. Genauso hatte ich mich meistens gefühlt, und das war mir gewissermaßen zum Maßstab geworden, ohne dass ich es gemerkt hätte. Bis jetzt.

Das *In dir* kam noch überraschender und faszinierte mich noch mehr. Nachdem ich *Eher schlecht als recht* gehört hatte, hatte ich erwartet, dass Gott mir etwas Ermutigendes sagen würde (denn er ist ja freundlich), etwas, um das *Eher schlecht als recht* zu entkräften, vielleicht so etwas wie: *Du machst deine Sache großartig* oder: *Ich bin stolz auf dich.* Ich wäre auch mit *Aber das stimmt nicht* zufrieden gewesen. Aber nichts davon hörte ich. Stattdessen sagte Gott: *In dir.*

In dir? Was soll das heißen? Irgendwo tief im Innern spürte ich etwas Tröstliches und Ermutigendes an diesen Worten, spürte, dass sie ein tiefes Bedürfnis ansprachen. Aber was mein Leben betraf, so verstand ich in dem Moment nur Bahnhof. *In dir?* Was ist *in mir?* Ich saß eine Weile da, wühlte mit meinen Füßen im Sand, dachte über die beiden Antworten nach und fragte Gott dann, was er mit der zweiten Antwort meinte. (Stellen Sie die nächste Frage.) Was ist *in mir?*

Ich bin in dir.

Ich war platt. So fühlte ich mich. Total geplättet.

Wie Gott hier mit mir umging, das traf mich völlig unerwartet und brachte mich zum Kern des Themas. Und das ging so: Ich hatte mich gehörig angestrengt, ein guter Vater zu sein. Ein integreres Leben zu führen. Aus der Beziehung zu Gott heraus zu leben. Um ehrlich zu sein: Die Anstrengung hatte mich erschöpft, und ich hatte den Eindruck, ich hätte es *eher schlecht als recht* gemacht. Als Gott dann sagte *Ich bin in dir*, da war mir plötzlich klar mit einer Klarheit, wie sie nur der Heilige Geist schenken kann, dass *sein* Leben in mir der Schlüssel ist. Darauf soll ich meine Hoffnung setzen, das macht mich zu einem guten Vater, einem brauchbaren Mann, das bringt mein Leben in das richtige Verhältnis zu Gott und lässt mich in seiner Nähe bleiben. In einem Augenblick wurde mir klar, dass meine Hoffnung sich irgendwie verschoben hatte in Richtung Selbstdisziplin und Selbstantrieb und Durchhaltevermögen. Und das ist wirklich kein Leben.

In dir. Ich blickte den Strand entlang und sah, dass unsere Stille Stunde zu Ende war; die Jungs sammelten sich wieder im Lager, und ich war noch längst nicht fertig mit dem, was mir Gott gesagt hatte. Also betete ich etwas in der Art: *Du hast recht. Ich hab's begriffen. Vergib mir. Bleib mit mir dran an dieser Sache.* (So bete ich immer dann, wenn ich weiß, dass ich an etwas, was Gott mir gezeigt hat, weiterarbeiten muss.) Das war wie gesagt am letzten Tag unserer Tour. Am nächsten Tag standen wir noch vor der Morgendämmerung auf, packten zusammen ohne Frühstück oder auch nur eine Tasse Kaffee und begannen noch im Dunkeln zurückzupaddeln. Dann hatten wir eine lange Fahrt zurück in die Staaten, wo mittlerweile Berge von Arbeit auf uns warteten.

> *Meine Hoffnung hatte sich verschoben:*
> *Weg von Gott, hin zu meiner Selbstdisziplin und meinem*
> *Durchhaltevermögen. Und das ist wirklich kein Leben.*

Aber ich schrieb die zwei Antworten auf ein Blatt Papier – „Eher schlecht als recht", „In dir" – und legte sie auf meinen Schreibtisch, damit ich später wieder darauf stoßen und mich erinnern würde und dann mehr Zeit hätte, mich mit Gottes Hinweisen zu beschäftigen.

Zwei Wochen später schlage ich am Morgen meine Bibel auf, um ein paar Verse zu lesen. Der Kolosserbrief liegt vor mir, und Kolosser 1,27 ist unterstrichen. (Wann habe ich das gemacht? Was war mir damals klar geworden, als ich diesen Vers markiert habe? Ich weiß es nicht mehr). Und was steht in diesem Briefabschnitt aus der Feder von Paulus?

> Gott hat mir in Übereinstimmung mit seinem Plan die Aufgabe anvertraut, euch seine Botschaft in ihrem ganzen Umfang bekannt zu machen. In früheren Zeiten und für frühere Generationen war diese Botschaft ein Geheimnis, das Gott verborgen hielt; doch jetzt hat er es denen enthüllt, die zu seinem heiligen Volk gehören. Ihnen wollte er zu erkennen geben, welch wunderbaren Reichtum für die nichtjüdischen Völker dieses Geheimnis umschließt. Und wie lautet dieses Geheimnis? Christus *in euch* – die Hoffnung auf Gottes Herrlichkeit!
>
> Kolosser 1,25-27; NGÜ

In euch.
In dir.
Wow. Meine Seele ist ganz erfüllt und bewegt.

Gott hat mich darauf gestoßen. Er ist mit mir drangeblieben am Thema. *In dir.* Das ist eine solche Bestätigung. Er lässt nicht locker, er spricht die Dinge, die er uns klarmachen will, immer wieder an. Besonders, wenn wir ihn darum bitten.

Die Macht des treffenden Wortes

Als Gott mir dort am Strand in Mexiko das *Eher schlecht als recht* zugeraunt hatte, war ich erst verblüfft von der Knappheit dieser Aussage. Und von der Originalität. Ich rede so nicht. Aber es passte genau. Traf mitten ins Schwarze. Genau die richtigen Worte für das, wovon ich überzeugt war, ohne es zu wissen. Und sie hatten außerdem das Zeug dazu, mich zu verfolgen. Sie machten mich nervös. Ich mochte sie nicht. Aber ich wusste sofort, dass sie stimmten. Obendrein war es eine Aussage, die ich mir auch ohne Notizblock und Stift merken konnte. Ich behielt sie problemlos ein paar Tage im Kopf, bis ich wieder irgendwo war, wo ich sie niederschreiben und mich gründlicher damit befassen konnte.

War das nicht ebenso freundlich wie effektiv?

Deshalb finde ich es ja auch so hilfreich, Gott zu fragen, was er uns zu sagen hat. Denn er kennt genau die Worte, die wir hören müssen. Er sagt mir genau das, was mein Herz nötig hat; genau die Worte, die mir mit größtmöglicher Präzision vermitteln, was er meint. Vielleicht spricht er mit Ihnen über genau dieselben Dinge, aber dann wird er Worte wählen, die für Sie stimmen, sodass Sie die Bedeutung und den Geist der Aussage voll und ganz erkennen. Gott kennt uns, und er will nicht nur, dass wir verstehen, was er sagt. Wir sollen auch verstehen, was er *meint* und *wie* er es meint.

Sprache ist wesentlich, denn Worte und Sätze transportieren Bedeutung, und genau auf die Bedeutung kommt es an. Manche Worte treffen auf einen Sachverhalt genauer zu als andere. Worte können in die Irre führen, nämlich dann, wenn wir ihnen eine andere Bedeutung zuschreiben als derjenige, der sie verwendet. So kam zum Beispiel Luke kürzlich heim von einem Lacross-Spiel, und ich fragte ihn: „Wie ist es gelaufen?"

„Abgewrackt."

„Oh, tut mir leid", antworte ich, „bist du in Ordnung?"

Er schaut mich an, als sei ich ein wenig minderbemittelt – wie einen ahnungslosen Erwachsenen eben. „Abgewrackt heißt großartig, Dad. Wir haben sie vom Platz gefegt."

„Oh", sagte ich. „Toll. Mach weiter so." Und ich speicherte das Wort in meinem Luke-Lexikon. *Abgewrackt*. Ich hab's begriffen.

> *Gott weiß genau, welche Worte uns zu Herzen gehen.*
> *Er kennt die Worte, die wir hören müssen.*

Es ist diese Auseinanderentwicklung der Alltagssprache unterschiedlicher Generationen, die neue Bibelübersetzungen nötig macht. Was unseren Vorfahren noch bedeutungstief und bewegend vorkam, mag uns versponnen oder missverständlich vorkommen, oder vielleicht hören wir sogar das schiere Gegenteil heraus. Zum Beispiel werden wir in der Bibel zu einer vertrauensvollen Beziehung zu Gott eingeladen, wie Söhne und Töchter sie bei einem Vater erleben, der seine Kinder über alles liebt. „Der Geist, den Gott euch gegeben hat, ist ja nicht ein Sklavengeist, sodass ihr wie früher in Angst leben müsstet. Es ist der Geist, den ihr als seine Söhne und Töchter habt. Von diesem Geist erfüllt rufen wir zu Gott: ‚Abba! Vater!'" (Römer 8,15; GN). *Abba* bedeutet „Papa", eine sehr liebevolle Bezeichnung. Nun merke ich aber, dass viele Menschen diese liebevolle Beziehung zu Gott erst noch entdecken müssen. Und die Wortwahl mag ein Teil des Problems sein.

Kennen Sie jemanden, der seinen Vater mit „Sie" und „Ihr"
anredet? Mal angenommen, Sie würden jemand in dieser Förm-
lichkeit mit seinem Vater reden hören, was würden Sie wohl
über die Beziehung zwischen den beiden denken? Freunde von
uns mussten ihren Vater tatsächlich mit „Sir" anreden. Kein
Wunder, dass sie stets eine gewisse Distanz zu ihm verspürten.
Respekt, aber keine Nähe. Vor allem, wenn sie andere Familien
erlebten, wo die Kinder ihren Vater Papa nennen.

In alten Bibelübersetzungen ist es durchaus verbreitet, in einem ehrfurchtsvollen und distanzierten Ton von und zu Gott zu
sprechen. Pronomen, die sich auf ihn beziehen etwa, werden
großgeschrieben. Er ist der HERR, dem es mit Ehrfurcht zu begegnen gilt. Und die Sprache der biblischen Texte ist geprägt von
einer gewissen Feierlichkeit und möglichst wenig nahe an der
Umgangssprache. Die Argumente für das Festhalten an diesen
Sprachformen lauten etwa so: „Wir müssen Hochachtung und
Respekt vor Gott lernen, denn er ist der Höchste. Alltagssprache
verführt die Menschen, Gott wie einen Kumpel zu behandeln."

Aber steht das im Einklang mit dem, was etwa das Gleichnis
vom verlorenen Sohn sagt? Oder damit, das Jesus Gott mit
„Abba, Vater" anredet? Wenn wir an bestimmten sprachlichen
Wendungen festhalten, nur weil wir ihren religiösen Tonfall mögen, dann werden wir womöglich eine völlig andere Botschaft
aus der Bibel heraushören als das, was der Text tatsächlich
meint.

Was haben wir über Christus gelernt? Es mag ein schockierender
Gedanke sein, dass wir möglicherweise etwas Falsches gelernt haben. Das wäre dann ungleich schlimmer, als ihn überhaupt nicht zu
kennen, denn sein Platz wäre dann von einem falschen Christus be-
setzt, der nur schwer auszutreiben wäre. Es kommt darauf an, ob
wir das von Christus wissen, was er selbst gelehrt hat, oder nur das,
was Menschen über ihn sagen, die ihn nur zu verstehen glauben,
aber in Wirklichkeit verstehen sie ihn falsch. In der Geschichte der
Christenheit gab es jede Menge Fehldeutungen und fragwürdige

Lehren. Haben wir vor allem falsche Aussagen und schiefe Lektionen über Christus gelernt, oder haben wir *ihn selbst* kennengelernt?

George MacDonald, *The Truth in Jesus*

Es ist hilfreich, wenn wir uns klarmachen, dass Worte und Sätze ganz bestimmte Bedeutungsnuancen und einen eigenen Geist in sich tragen und übermitteln. Manche Sätze öffnen unser Herz für das, was Gott mit uns im Sinn hat, und andere Worte und Sätze verschließen unser Herz für seine Absichten. In meiner Praxis als Seelsorger habe ich bemerkt, wie schon ein leicht veränderter Satz oder eine etwas andere Wortwahl Menschen empfänglich macht, und auf einmal fließen Tränen über eine Sache, über die wir schon monatelang geredet haben. Das rechte Wort verhilft der Wahrheit zum Durchbruch. Sie kann ins Herz einsinken und Menschen an der Stelle anrühren, auf die es ankommt.

> *Nicht alles, was Jesus uns zu sagen hat, behagt uns.*
> *Aber alles, was er uns sagt, führt zum Leben.*

Petrus sagte von Jesus, dass er Worte des ewigen Lebens hat (Johannes 6,68). Das ist ein gutes Kriterium. Überprüfen Sie: *Bringt das, was ich gehört habe, wirklich Leben?* Wenn nicht, dann haben Sie vielleicht noch nicht begriffen, was Jesus Ihnen wirklich sagen will, noch nicht die Worte gehört, die speziell für Ihr Herz zum Ausdruck bringen können, worum es ihm in seinem Tun und Wirken auch für Sie geht. Damit will ich nicht behaupten, dass uns das immer behagen muss, was Jesus uns zu sagen hat. Was er sagt, ist nicht selten auch entlarvend und damit schmerzhaft. Aber selbst in diesem Fall: Liegt nicht auch darin Leben, dass er unsere Schattenseiten und Sünden aufdeckt? Dass er uns durch und durch kennt, dass wir nichts vor ihm verbergen können, das hat etwas Befreiendes, zumal wenn diese

Erkenntnis verbunden ist mit der Einsicht, dass Gott uns immer auch einen Ausweg anbietet, wenn er uns korrigiert – den Ausweg der Vergebung und der Umkehr, des Neuanfangs.

Eher schlecht als recht und *In dir* – das waren genau die Worte, die ich nötig hatte. Sie trafen, deckten auf, was in mir vorging, trösteten mich und spornten mich an, nach mehr zu suchen – alles auf einmal. Das ist die großartige Erfahrung, die man macht, wenn man Gott fragt, was für ein Wort er für uns persönlich hat. Und wenn wir bei unserer Lektüre oder in einem religiösen Kontext über eine fromme Vokabel oder Redewendung stolpern, die einen anderen Sinn oder Geist transportiert als den Sinn oder Geist Jesu, dann sollten (und dürfen) wir dazu auf Abstand gehen, ganz gleich wie wichtig diese Worte für eine bestimmte Bibelübersetzung oder christliche Glaubensrichtung sind. Wir verehren ja schließlich keinen bestimmten religiösen Dialekt, sondern wir verehren den *lebendigen* Gott, der uns versichert hat, dass seine Worte Leben bringen (Johannes 6,63).

Was uns im Schlaf verfolgt

Ich schreckte gegen 4.30 Uhr auf. Etwas hatte mich mitten in der REM-Phase meines seligen Nachtschlafs gestört, und mit einem Mal war ich hellwach.

Vor unserem Schlafzimmerfenster heulte der Wind und zerrte an den Weihnachtsgirlanden. Metall und Kiefernzapfen schabten und kratzten übers Glas, vor und zurück, *kriiii-ii-ii, kriiii-ii-ii*. Wie in einem Hitchcock-Film. Nervtötend. Ich hatte meinen Schlaf wirklich nötig, hatte extra noch eine Schlaftablette genommen, um mich für sieben, acht Stunden ruhigzustellen. Vorbei. *Kriiii-ii-ii.* Ich bemerkte, dass ich schon im Moment des Erwachens kapitulationsbereit gewesen war: *So, damit wäre die Nacht gelaufen. Ich kriege bestimmt kein Auge mehr zu.* (Der Eindruck wurde noch verstärkt, als ich mich erinnerte, dass ja auch Craig seit einigen Tagen immer um 4.30 Uhr aufgewacht war.) Aber nein – kampflos wollte ich dann doch nicht auf meinen Schlaf verzichten. Also widerrief ich mein subtiles Einverständnis, betete kurz und fiel schließlich wieder in einen bewusstlosen Schlaf – für eine weitere Dreiviertelstunde.

Ein paar Stunden später. Inzwischen bin ich im Büro angekommen und möchte mit dem Schreiben loslegen, als der Gedanke sich wieder aufdrängt: *Du musst dich vermutlich daran gewöhnen, dass du in Zukunft öfter schon um halb fünf aufwachst. Das ist eben so, wenn man älter wird. Und es ist eigentlich auch nicht schlimm. Damit kann man leben.* Hallo – diese Gedanken sind ja wirklich hartnäckig. Wenn ich mich darauf einlasse, dann dürfen Sie dreimal raten, was passieren wird: Ich werde *tatsächlich* immer um halb fünf wach werden, werde mich damit arrangieren – als natürliche Erscheinung des Älterwerdens – und werde nie dem Dieb auf die Schliche kommen, der mir meine Erholung raubt.

Wie vieles opfern wir derartigen subtilen Vereinbarungen?

Ich hatte früher immer einen gesunden Schlaf. Darauf war Verlass. Sobald ich den Kopf aufs Kissen bettete, glitt ich hinüber ins Land der Träume. Und verweilte dort, bis der Wecker rappelte. Schade. Das waren noch Zeiten! Aber seit etwa acht Jahren ist es vorbei mit der Nachtruhe. Ziemlich genau, seit wir *Ransomed Heart Ministries* gegründet haben. Es fing damit an, dass es in meinem Körper nachts grundlos zusammenzuckte. Etwa so, wie wenn man träumt, dass man fällt oder die letzte Treppenstufe nicht erwischt, und dann beginnt man zu rudern und sucht nach Halt, und dann schreckt man aus dem Traum auf. Etwas in der Art. Es machte mich jedenfalls wach, und wenn ich einmal wach war, fand ich kaum wieder zurück in den Schlaf.

Das Muskelzucken hörte auf, nachdem wir darüber gebetet hatten. Um genau zu sein: Nach einigen *Monaten* Gebet. Dafür wurde unser Schlaf auf andere Art torpediert – etwa dadurch, dass man nicht einschlafen kann, selbst wenn man todmüde ist.

Oder durch Schlaflosigkeit, an die sich dann noch eine bedrückende Furcht oder grüblerische Sorge heftete. Oder durch Alpträume oder dieses Aufwachen früh am Morgen (eine besonders subtile Attacke, denn man *hat* ja geschlafen, und es ist schon Morgen, und vielleicht kann man so ja umso mehr aus dem neuen Tag machen). Aber auch hier gilt: An ihren Früchten sollt ihr sie erkennen. Die Früchte hießen Erschöpfung, Entmutigung, verminderte Freude und weniger Antrieb für alles Sonstige im Leben. Das erinnert mich doch schwer an den Dieb.

Wenn man Schlafstörungen hat, dann sind andere schnell mit Ratschlägen bei der Hand. „Wenn dich der Feind im Schlaf stört, dann schlag ihm ein Schnippchen, steh auf und lies in deiner Bibel. Das verträgt er nicht, also wird er dich in Zukunft in Ruhe lassen." Ich hab's versucht. Es endete damit, dass ich leidlich mit dem Buch Josua vertraut war, aber ansonsten knitterkaputt und für den Rest des Tages nicht zu gebrauchen. „Hör dir dieses Lied an – es ist ein wirklich eindringlicher Song über Jesus, wie er dich im Schlaf behütet." Auch das habe ich versucht. Die Medizin war nicht stark genug für das, womit wir es hier zu tun hatten. Ein wunderbares Lied, ein schöner Gedanke, leider völlig wirkungslos.

Wir begannen uns damit zu beschäftigen, was das Neue Testament über den „Kampf des Glaubens" sagt. Wir beteten um Schlaf – zunächst eher als eine Art Experiment. Was mich etwas tröstete, das war die Tatsache, dass der Apostel Paulus Schlaflosigkeit als eines der Probleme aufzählte, mit denen er zu kämpfen hatte: „In allem erweisen wir uns als Gottes Diener: durch große Standhaftigkeit, in Bedrängnis, in Not, in Angst, unter Schlägen, in Gefängnissen, in Zeiten der Unruhe, unter der Last der Arbeit, in durchwachten Nächten, durch Fasten …" (2. Korinther 6,4f; EÜ). Das ist nicht gerade das, was man sich zu Weihnachten wünscht, aber es verhilft einem zu der Einsicht, dass man nicht unbedingt etwas falsch gemacht hat, wenn solche Dinge passieren.

Genau dieses Gefühl beschleicht mich nämlich fast immer, wenn ich auf die eine oder andere Art in Anfechtung gerate: Ich habe den Eindruck, ich hätte es mir selbst eingebrockt. Es läge an mir. Ich hätte etwas angestellt und dürfte mich nun nicht wundern. Das ist typisch für den Feind: Zu den Verletzungen packt er auch noch Anklagen. Tritt nach, wenn man schon am Boden ist. Quält einen und gibt einem auch noch die Schuld dafür. Wie auch immer – die Entdeckung, dass Paulus Schlaflosigkeit zu den Dingen zählt, mit denen er zu kämpfen hatte, gab mir mehr Gewissheit. Einverstanden. Das gehört zum Kampf des Glaubens.

Also nimm den Kampf auf.

Und so beten Stacy und ich in der Regel eine gute Weile, bevor wir zu Bett gehen. Seit wir uns diese Gebetszeit gönnen, hat sich wirklich etwas verändert. Gott sei Dank können wir wieder schlafen. Nicht immer, nicht so wie in den guten alten Zeiten, als wir schon ins Traumland versunken waren, bevor wir noch ein Vaterunser beten konnten. Es gibt auch Nächte, da sind unsere Gebete vor dem Schlafengehen nur die erste Runde (wie bei Elia), und wir müssen später in der Nacht noch mal ansetzen.

> *Widerstände, Schwierigkeiten und Anfechtungen*
> *bedeuten nicht, dass man etwas falsch gemacht hat.*

Wie sieht dieses Beten aus? Wichtig ist mir, am Ende des Tages in die Gemeinschaft mit Jesus zurückzufinden. Sie zu erneuern. Und selbst erneuert zu werden. Ich habe noch nicht gelernt, beständig in dieser Gegenwart und Gemeinschaft zu leben. Oft schweife ich ab. Das geht vermutlich den meisten so. Ich lasse mich ablenken, ich lasse mich gehen, ich vergesse einfach, dass Gott da ist. Und entsprechend erschöpft bin ich anschließend. Es ist immer wieder diese Sache mit dem „Bleiben-in-ihm". Ich schaffe es nicht, dem Tag für Tag gerecht zu werden. Und so beginnt meine Nachtruhe damit, dass ich mich Jesus einmal mehr anvertraue, mich seiner Autorität und seinem Schutz un-terstelle. Ich flüchte mich an den einzig sicheren Ort. Und sei-nem Schutz und Frieden befehle ich auch unser Haus und unse-re ganze Familie an. Es ist ein Akt der Weihe, der Übereignung.

Mein Herr Jesus Christus, ich komme zu dir, weil ich Erneuerung brauche. Erneuerung in dir. Ich möchte Liebe und Leben von dir empfangen. Ich nehme Zuflucht bei dir. Ich ehre dich als meinen Herrn, und ich unterstelle dir ausnahmslos und vollständig jeden Teil und jede Seite meines Lebens. Ich übereigne dir meinen Leib, meine Seele und meinen Geist, mein Herz, meinen Verstand und meinen Willen. (Hier nenne ich die Bereiche, für die mir diese Ver-bindung zu Christus gerade besonders nötig zu sein scheint, etwa: „meine Fantasie" oder „meine Sexualität". Und als Eltern befehlen wir natürlich auch unsere Kinder ihm an.)

Ich stelle mich unter den Schutz deines Blutes. Dein Heiliger Geist verbinde mich mit dir, erneuere mich in dir und leite mich in dieser Zeit des Gebets. Mein Haus, mein Schlafzimmer, meinen Schlaf, die Nachtstunden und den kommenden Tag – alles unterstelle ich der Herrschaft Gottes und der Autorität des Herrn Jesus Christus. Ich nehme das Erlösungswerk Jesu Christi in dieser Nacht für dieses ganze Haus und Anwesen in Anspruch. Er soll die Atmosphäre in jedem Raum erfüllen, vom Keller bis zum Dachgiebel.

Anschließend bete ich um den Frieden Jesu. Ich nehme seinen Sieg über alles Böse für mich in Anspruch und bitte um seinen Schutz gegen alle „Ungeister", namentlich gegen die, die mir zu schaffen gemacht haben. Wenn man nur einmal gründlich nach-denkt, bekommt wohl jeder eine Liste der üblichen Verdächti-gen zusammen: Bei manchen ist es Furcht, Entmutigung und Depression. Bei anderen ist es eher Zorn, aufbrausendes Wesen, Lust, Begierde. Und bei den meisten von uns wird die Liste ganz schön umfangreich sein. Es ist nicht unwichtig, diese Ungeister beim Namen zu nennen und von uns zu weisen, uns regelrecht davon loszusagen. Adam bekam die Autorität verliehen, Dinge zu benennen, und darin zeigt sich auch eine gewisse Autorität *über* sie. Und das gilt auch hier. Je direkter und spezifischer man diese Ungeister, die uns Frieden und Freude rauben wollen, angeht und abweist, umso besser (vgl. Markus 5,1-13).

> *Christus, deine Macht und deinen Schutz erbitte ich in dieser Nacht gegen „alle List des bösen Feindes"* (so sagt es ein altes Abendgebet der Kirche). *Ich verbanne alle unreinen Geister aus meinem Haus* („Den starken Mann fesseln", Matthäus 12,29), *in der Kraft und im Namen des Herrn Jesus Christus.*

Das ist so ungefähr der Rahmen für ein solches Gebet. Während ich bete, höre ich aufmerksam auf Gott, denn was mir gestern zu schaffen machte, kann heute durch etwas anderes ersetzt worden sein. Ich schließe das Gebet ab, indem ich unser Haus, die Familie und alle Stunden der Nacht der Herrschaft Gottes und der Autorität Jesu unterstelle. Ich bitte Gott, uns seine Engel zu schicken und uns zu schützen.

> *Ich befehle mein Heim und Haus in dieser Nacht der Herrschaft Gottes an. Deine Engel, Herr Jesus Christus, mögen mich und die Meinen schützend umgeben* (Hebräer 1,14). *Komm, Heiliger Geist, erfülle mein Haus mit deiner Gegenwart und tritt in dieser Nacht für mich ein. Das alles erbitte ich im Namen des Herrn Jesus Christus und zu seiner Ehre. Amen.*

Das ist die kurz gefasste Version, ein grobes Muster. Ich stelle es vor in der Hoffnung, dass es für Sie hilfreich sein kann.

Wenn es innerlich weh tut

Ich ertappe mich neuerdings oft dabei, wie ich Tagträumen nachhänge. Ich überlege mir, dass ich eine neue Sonnenbrille brauche, handle in Gedanken den Folgevertrag mit meinem Verlag aus oder beschäftige mich damit, einen Traktor zu kaufen. Oder vielleicht sollte ich mir eine coole Skibrille zulegen, wie Sam und Blaine eine zu Weihnachten bekommen haben. Dabei bin ich sonst keiner, der ständig shoppt. Was um alles in der Welt verspreche ich mir davon? Hat mein Verzicht auf Alkohol das an die Oberfläche gebracht? Geht es um Ersatzbefriedigung? Will ich einen Schmerz in meiner Seele betäuben? Einsamkeit übertönen? Das ist es ja wohl, weshalb die meisten Leute trinken – sie versuchen sich etwas Freude zu verschaffen und den Schmerz zu betäuben, ohne es sich jemals einzugestehen. Wie viel davon hat damit zu tun, dass man sonst nichts hat, worauf man sich freuen kann?

Was ist mit meinem Herzen los, Herr? Ich bin traurig.

Ich weiß, dass ich für den Garten Eden geschaffen bin. Und ich weiß, dass ich dieser Bestimmung im Alltag so gut wie nie entspreche. Die meiste Zeit übertünche ich die Sehnsucht in meiner Seele mit Geschäftigkeit, gehe so gewissermaßen auf Abstand zu ihr. Aber nun träume ich am helllichten Tag von jeder Menge Kram. Es läuft alles auf die Frage hinaus: Wo gibt es etwas für mein *Herz*?

Jesus, kümmere dich um mein Herz. Sei mein Begleiter. Mein ständiger Begleiter.

Liebe ich eigentlich mein Leben, so wie es ist? Will ich auf diese Frage überhaupt eine Antwort haben? Jetzt muss ich schlucken. Fühlt sich an, als ob ich auf ein äußerst gewichtiges Thema gestoßen wäre. Ich habe den Eindruck, als ob ich im Leben nur dagegen ankämpfe, es irgendwie doch zu vermasseln. Streng dich an, erledige das, setz dich ein, weil niemand sonst es tun wird. Warum bin ich nicht mit dem Herzen dabei, jetzt, wo ich das schreibe? Ich glaube, ich habe noch nicht die richtigen Worte gefunden. Fühlt sich an, als würde es in mir zwar warm, aber nicht richtig heiß.

Dann ist da der geistliche Kampf. Ich habe mich schon früher gefragt, was mich wohl diese täglichen Auseinandersetzungen kosten. Wie fühlen sich Soldaten in einem langen, erschöpfenden Krieg? So viele Tagen, so viele Stunden, in denen ich schon froh wäre, wenn nur die Versuchung oder der Druck oder die Anfechtung oder die körperlichen Beschwerden nicht wären. Ich sehne mich gar nicht so sehr nach Freude, sondern vielmehr danach, frei von den Schmerzen und den Angriffen zu sein. Das spielt eine *große* Rolle, mehr als mir bewusst ist, denn ich weiß, dass ich meine Bereitschaft unterschätze, eine Sache durchzustehen.

> *Ich habe den Eindruck, als ob ich im Leben nur dagegen ankämpfe, es irgendwie doch zu vermasseln.*

Das Wort klingt nach. Schmerzt regelrecht. *Durchstehen.* Ich unterschätze meine Bereitschaft, eine Sache durchzustehen. Das scheint die Quelle meines Leidens zu sein. Ich stütze den Kopf in die Hände und verweile lange so. Das ist *die* Eigenschaft an mir, die ich vermutlich am meisten schätze, die ich für besonders edel halte – meinen Durchhaltewillen. Aber jetzt habe ich den Eindruck, als ob er zu etwas nicht so Edlem geworden wäre. Vielleicht sogar zu etwas Zerstörerischem.

Jesus, komm genau hierhin. Was willst du mir hier sagen, in dieser Sache?

Lange Stille. Kann ich Gott in dieser Angelegenheit überhaupt hören? Ist sie vielleicht zu groß oder zu nah?

Trotzdem, es geht definitiv um dieses *Durchstehen.* Ich weiß, ich bin etwas Großem auf der Spur. In meinem Leben ist wenig Raum für Freude, solange ich so lebe. Durchhalten, sich durchbeißen – das bietet kaum Platz für Freude. Und dem will ich auf den Grund gehen. Woher kommt das? Ist es Sünde? Verletztheit? Wie tief steckt das in mir? Ich glaube, hinter Durchstehen steckt eine Menge Unglauben, zum Beispiel meine Überzeugung, dass niemand sich für mich einsetzen wird und ich es folglich allein schaffen muss. Es erinnert mich auch an das, was Simson zu Fall gebracht hat – wir entdecken eine Qualität oder Kraft, die uns im Leben weiterhilft, und wir machen sie zu unserem Götzen, setzen all unser Vertrauen und unsere Hoffnung darauf. Bei manchen ist es ihre Intelligenz. Bei anderen ihre Fähigkeit, andere zum Lachen zu bringen. Bei mir war es dieses „Ich-stehe-das-durch".

> *Unsere ständige Gefahr: Wir entdecken eine Qualität oder Kraft, die uns durchs Leben hilft, und wir machen sie zu unserem Götzen, setzen all unser Vertrauen und unsere Hoffnung darauf.*

Aber wenn wir aus diesem Talent, dieser Kraft einen Götzen machen und unsere Sicherheit daraus beziehen, dann wird es zu unserer Tabuzone – niemand sonst soll sich damit befassen. Noch nicht einmal Gott. Und schließlich wird es uns zum Verhängnis.

Jesus, ich möchte dieses Thema nicht ausgrenzen. Du darfst mir dazu etwas sagen. Ich möchte es. Ich bitte dich darum.

Beweggründe

Zurück zu etwas sehr Grundlegendem in unserem Streben nach Gott und der Umgestaltung und Verwandlung, auf die er in unserem Leben aus ist: Alles, was wir tun, hat einen Grund, ein Motiv.

In christlichen Kreisen haben wir meist vor allem das Verhalten im Blick, und das ist zugleich richtig und falsch. Natürlich kommt es auf unser Verhalten an. Es zählt durchaus, wie man andere behandelt. Ob man lügt oder stiehlt oder Ehebruch begeht. Unsere Taten haben enorme Konsequenzen. Und trotzdem ist Heiligkeit, wenn es nach Jesus geht, vor allem eine Sache des Herzens. Darauf legt er zum Beispiel in der Bergpredigt großen Wert. „Warum betet ihr – weil man euch für heilig halten soll? Warum spendet ihr – weil ihr als großzügig gelten wollt? Warum fastet ihr – um andere zu beeindrucken?"

„Hütet euch davor, nur deshalb Gutes zu tun, damit die Leute euch bewundern. So könnt ihr von eurem Vater im Himmel keinen Lohn mehr erwarten. – Wenn du einem Armen etwas gibst, mach kein großes Gerede davon, wie es die Heuchler tun …"

„Betet nicht wie die Heuchler! Sie bleiben gern in den Synagogen und an den Straßenecken stehen, um zu beten. Jeder soll es sehen …"

„Fastet nicht wie die Heuchler! Sie setzen eine wehleidige Miene auf, damit jeder merkt, was ihnen ihr Glaube wert ist. Das ist dann auch der einzige Lohn, den sie je bekommen werden. Wenn du fastest, dann pflege dein Äußeres so, dass keiner etwas von deinem Verzicht merkt außer deinem Vater im Himmel. Dein Vater, der jedes Geheimnis kennt, wird dich belohnen."

Matthäus 6,1.2.5.16-18

Jesus verschiebt die ganze Frage nach aufrichtiger Frömmigkeit vom Äußerlichen ins Innere. Er bringt uns zurück zu den Beweggründen. Wenn wir ihm darin folgen, eröffnen sich große Möglichkeiten, gut zu sein.

Aber dazu müssen wir ehrlich werden hinsichtlich unserer Motive.

Mir ist aufgefallen, dass ich bei den Retraiten, die wir bei *Ransomed Heart* anbieten, stets freundlich und aufmerksam auf die Teilnehmer zugehe. Warum mache ich das? Es könnte Liebe sein. Aber es könnte genauso sein, dass ich nur freundlich und aufmerksam *erscheinen* will. Ich habe viel Zeit darauf verwendet, dieses Buch zu schreiben. Warum? Will ich die Wahrheit vermitteln, so gut ich kann – oder will ich meine Leser beeindrucken, sollen sie gut von mir denken, will ich mir Peinlichkeiten ersparen?

Sie müssen einem Freund oder Mitarbeiter etwas mitteilen, und Sie entscheiden sich, es per E-Mail zu tun. Warum? Können Sie sich schriftlich besser verständlich machen, oder liegt es viel-

leicht daran, dass es leichter ist, aus der Ferne einen Schuss ab-
zufeuern?

> *Jesus verschiebt die ganze Frage nach aufrichtiger Fröm-*
> *migkeit vom Äußerlichen ins Innere. Er stellt die Frage*
> *nach unseren Motiven.*

Wir gehen regelmäßig zum Gottesdienst. Warum? Geht es wirklich darum, dass wir Gott suchen, oder fürchten wir vielleicht,
dass die Leute tuscheln, wenn wir nicht erscheinen? Wir gehen
Konfrontationen aus dem Weg und ergreifen in größeren Grup-
pen nie das Wort. Warum? Ist es Demut, oder wollen wir nur von
allen gemocht werden? Wir erwarten von unseren Kindern, dass
sie sich anständig benehmen. Warum? Könnte es etwas damit zu
tun haben, dass ihr Verhalten auf uns zurückfällt? Und warum
tragen wir gerade diese Kleider? Weil sie uns gefallen? Oder damit uns andere für individuell oder wirklich cool oder sexy halten, oder weil wir unbedingt dazugehören wollen und restlos von
der Meinung und Einschätzung anderer abhängig sind?

Alles, was wir tun, hat seine Beweggründe.

Was allerdings vielen Menschen nicht klar ist: Auch hinter
dem, was wir unsere Persönlichkeit nennen, stecken tiefe und
handfeste Beweggründe. Nennen wir mal Ihre Lebenseinstellung. Haben Sie sich je gefragt, was dahintersteckt? Von mir
wissen Sie bereits, dass ich ausgesprochen ehrgeizig sein kann.
Zum Teil rührt das von in der Kindheit erlittenen Verletzungen
her. Ich musste allein zurechtkommen. Aber zum Teil geht es
auch auf meine gottlosen Reaktionen auf diese Verletzungen zurück – auf meinen Entschluss, es selbst zu schaffen. Ich wollte
auf niemand angewiesen sein. Noch nicht einmal auf Gott.

Vielleicht gehören Sie zu den Menschen, die immer freundlich
sind. (Ich weiß auch nicht, warum ich immer wieder darauf
komme). Ist Ihnen dieses gewinnende Wesen angeboren – oder
steckt hinter diesem Persönlichkeitszug die Furcht vor Ableh-

nung? Sie sagen von sich, Sie hätten kein Organisationstalent. Das mag stimmen, aber was haben Sie davon, dass Sie es so freimütig sagen? Vielleicht ist es ja auch bequem, die Last der Organisation anderen zu überlassen.

Ich kenne Männer, die sagen von sich, dass sie sich in der Wildnis nicht wohlfühlen – sie interessieren sich nicht für den ganzen Outdoor-Kram. Nun, das mag tatsächlich Geschmackssache sein – aber hat es vielleicht auch einen verborgenen Nutzen? Vielleicht wollen sie nicht an ihre Grenzen geführt werden oder fürchten sich davor, sich zu blamieren. Vielleicht ist es auch die Angst, dass sie sich nicht als echte Männer erweisen könnten, die sie veranlasst, zuhause zu bleiben.

Ich höre Frauen sagen: „Ich mache mir nichts aus Mode und Kosmetik und solchen Sachen." Vielleicht ist das wahr. Vielleicht sind sie wirklich eher der burschikose Typ. Und wieder: Was trägt es sonst noch für sie aus? Hilft es ihnen, der Auseinandersetzung mit der eigenen Unsicherheit und mit den Zweifeln an ihrer Weiblichkeit aus dem Weg zu gehen?

Wir alle haben unsere Lebenseinstellung, und wir alle halten sie für wohlbegründet und gerechtfertigt. Aber wären Sie bereit, genauer hinzuschauen?

Die meisten Menschen, mit denen ich zu tun habe, wären nie von selbst darauf gekommen, dass sich hinter ihrer *Persönlichkeit* Beweggründe verbergen, und dass diese Beweggründe nicht nur edel sein können. „So bin ich eben." Vielleicht. Aber gestatten Sie mir einen Einwand. Aus der Bibel wissen wir: „Alles, was wir nicht im Glauben an Christus tun, ist Sünde" (Römer 14,23). Sie sagen vielleicht: „Ich bin nicht auf Streit aus", dabei schreckt Sie vielleicht in Wirklichkeit die Vorstellung, was aus der Beziehung wird, wenn sie den bewussten Menschen zur Rede stellen. Dass Sie der Konfrontation ausweichen, beruht auf Furcht. Und auf Unglauben. Und alles, was wir nicht im Glauben tun, ist Sünde.

Nun sage ich das nicht, damit Sie in Selbstanklagen und Verzweiflung versinken. Vielleicht sagen Sie sich: „Es ist schlimm mit mir. In mir wimmelt es von unklaren Motiven. Ich habe ja selbst keine Ahnung, was da alles in mir vorgeht. Alles, was nicht im Glauben geschieht, ist Sünde? Dann ist meine ganze Lebenseinstellung sehr zweifelhaft." Und vermutlich stimmt das auch. Aber Sie sind in guter Gesellschaft. Denn für den Rest von uns stimmt es genauso. Und es ist in Ordnung. Ihnen ist vergeben worden. Gott kennt Ihre Motive seit Langem, und er ist trotzdem stets auf Ihrer Seite geblieben. Er ist wirklich barmherzig und geduldig. Aber nun haben Sie die Chance auf eine echte Wandlung und Veränderung.

> *Wir alle haben unsere Lebenseinstellung, und wir alle halten sie für wohlbegründet und gerechtfertigt. Aber wären Sie bereit, genauer hinzuschauen?*

Wenn wir lernen, unser Leben in der engen Verbundenheit mit Gott zu führen, dann kommen unsere Motive sehr massiv ins Spiel. Wenn ich auf seine Stimme lausche, habe ich ein Auge auf meine Motive. Was geht in mir vor? Bin ich wirklich bereit, mir *alles* anzuhören, was Gott zu sagen hat? Indem ich gelten lasse, was er sagt, und Buße tue und ihm bewusst meine Persönlichkeit unterstelle, öffnen sich die Kommunikationskanäle. Wir kommen uns näher.

Besser gesagt: Ich nähere mich ihm.

Die Vergangenheit heilen

Ich dachte eigentlich, dass mir eine Art schmerzhafte Selbstprüfung bevorstünde, als ich Gott bat, meine Motive und ihre Verbindung mit meinen inneren Sehnsüchten offenzulegen. Ich rechnete damit, dass es auf einen weiteren Umkehrakt hinauslaufen würde.

Stattdessen überraschte mich Gott mit Heilung.

Gestern Abend organisierten einige Freunde eine Party für mich. Anlass war das Erscheinen eines Buches von mir. Als der Nachmittag verstrich und die Feier näher rückte, wurde ich zunehmend nervös. Ich komme nicht gut klar mit Festen, bei denen ich im Mittelpunkt stehe. Ich mag das nicht. Aber daneben scheint es, als wäre da noch etwas. Ein schier unersättliches Verlangen nach Freude, das ich mit einer solchen Feier verbinde, in der Hoffnung auf jenen großen Augenblick. Und schließlich lande ich beim Alkohol, weil der ersehnte Moment ausbleibt.

Ich spürte, dass ich eine Zeit mit Gott brauchte, um mich innerlich zu wappnen. Ich wollte nicht von meiner Furcht beherrscht werden. Ich wollte den Abend in guter Verfassung erleben. Was anfing mit dem schlichten Stoßgebet *Jesus, hilf mir heute Abend, gib mir etwas, an dem ich mich festhalten kann*, das entwickelte sich zu einer längeren Gebetszeit, in der es um meine Haltung zu Festen ganz allgemein ging. Früher an der High School war ich ein großer Partygänger und habe mit meinen Freunden nichts ausgelassen. Wir waren bekanntermaßen partyerprobt. Jedenfalls habe ich recht gemischte Erinnerungen an jene Zeit. Wir waren allesamt auf der Jagd nach dem großen Moment. Wir wussten, dass es im Leben mehr geben musste als Mr. Blagstops Chemieunterricht, und wir waren verzweifelt auf der Suche nach diesem Mehr. Wir suchten auch an eher zweifelhaften Orten.

Als ich mir im Gebet darüber klar wurde, begann ich um Vergebung zu bitten für all das, was in diesen Jahren geschehen war. Ich bereute nicht etwa, dass ich mich nach Freude gesehnt hatte, sondern die Irrwege, die ich auf der Suche danach eingeschlagen hatte. Und dann kam die Sprache auf die tiefere Ursache: Verzweiflung. Dazu muss ich etwas erklären. Ich bin nicht in einem christlichen Elternhaus aufgewachsen. Mein Vater war einige Jahre arbeitslos und hatte angefangen zu trinken. Meine Mutter musste arbeiten, um die Familie durchzubringen. Als ich an die High School kam, war meine Familie zerbrochen. Als ich jetzt über diese Jahre nachdachte, wurde mir klar, dass dieser Zusammenbruch meine Suche ausgelöst hatte. Ich hatte mich offenbar mit der Verzweiflung arrangiert, und so suchte ich auf den Partys Ablenkung und Spaß mit Mädchen und griff nach allem, was nur irgendwie versprach, die Sehnsucht in mir auszufüllen.

Sag dich los von der Verzweiflung. Ich tue es. *Und dass du dich an Drogen und Alkohol geklammert hast.* Ich betete: *Jesus, ich mache es. Ich widersage dem allem. Ich bitte dich um Vergebung. Reinige mich. Nimm auch diese frühen Jahre in Besitz und heilige mein Herz.*

Innere Heilung kann auch beschrieben werden als eine Heilung der Vergangenheit. Jesus wird eingeladen, in die Ereignisse, an die Plätze, in die Beziehungen jener Zeit zu kommen, denn aus irgendeinem Grund war er damals ausgeschlossen. Ich mag diesen Gedanken, dass die Vergangenheit geheiligt wird. Nun, da wir mit Jesus unterwegs sind, können wir ihn auch in unsere Vergangenheit einladen und auch die Vergangenheit in seine Gegenwart stellen. So vieles, was heute unser Herz ausmacht, wurde damals geprägt, genau wie die meisten unserer tiefsten Überzeugungen. Wie sehr wünschte ich, ich wäre schon damals in der High School Christ gewesen und hätte diese Jahre in der engen Verbundenheit mit Gott erlebt und gestaltet. Aber so war es nicht, und deshalb lade ich Jesus dorthin ein, in jene Ereignisse und Beziehungen, so wie die Erinnerungen auftauchen – oder wenn etwas wie diese Party altvertraute Sehnsüchte weckt, die ich noch von damals kenne.

Nun erst ging mir auf, dass Gott mich in den vergangenen sechs Monaten immer wieder an Erfahrungen aus meiner High-School-Zeit erinnert hatte. Erst heute gab es so einen Augenblick, der etwas in mir angerührt und eine Tür für einen weiteren Schritt der Heilung geöffnet hat. Einen Schritt der Heiligung. Vor einigen Wochen habe ich einen Pick-up gekauft, mit Dieselmotor. Ich bin sechsundvierzig, aber das war das erste Mal, dass ich ein Auto kaufte, weil ich es wollte, und nicht, weil wir es brauchten. Ein Pick-up bietet einem Mann etwas, woran eine Familienkutsche einfach nicht herankommt. Jedenfalls: Ein junges Mädel, das bei uns arbeitet, fuhr mit mir zur Ranch, um nach den Pferden zu sehen. Als sie in den Wagen einstieg, war sie beeindruckt. Sie rief begeistert aus: „Ich hatte keine Ahnung, wie bequem der innen ist." Und als ich den Motor startete, seufzte sie und sagte: „Toller Sound, dieser Diesel."

Ich fühlte mich wie ein richtiger Kerl.

Nein, das hatte nichts mit dem Beginn einer Affäre zu tun. Aber es hatte alles mit der Vergangenheit zu tun. Als ich fünfzehn war, an einem jener sorglosen lustigen Samstagabende, unternahm ich mit einigen Kumpels im Wagen meiner Eltern eine kleine Spritztour. Ich wurde geschnappt, und die Reaktion meiner Eltern war drastisch. Sie verkündeten, dass ich meinen Führerschein nicht machen dürfe, bevor ich achtzehn wäre. Das war keine Erziehungsmaßnahme, das war eine Strafe. Es war übertrieben. Kein Auto, keine Fahrt zur High School. Es war ein Schlag gegen meine Männlichkeit. Wenn ich ein Mädchen besuchen wollte, musste ich das Fahrrad nehmen. Was für ein Trottel. Wenn ich mich mit ihr verabredete, musste sie den Wagen fahren. Was für ein Langweiler. Ich musste mich jeden Tag von einem Freund zur Schule mitnehmen lassen. Was für eine Memme. Mir ist nie klar gewesen, wie entmännlichend das war. Bis heute.

Jetzt habe ich endlich einen richtig coolen Truck für mich selbst gekauft, von meinem eigenen Geld, und dieses attraktive Mädel war schwer beeindruckt. Für mich eine Ursprungserfahrung. Was meine Aufmerksamkeit fesselte, das war der Gedanke, oder das Empfinden, das aus meinem Herzen aufstieg: *Ich bin nicht der Idiot.* Wow. Wie lange steckte das schon zutiefst in mir? Zweiunddreißig Jahre. Seit der High-School-Zeit.

Hugh Calahan fuhr diesen wirklich hübschen gelb-schwarzen

Chevrolet Camaro. Richtig schnell. Danny Wilson hatte einen Geländewagen mit Lift Kit für extra viel Bodenfreiheit, und ich erinnere mich, welche Verwandlung mit ihm vorging, als er den Wagen kaufte. Er veränderte sich. Ging aufrechter, hatte auch dieses Empfinden, ein echter Mann zu sein. Bekam Selbstvertrauen. Ich hatte das nicht. Noch nie. Ich hatte kein Geld, ich hatte keinen fahrbaren Untersatz, ich hatte keine Stärke. Wenn ich doch auch mit einem Pick-up auf dem Parkplatz hätte aufkreuzen können. Wenn ich doch bei dem Mädel, mit dem ich mich verabredet hatte, mit einem schicken Schlitten hätte vorfahren können. Wie wäre das wohl gewesen?

Später, in einem stillen Augenblick, vertraue ich das alles Jesus an. *Herr, komm du hierher. Heile diese Zeit in meinem Leben, diese demütigenden Erfahrungen. Heile diese Wunde in mir.* (Wie viele Männer machen den Fehler, dass sie denken: Ich muss mir nur dieses süße Mädchen schnappen? Es geht gar nicht um das Mädchen. Es geht um die Heilung, die wir nötig haben. Das Mädchen hat Gott nur ins Spiel gebracht, um mich auf das eigentliche Thema aufmerksam zu machen.) Wie ich so über dieser Sache bete und lausche, wo Gott mich hinführen will, sehe ich mich selbst. Ich bin wieder in der High School. Aber jetzt bin ich Christ. Ich bin kein Kiffer mehr. Jesus ist bei mir. Ich steure meinen Pick-up auf den Schulparkplatz.

Grandiose Vorstellung. Eine heilende Vorstellung.

Rückkehr zur Intimität

Heute ist Neujahr.

Nun bin ich nicht der große Silvestercrack. Ich fasse keine guten Vorsätze für das neue Jahr. Habe auch keine große Lust, ins neue Jahr hineinzufeiern. Wozu überhaupt feiern? Ein Jahr geht, ein neues Jahr kommt. Vielleicht wäre es ein Grund zu feiern, wenn das vergangene Jahr besonders gut war, dann hätte man etwas, wofür man Gott danken kann. Etwas weiter gedacht: Wenn man ein schlimmes Jahr hinter sich hat, könnte man die Tatsache feiern, dass es vorbei ist. Aber so, wie die meisten Leute die Silvesternacht verbringen, kam mir das immer als ein ziemlich aussichtsloser Versuch vor, einen erhabenen Moment zu beschwören – ein Aufbäumen von Leuten, die schon spüren, dass etwas Besonderes passieren könnte – oder besser müsste, denn ihr vergangenes Jahr ist wirklich nicht so aufregend verlaufen, und vielleicht bietet ja das kommende mehr. Die Hoffnung stirbt zuletzt.

Verstehen Sie mich bitte nicht falsch – ich glaube schon, dass Wegmarken wichtig sind, und ich wünschte, wir postmodernen Christen hätten eine reichere Tradition von heiligen Momenten, Feiertagen, Gedenktagen und dergleichen. Fast alles davon ist uns verloren gegangen. Die Evangelikalen haben größtenteils gar keinen Zugang mehr zu so etwas wie „Heiligen Zeiten" oder den Hochfesten. Und meine Erfahrungen mit Katholiken und Anglikanern legen eher die Vermutung nahe, dass die meisten schon lange den Wesenskern der Zeremonien aus dem Blick verloren, die sie nach wie vor geduldig begehen. (Natürlich gilt das nicht für alle. Ich verallgemeinere gern.)

> *Ich wünschte, wir postmodernen Christen hätten eine reichere Tradition von heiligen Momenten.*

Egal. Wir haben in diesem Jahr die Adventswochen bewusst begangen. Wir haben die Erfahrung gemacht: Das ist schön und bedeutsam. Einen ganzen Monat reservieren, um über die Ankunft des Messias nachzudenken, über ihre Bedeutung und ihre Folgen. Die Augen auf den Horizont zu richten und seine Rückkehr zu erwarten. Weihnachten hat in der Tat einen Monat Aufmerksamkeit verdient, nicht nur einen Tag. Der Advent hat ein eigenes Gewicht, eine Bedeutsamkeit. Er hat seine Berechtigung. Im Vergleich dazu ist der Jahreswechsel recht armselig.

Mir scheint, dass es weit bessere Anlässe für Trubel und Festrummel gibt. Wie wäre es zum Beispiel mit dem Ende des Schuljahres und dem Beginn der großen Ferien? Das ist doch eine Party wert. Oder Geburtstage. Jubiläen. Jedes gemeinsam bewältigte Jahr Ehe ist eine Heldentat. Allein die Tatsache, dass man sich nicht gegenseitig an die Gurgel ging, ist ein Grund zum Feiern. Zurück zu Silvester – ich habe es dieses Jahr besonders genossen, dass ich schon abends um zehn ins Bett gehen konnte. Habe eine ruhige Nacht erlebt, bin frisch und munter aufgewacht und hatte nicht den Eindruck, dass ich irgendwas verpasst hätte. Es ist ein freier Tag außer der Reihe für mich, ohne tiefere Bedeutung.

> *Weihnachten hat in der Tat einen Monat Aufmerksamkeit verdient, nicht nur einen Tag.*

Nun habe ich durchaus Freunde, die den Jahreswechsel nutzen, um Bilanz zu ziehen. Sie nehmen sich ihren Kalender vor und lassen Revue passieren, was passiert ist. Und auch ich finde es sinnvoll, innezuhalten und zu überlegen: *Was erwarte ich von diesem Jahr? Was soll sich ändern?* – etwas in der Art. All das kann hilfreich sein. Sich bis Mitternacht wach halten, Luftschlangen pusten und ordentlich einen draufmachen – das hat für mich längst keinen Reiz mehr.

Aber heute morgen habe ich Gott um etwas gebeten: um sein Wort für das neue Jahr, falls er mir überhaupt etwas dazu verraten wollte. Vielleicht eine Art Überschrift für das Jahr. Und zu meiner großen Überraschung hörte ich augenblicklich *Intimität.* Da hatte ich meine Bitte noch gar nicht ganz zu Ende gedacht. *Intimität* zwischen Gott und mir. Ja. Das klingt richtig gut. Intimität, das wäre eine Veränderung, und zwar eine willkommene. Weg von „Auf in den Kampf" und „Packen wir's an", weg selbst von dem nobleren „Durchhalten".

Vielleicht gehört Intimität ja sogar zum Kern des Lebens, das ich führen will, vielleicht ist es die Quelle, aus der alles andere entspringt.

Nicht jedes Evangelium ist gleich

Vergangenes Wochenende lief ich im Supermarkt fast in ein Ehepaar hinein. Ich kannte sie flüchtig; vor etwa zehn Jahren gehörten wir derselben Gemeinde an. Ich schob meinen Einkaufswagen durch die Milchwarenabteilung, als jemand rief: „John!" Es war einer jener peinlichen Momente, in denen alte Bekannte mich sofort erkennen, während ich mich nur vage an sie erinnere. Ich kam partout nicht auf ihren Namen, also grüßte ich nur mit einem „Hallo!" zurück, mit gespielter Begeisterung. Wir wechselten ein paar Worte, und dabei wurde (mir zumindest) schmerzhaft deutlich, dass wir nicht mehr im selben Film waren. Sie schienen in einer Zeitschleife stecken geblieben zu sein – beschäftigten sich immer noch mit den alten Themen, waren immer noch in derselben Gemeinde, verwendeten dieselben alten Redewendungen. Für ein paar Augenblicke taten wir so, als „säßen wir immer noch im selben Boot". Wie in den guten alten Zeiten.

Aber das stimmte so nicht, und den Rest des Tages fühlte ich mich unbehaglich, auch wenn ich nicht genau wusste, warum. Inzwischen habe ich vermutlich etwas Klarheit, aber ich scheue mich fast, es niederzuschreiben aus Sorge, man könnte mich missverstehen.

Nicht jedes Evangelium ist gleich.

Wir sind der Vorstellung erlegen, dass es falsch ist, zwischen den verschiedenen christlichen Bewegungen, Kirchen und Gemeinschaften einen Unterschied zu machen. Schließlich wissen wir, dass wir nicht urteilen sollen. „Urteilt nicht über andere", sagt Jesus, „damit Gott euch nicht verurteilt" (Matthäus 7,1). Im Übrigen ein weises Gebot. Ich bin voll und ganz dafür. Aber die ursprüngliche Bedeutung dieser Warnung ist mittlerweile verdreht worden. Ich stelle fest, dass viele Christen nur ungern Unterscheidungen zwischen verschiedenen Gemeinden und dem, was dort verkündet wird, vornehmen – manche können es auch gar nicht mehr. Und zwar macht es ihnen *wirklich* Mühe zu sagen, dass etwas besser sein könnte als etwas anderes. Ich erinnere mich an zwei Gespräche mit zwei Freundinnen.

Im ersten Gespräch ging es um ein christliches College, und ich hatte mich zu der Aussage hinreißen lassen: „Sie begreifen es einfach nicht." Das bezog sich auf drei Themen: Dass es im christlichen Leben vor allem um das Herz geht; dass Gott eine enge, persönliche Beziehung mit uns haben will; und dass es eine Realität ist, dass Glaube auch mit geistlichem Kampf zu tun hat. Nicht ganz unwichtige Dinge. Es ging eben nicht darum, wie lang das Gewand Jesu war, oder um die Frage, wie viele Engel auf einer Nadelspitze tanzen können. Wie man zu den drei genannten Themen steht, das wirkt sich grundlegend auf das Glaubensleben aus. Meine Freundin – sie fühlt sich jener Hochschule verpflichtet und möchte loyal sein – war ehrlich empört. „Es ist nicht okay, so etwas zu sagen", meinte sie, „es ist arrogant." Nun kann man so etwas fraglos in arrogantem Tonfall sagen, aber ich meinte es ganz und gar nicht so.

Was meinen Sie: Ist es richtig oder falsch, solche Beobachtungen zu machen – und sie dann auch zu äußern?

Das zweite Gespräch mit einer anderen Freundin lief etwa so: Sie erzählte von einer Gemeinde (die ich kannte) und besonders von der Frauenarbeit (die sie gut kannte), und dass das Bibelstudienangebot dort sehr stark auf Pflichterfüllung und Gebote abhob. Es sei sehr gesetzlich. Sie sagte: „Das ist das Allerletzte, was Frauen in ihrem Leben brauchen – noch mehr Scham und Schuldgefühle. Sie setzen so viele Frauen noch mehr unter Druck." Augenblicklich setzte sie hinzu: „Das hätte ich nicht sagen sollen. Es ist falsch zu richten." Ihr plötzliches Zurückzucken machte mich traurig. Zum einen hatte sie recht mit ihrer

Einschätzung, auch wenn das meines Wissens noch nie jemand so deutlich ausgesprochen hatte. Es *musste* mal gesagt werden. Zum andern war ihre augenblickliche Selbstverachtung ein klassisches Symptom gerade der einseitigen Ausprägung des Glaubens, die ich meine.

> *Bei der Frage nach Gerechtigkeit und Heiligkeit geht es darum, wie unser Herz beschaffen ist.*

Ja, Jesus hat uns davor gewarnt, andere zu verurteilen. Der Zusammenhang ist die Bergpredigt. Jesus richtet sich zu Beginn gegen eine Auffassung von Frömmigkeit, die vor allem die Pharisäer vertraten: die Auffassung, dass die richtige Beziehung zu Gott – „Gerechtigkeit" – sich an äußeren Dingen und Verhaltensweisen festmacht. Und was lehrt Jesus? Dass es eine andere Gerechtigkeit gibt, die aus dem Herzen kommt. Er sagt Dinge wie: „Glaub bloß nicht, dass du Gottes Geboten gerecht geworden bist, nur weil du niemanden umgebracht hast – ist es nicht so, dass du deinen Bruder hasst? Glaube nicht, dass du die Gebote erfüllt hast, nur weil du nie offen Ehebruch begangen hast – es reicht schon, wenn du es in deinem Herzen tust." Er stellt die Vorstellung seiner Gesprächspartner von Gerechtigkeit auf den Kopf.

Was das Verurteilen anderer angeht, sagt Jesus:

> „Verurteilt nicht andere, damit Gott nicht euch verurteilt! Denn euer Urteil wird auf euch zurückfallen, und ihr werdet mit demselben Maß gemessen werden, das ihr bei anderen anlegt. Warum kümmerst du dich um den Splitter im Auge deines Bruders oder deiner Schwester und bemerkst nicht den Balken in deinem eigenen? Wie kannst du zu deinem Bruder oder deiner Schwester sagen: Komm her, ich will dir den Splitter aus dem Auge ziehen, wenn du selbst einen ganzen Balken im Auge hast? Scheinheilig bist du! Zieh doch erst den Balken aus deinem eigenen Auge, dann kannst du dich um den Splitter in einem anderen Auge kümmern!"

Matthäus 7,1-5; GN

Wenn man in einem System aus Regeln und Geboten lebt, ist es sehr einfach, anzunehmen, man sei in Ordnung („gerecht"), sofern man nur alle Regeln befolgt. Und man ist allzu leicht versucht, sich besser zu fühlen, indem man die eigene Performance mit der eines anderen vergleicht, der nicht so gut zurechtkommt. „Ich bin jeden Tag pünktlich im Büro. Jonas von nebenan dagegen, die faule Socke – der kommt regelmäßig zu spät." Dabei weiß man vielleicht gar nicht, dass Jonas eine autistische Tochter hat, die er jeden Morgen in die Tagespflege am andern Ende der Stadt bringen muss, während du, mein kleiner Angeber, nur fünf Minuten Weg zur Arbeit hast. Was wahre Heiligkeit angeht, hat Jesus darauf hingewiesen: „Das ist eine Frage der Beschaffenheit deines Herzens." Anschließend hat er die Frage behandelt, wie man mit dem umgehen soll, was man am Leben anderer wahrnimmt. Und zwar hat er nicht gesagt: „Nimm den Splitter im Auge deines Bruders oder deiner Schwester am besten gar nicht zur Kenntnis." Vielmehr sagte er: „Bring erst dein eigenes Leben in Ordnung. Erst dann bist du in der Lage, anderen zu helfen, ihr Leben in Ordnung zu bringen."

Die meisten Christen kennen diesen Bibelabschnitt, aber viele schreiben ihm offensichtlich die Bedeutung zu: „Untersteh dich jemals zu denken, dass du recht hast und jemand anders falschliegt." Aber wie sollen wir denn erkennen, *wenn* wir recht haben? Und wie können wir jemandem helfen, *der* falschliegt, wenn wir uns schon den bloßen Gedanken daran verbieten müssen?

Jesus sagt auch: „Seid doch nicht so oberflächlich, sondern urteilt gerecht" (Johannes 7,24). Augenblick mal. Hier sagt Jesus seinen Zuhörern ausdrücklich, *dass* sie urteilen sollen, und zwar sorgfältig. Dieser Vers steht im Zusammenhang mit der Heilung eines Blinden am Sabbat. Die jüdischen Führer waren darüber so erbost, dass sie Jesus töten wollten. Sie haben offenbar etwas Entscheidendes nicht begriffen. Sie waren in die Synagoge gekommen, um dem Gesetz zu huldigen, anstatt dem Gott zu huldigen, der das Gesetz gestiftet hat. Wie in der Bergpredigt, so hat Jesus auch hier deutlich gemacht, dass sie den *Geist* der Gebote komplett missverstanden haben. „Mose hat angeordnet, dass eure Kinder am achten Tag beschnitten werden sollen – eine Vorschrift, nach der sich bereits eure Stammväter vor Mose gerichtet haben. Auch eure Söhne werden am achten Tag beschnitten, selbst wenn es ein Sabbat ist, damit das Gesetz des Mose nicht übertreten wird. Weshalb also seid ihr so empört darüber, dass ich einen Menschen am Sabbat geheilt habe? Seid doch nicht so oberflächlich, sondern urteilt gerecht" (Johannes 7,22-24).

Jesus sagt also: „Ihr habt es nicht begriffen. Der Sabbat ist zur Wiederherstellung da. Ein Ruhetag, an dem man wieder heil wird. Und nun seid ihr zornig auf mich, weil ich einen Menschen am Sabbat heil mache? Ich möchte, dass ihr die richtigen Unterscheidungen trefft und nicht die falschen." Er sagt nicht: „Trefft überhaupt keine Unterscheidungen." Vielmehr: „Fällt ein gerechtes Urteil."

Gehen wir zu Paulus und den Christen in Galatien.

Ich muss mich wirklich wundern, dass ihr so schnell bereit seid, euch von Gott abbringen zu lassen, der euch doch in seiner Gnade durch Jesus Christus das neue Leben geschenkt hat. Ihr meint, ein anderes Evangelium, einen anderen Weg zur Rettung, gefunden zu haben? Dabei kann es gar kein anderes Evangelium geben! Es gibt nur ein paar Leute, die unter euch Verwirrung stiften, indem sie die Botschaft von Christus verfälschen. Wer euch aber einen anderen Weg zum Heil zeigen will als das Evangelium, das wir euch verkündigt haben, den wird Gottes Urteil treffen; auch wenn wir selbst das wären oder gar ein Engel vom Himmel. Ich sage es noch einmal: Wer euch ein anderes Evangelium verkündet, als ihr angenommen habt, der soll verflucht sein!

Galater 1,6-9

Starker Tobak. Paulus scheint hier ziemlich in Rage zu sein, entsprechend deutlich fällt sein Urteil aus. Vermutlich kennen Sie den Zusammenhang: Die Galater hatten Geschmack an einem Evangelium gefunden, das sich auf die Formel bringen ließ: „Zentral ist der Glaube an Jesus. Wir glauben an Jesus Christus. *Außerdem* müsst ihr euch aber auch beschneiden lassen und das Gesetz des Mose halten." Ein anderes Evangelium als das, das Jesus und Paulus verkündet haben. Eine Art Evangelium jedenfalls. Es enthält genügend „Jesus", um echt und überzeugend zu klingen. Aber daneben enthält es andere Vorstellungen und Regeln, die die Galater wieder vom Herzen Gottes und von der Beziehung, die er anbietet, entfernten. (Es geistern übrigens bis heute eine Menge derartiger Vorstellungen herum.)

Das war wirklich Besorgnis erregend, und Paulus konnte nicht einfach darüber hinweggehen. Dieser Brief war (und ist) ein öffentliches Dokument, das damals nicht nur in einer Gemeinde laut verlesen worden ist, sondern vermutlich in vielen. Paulus hatte kein Problem damit zu sagen: „Hallo, Augenblick mal! Ihr seid hier auf dem Holzweg!" Und zwar öffentlich.

Hat Paulus „verurteilt"? Nun, er war nicht arrogant, und er stellte die Irrlehrer auch nicht an den Pranger, um selbst besser dazustehen. Aber ganz sicher urteilte er in dem Sinn, den Jesus angemahnt hat – er traf die richtige Unterscheidung zwischen Richtig und Falsch, zwischen Wahr und Halbwahr.

Was folgt daraus? Nicht jedes Evangelium ist gleich. Und das darf man auch sagen.

Zurück zu der Episode im Supermarkt. Die Bekannten, die ich dort traf – ich halte sie wirklich für gute Menschen. Ich bin überzeugt, dass sie Gott lieben und ihm nach Kräften dienen wollen. Nur ist das Christsein, das sie verkörpern, eine Art „Christsein *und*". In diesem Fall „Christsein *und* konservativ sein". Damit Sie mich nicht falsch verstehen: Ich habe nichts gegen Konservatismus. Die meisten der Werte, die ich vertrete, sind konservativ. Aber dieses Ehepaar ist Teil eines Systems, dem offenbar mehr an der Verteidigung konservativer Werte liegt als daran, Menschen eine persönliche Beziehung nahezubringen.

Sie glauben nicht, dass es auf das Herz ankommt (tatsächlich fürchten sie das Herz), und eine vertrauensvolle Beziehung zu Gott ist für sie nicht wesentlich, so wenig wie die Wiederherstellung der Persönlichkeit.

Das macht mir zu schaffen.

Nicht jedes Evangelium ist gleich.

Manchmal müssen wir Unterscheidungen treffen, Urteile fällen. Bleiben Sie nicht beim Altvertrauten stehen, nur weil es so schön gemütlich und nett ist. Ihre Loyalität gilt nicht einer Gemeinde oder einer Bewegung, sondern Jesus Christus.

Auftakt
Sommer
Herbst
Winter
Frühling

Zeit der Auferstehung,
erneuerter Hoffnung und Sehnsucht;
Zeit des Neubeginns

Akzeptieren, was ich nur ungern akzeptiere

Draußen schneit es.

Schon wieder.

Was soll die Aufregung – wir haben schließlich erst Frühlingsanfang, und letzte Woche hat es schon zweimal ordentlich geschneit – jetzt liegen gut sechzig Zentimeter Schnee, wenn nicht mehr. Gerade erst hatte ich die Zufahrt freigeräumt, die Straßen waren trocken – und nun liegen schon wieder zehn, zwölf Zentimeter Schnee. Was fange ich mit diesem Wetter an?

Ich bin in Kalifornien aufgewachsen, noch dazu im Süden. Wir konnten an Weihnachten in kurzen Hosen Frisbee spielen. Die Pflanzen waren das ganze Jahr grün. Es gab Palmen. Ich kann mich nicht erinnern, dass ich so etwas wie eine Jacke besaß. Das war also schon eine große Umstellung. Hier in Colorado kennen wir keinen echten Frühling. Der Winter hält uns im Griff bis Mai. Dann haben wir ein, zwei Wochen Übergangszeit, und plötzlich ist es Sommer.

Ich habe mich immer für einen Menschen gehalten, der einigermaßen belastbar ist (Durchhalten), aber nun muss ich mir eingestehen, dass mir das Wetter unerwartet stark aufs Gemüt schlägt. Auf meine Einstellung. Auf meine Lebensperspektive. Drei Tage Sturm und Regenschauer, und ich bekomme die Krise. Dann zeigt sich die Sonne wieder, und ich bin glücklich, das Leben ist schön, und Gott ist mir nah. Im Ernst: Ich komme mir vor wie ein Murmeltier – ich strecke erst den Kopf raus, wenn ich meinen Schatten sehen kann. Solange die Sonne nicht scheint, verkrieche ich mich in meiner Höhle.

Womit wir zur Freundlichkeit und Güte Gottes kommen. Vor ein paar Wochen blättere ich eine Zeitschrift durch und stoße auf einen Artikel über die besten Skigebiete. Ich möchte schon weiterblättern, weil mir der Sinn eigentlich nicht nach Skifahren steht. Ich sehne den Sommer herbei. Und ich werde so lange schmollen, bis er endlich da ist. Dann stolpere ich in der Werbeanzeige über den Satz: „Um den Winter zu lieben, um überhaupt etwas oder jemanden zu lieben, muss man innerlich loslassen und sich ganz daran verlieren."

Das kam zweifelsohne von Gott, denn ich war augenblicklich elektrisiert. Wieder einmal. Ich lasse eben nicht los. Ich bin bockig. Gott raunt mir zu: *Ja, genau. Du bist bockig. Jetzt hör auf damit.*

> *„Glücklichsein ist eine moralische Verpflichtung."*
> *(Denis Prager)*

Es wäre bestimmt ein Segen für die, die mit mir zusammenleben müssen, wenn ich mich auf den Winter einlassen würde. Es ist nicht lustig, unter einem Dach mit einem schlecht gelaunten Murmeltier zu leben, das ständig übers Wetter mosert (oder über alles Mögliche andere). Ich erinnere mich an einen Satz des Schriftstellers Denis Prager. Ihm zufolge ist „Glücklichsein eine moralische Verpflichtung". Und warum sind wir moralisch verpflichtet zum Glücklichsein? Weil andere Menschen es mit uns aushalten müssen. Wenn ich chronisch unglücklich bin, oder auch nur für ein oder zwei Tage am Stück, dann müssen sie dafür büßen. Wollen Sie mit einem ewigen Nörgler zusammenleben? Wie ist das für den Rest der Familie, wenn ich grummelnd durchs Haus streife? Meine miese Laune wirft einen langen Schatten. Es ist nicht fair, von ihnen zu verlangen, dass sie sich damit abfinden.

Permanent unglücklich sein ist falsche Nachsicht mit sich selbst. Selbstmitleid. Es ist so ähnlich, als ob man andere nötigt, immer nur die Musik zu hören, die man selbst mag. Und das sind dann auch noch Orgelfugen.

Ich habe Gottes Rat gehört. Vielleicht sollte ich doch das Beste aus diesem Wetter machen. Mich darauf einlassen. Wir haben noch drei Monate Schnee vor uns.

Wenn Gott uns etwas vorenthält

Das Wetter brachte mich zum Nachdenken darüber, was es mit Einwilligung und Hingabe auf sich hat. Und dabei stieß ich auf schwerwiegendere Enttäuschungen in meinem Leben, die ich lange mit mir herumgetragen hatte und die ihren Nachgeschmack hinterlassen hatten. Ich bin sicher, Sie kennen das auch. Was sollen wir mit diesen Dingen anfangen? Wie können wir sie einordnen in ein Leben in enger Tuchfühlung mit Gott?

Ich möchte an dieser Stelle behutsam sein. Es gibt viele Gründe für unsere Verluste und unerfüllten Sehnsüchte. Das ist der Kampf, in dem wir uns befinde. Das wäre allein schon Grund genug. Es *gibt* einen Dieb und Räuber, und er und seine Genossen stehlen und zerstören, wo sie nur können. Wenn das Leben schwer ist, müssen wir aufpassen, dass wir nicht dem Kurzschluss erliegen, es sei *Gott*, der uns etwas vorenthält. Allzu schnell kommen wir auf diese Idee, gerade als ob Gott die einzige Ursache einer Wirkung sein müsste: Er gibt uns etwas – oder gibt es uns eben nicht. (Erinnern Sie sich an die Gleichung A + B = C? So einfach funktionieren die Dinge nicht.) Menschen können uns Liebe und Freundlichkeit vorenthalten, obwohl Gott will, dass sie genau das Gegenteil tun. Ist das Gottes Fehler? Außerdem sabotieren wir eine Menge der Freude, die Gott uns zugedacht hat, einfach durch die Art, wie wir das Leben anpacken.

Und doch gibt es andererseits *auch* Dinge, ohne die wir auskommen sollen. Ich habe meine Liste solcher Dinge, Sie haben Ihre. Wie soll ich mit der Tatsache umgehen, dass mir bestimmte Dinge versagt bleiben, obwohl ich mein Leben mit Gott führe, obwohl ich bereit bin, ihm zu folgen, und obwohl ich bereit bin zu kämpfen?

Als ich neulich dieses Thema der Enttäuschungen im Gebet mit Gott besprach, bemerkte ich, dass da etwas unter der Oberfläche brodelt. Mir wurde klar, dass ich irgendwo unterwegs eine Vereinbarung getroffen hatte, hatte mir etwas einflüstern lassen und zugestimmt. Und zwar, dass ich das Entbehrte *brauche*. Nicht: Ich wünsche mir das, und zwar sehr. Sondern: *Ich brauche das.* Das ist eine feine, aber tödliche Akzentverschiebung. Eine, die der Verzweiflung und einer Kompanie anderer Feinde die Tür öffnet. Ich war zu der Überzeugung gelangt, dass Gottes Liebe und Gottes Leben nicht genug sind. Ist es nicht genau das, wozu Adam und Eva verführt wurden? Sie sollten glauben, dass Gott nicht genug sei. Er hatte ihnen so viel geschenkt, aber in jenem schicksalhaften Augenblick hatten sie nur Augen für das eine, das sie *nicht* hatten. Also griffen sie danach, auch wenn das bedeutete, dass sie sich damit von Gott abwandten.

> *Es gibt eine Wunschbefriedigung,*
> *die weit hinter dem zurückbleibt,*
> *was wir als Erfüllung in Gott erleben können.*

Was war so bezwingend, dass Adam und Eva sich dafür vom lebendigen Gott abwandten und sich nach dieser einen Sache verzehrten, die ihnen versagt war? Ich glaube, ich beginne zu begreifen, wie die Antwort für mich persönlich lautet. Es beginnt damit, dass wir etwas begehren, und je mehr wir zu der Überzeugung gelangen, dass wir dieses Etwas haben *müssen*, um glücklich zu sein, umso besessener sind wir davon. Der Preis, den wir nicht haben können, nimmt in unserer Vorstellung eine Bedeutung an, die er in Wirklichkeit gar nicht hat. Er nimmt märchenhafte Ausmaße an. Wir sind sicher: Wenn wir das erst einmal bekommen, dann stellt sich auch das Leben ein. Wir denken: *Wenn ich doch verheiratet wäre. Wenn wir doch Kinder hätten. Wenn ich nur reich wäre. Wenn ich* _____ *hätte* (tragen Sie ein, was für Sie hier gilt). Alles andere in unserem Leben verblasst im Vergleich damit. Sogar Gott. Wir erliegen der Vorstellung, dass wir genau das *brauchen*, was außerhalb unserer Reichweite ist. Und wenn das einmal passiert ist, dann sind wir zu bedauern.

Ich möchte hier keineswegs den Schmerz kleinreden und beschwichtigen, den unsere Enttäuschungen mit sich bringen. Der Schmerz ist echt. Aber ich behaupte: Der Schmerz nimmt unverhältnismäßige Proportionen an und beherrscht schließlich die Landschaft unserer Seele, wenn wir *Ich wünsche mir das sehr* ersetzen durch *Ich brauche das*. Das Einzige, was wir wirklich brauchen, ist Gott und das Leben, das er uns schenkt. Es gibt eine Wunschbefriedigung, die weit hinter dem zurückbleibt, was wir als Erfüllung in Gott erleben können. Ist das nicht die Art von Wunschbefriedigung, vor der Jesus im Gleichnis vom törichten reichen Kornbauern warnt?

> Ein reicher Gutsbesitzer hatte eine besonders gute Ernte. Er überlegte: „Wo soll ich bloß alles unterbringen? Meine Scheunen sind voll; da geht nichts mehr rein." Er beschloss: „Ich werde die alten Scheunen abreißen und neue bauen, so groß, dass ich das ganze Getreide, ja alles, was ich habe, darin unterbringen kann. Dann will ich mich zur Ruhe setzen. Ich habe für lange Zeit ausgesorgt. Jetzt lasse ich es mir gut gehen. Ich will gut essen und trinken und mein Leben genießen!" Aber Gott sagte zu ihm: „Du Narr! Noch in dieser Nacht wirst du sterben. Was bleibt dir dann von deinem Reichtum?" So wird es allen gehen, die auf der Erde Reichtümer sammeln, aber mit leeren Händen vor Gott stehen.
>
> Lukas 12,16-21

Die Warnung richtet sich nicht dagegen, Kühe auf der Weide und Geld unter der Matratze zu haben. Es geht vielmehr um die gefährliche Akzentverschiebung, die im Herzen dieses Mannes stattfindet. *Ich hab's geschafft. Das Leben ist gut.* Aber das sagt er nicht etwa, weil er das Leben entdeckt hätte, das Gott schenkt. Man kann sich kein größeres Verhängnis für das menschliche Herz vorstellen als dieses: zu glauben, man hätte das Leben gefunden – abseits von Gott. Und um genau diese Verschiebung geht es mir – diese falsche Einbildung, dass ich wirklich brauche, was ich zwar nicht habe, mir aber wünsche. Damit nimmt das Verhängnis seinen Lauf. Denn aus irgendeinem Grund sind wir zu der Überzeugung gelangt, Gott könnte nicht genug sein.

> *Man kann sich kein größeres Verhängnis für das menschliche Herz vorstellen als dieses: zu glauben, man hätte das Leben gefunden – abseits von Gott.*

Und so steht es außer Frage: Ganz gleich, was immer im Einzelnen der Grund für unsere Enttäuschungen gewesen sein mag – Gott gebraucht sie, um uns zu sich zu ziehen. Er will unser Herz von allen anderen vorgeblichen Quellen des Lebens entwöhnen, damit wir schließlich das Leben finden können – in ihm.

Das ist vielleicht der Grund, warum wohl jeder von uns wenigstens eine große, immer wieder nagende Enttäuschung mit sich herumschleppt. Gott weiß, wie gefährlich es für uns wäre, wenn wir uns einbilden würden, dass wir schon am Ziel sind. Ich muss an eine Szene im Film *Die Legende von Bagger Vance* denken. Dort sagt Bagger zu Junuh: „Es gibt keine Seele auf Gottes Erdboden, die nicht ihr Päckchen zu tragen hat – ein Päckchen, das sie nicht versteht." Das kann die Gesundheit sein. Oder eine Beziehung. Ein Kind oder im Gegenteil die Tatsache, dass jemand kein Kind hat. Jeder hat sein Päckchen zu tragen. Jeder. Wozu? Es erinnert uns täglich daran, dass wir das Leben nicht selbst so hinbekommen, wie wir es uns wünschen. Wir können das Ziel nicht erreichen. Nicht völlig. Noch nicht. Wenn wir es zulassen, dann kann Gott die Enttäuschung dazu gebrauchen, uns unablässig zu sich zu ziehen.

Ich weiß, dass mir eine Entscheidung bevorsteht. Ich kann sie tief in mir spüren, und ich beobachte, wie sie in meinem Herzen Raum greift. Ich kann zulassen, dass meine Enttäuschungen mein Leben definieren. Oder ich kann mich darauf einlassen, dass sie mich zu Gott zurückbringen und ich bei ihm mein Leben finde – auf eine Weise, die ich jetzt noch nicht kenne. Der Rest bleibt ein Geheimnis. Aber das reicht mir schon.

Und so widerrufe ich mein Einverständnis mit der Idee, dass ich alles Mögliche brauche. Ich übereigne diesen Platz in meinem Herzen dir, Gott. Fülle mich mit deiner Liebe und deinem Leben, gerade an dieser Stelle.

Unerfüllte Sehnsüchte

Es gibt zu diesem Thema noch mehr zu sagen: diese Wünsche, deren Erfüllung uns vorenthalten bleibt.

Was fangen wir mit solchen unerfüllten Sehnsüchten und Wünschen an? Denn sie melden sich auf die eine oder andere Weise immer wieder.

An mir selbst und an anderen entdecke ich folgende Strategie: Wir versuchen die Sehnsüchte zu begraben. Einerseits verständlich. Wir können offenbar gar nicht anders. Man kann nicht im ständigen schmerzlichen Bewusstsein unerfüllter Wünsche leben, so wenig wie man durch den Alltag kommt, wenn man unablässig den Träumen von einem unerreichbaren Leben nachhängt. Wir müssen das Leben führen, das wir haben. Aber ich stelle auch fest, dass Gott gelegentlich unsere Sehnsüchte und Wünsche aufrührt und weckt. Man sieht jemanden und denkt sich: *Wie sähe wohl ein Leben an der Seite dieses Menschen aus?* Beim Abendessen erzählt ein Bekannter, wie sehr er seinen Job liebt, und schon ist der Gedanke da: *Vielleicht sollte ich auch mal wechseln. Ich wollte schon immer gern* _____ (Setzen Sie ein, was Sie wollen: Schriftsteller werden? Oder Häuser konstruieren?).

Was bezweckt Gott damit? Wäre es nicht besser, schlafende Hunde nicht zu wecken?

Nein. Es ist keine gute Idee, die tiefen Sehnsüchte des Herzens zu unterdrücken. Wenn wir es versuchen, sperren wir das Herz ein und verfallen in die Haltung: „Zieh's einfach durch." In meinem Fall heißt das: die Sehnsucht wegstecken und sich mit Arbeit betäuben. Dinge erledigen. Aber meine Leidenschaft verkümmert dabei allmählich, und das Leben zieht sich zurück. Ich kann mich dann nicht mehr mit der gewohnten Hingabe meiner Arbeit widmen. Das heißt: Wenn mein Herz leidet, dann leidet die Arbeit mit. Es ist eine Art allmähliches Verhungern. Wenn der Körper nicht bekommt, was er braucht, kann man durchaus noch eine Weile weitermachen. Aber allmählich zeigen sich Verfallserscheinungen. Man wird müde, die Muskeln schmerzen, oder man bekommt Kopfschmerzen und tausend andere Symptome. Der Körper verlangt nach Nahrung.

Das Herz verhält sich genauso. Gott sei Dank können wir es nicht völlig niederzwingen. Das verletzte Herz fordert hartnäckig Aufmerksamkeit. Wir können entweder darauf eingehen, dem Herzen wieder Beachtung schenken und es zu Gott bringen, oder aber wir können die Sehnsucht ummünzen in eine Sucht. Das hungrige Herz lässt sich nicht so einfach ruhigstellen. Irgendetwas, was uns Leben verheißt, kommt des Wegs, und *päng* – schon schleichen wir uns in die Küche und verschlingen ein halbes Pfund Eiskrem, oder wir surfen im Internet auf der Suche nach Intimität.

Gott weiß, wie gefährlich es ist, unser Herz zu vernachlässigen, und deshalb weckt er Sehnsüchte. Sie blättern in einer Illustrierten, sehen ein Foto, halten inne und seufzen. Etwas streift Ihren Horizont und erinnert Sie an das Leben, von dem Sie einmal geträumt hatten. Beim Zappen durch die Fernsehkanäle sehen Sie Leute genau das tun, was Sie eigentlich auch immer tun wollten – der siegreiche Läufer überquert die Ziellinie, die Fernsehköchin hat offensichtlich einen Riesenspaß daran, ihr Wissen weiterzugeben. So etwas reicht manchmal schon, damit Ihr Herz signalisiert: *Das will ich auch.*

Gott tut das zu Ihrem Besten. Er weckt die Sehnsüchte, spürt unser Herz in den Abgründen auf, in die wir es verbannt haben.

Und was bezweckt er damit? Wir sollen aufhören, unser Herz abzutöten, und sollen nicht länger Ersatzbefriedigungen erliegen, die nur nach Leben aussehen, sich aber über kurz oder lang zu Süchten entwickeln.

> *Das verletzte Herz fordert hartnäckig Aufmerksamkeit. Wir können entweder darauf eingehen, dem Herzen wieder Beachtung schenken und es zu Gott bringen, oder aber wir können die Sehnsucht ummünzen in eine Sucht.*

Manchmal stellt er es so an, dass wir endlich das Leben suchen, für das wir bestimmt sind. Genau das passiert doch dem verlorenen Sohn. Er wacht eines Tages auf mit der Erkenntnis: „Bei meinem Vater hat jeder Arbeiter mehr als genug zu essen, und ich sterbe hier vor Hunger" (Lukas 15,17). Er sagt sich damit: „*Die* führen vielleicht ein Leben!" Und so rappelt er sich auf und macht sich auf den Heimweg. Sucht das Leben. Ich habe schon öfter in meinem Leben die Hoffnung auf Freundschaft aufgegeben – habe mich auf die subtile Einrede eingelassen, dass ich auch allein klarkomme. Aber dann kam Gott und hat meine Sehnsucht wachgerüttelt. Vielleicht durch eine Filmszene, durch die Erzählung eines Kollegen oder durch ein altes Foto aus einer Zeit, als ich einen guten Freund hatte. Das hat gereicht, damit ich es mir noch mal überlegt und der Freundschaft eine neue Chance gegeben habe. Geben Sie nicht so leicht auf.

Gott tut das auch in Partnerschaften. Eine Bekannte von uns hat vor einigen Jahren jede Hoffnung auf wirkliche Intimität mit ihrem Mann aufgegeben. *Es könnte schlimmer sein*, sagte sie sich. So vergingen die Jahre. Dann rüttelte etwas ihre Sehnsucht wach – ein Film, den sie sah, oder das herzliche Verhältnis, das sie bei befreundeten Paaren beobachtete. Die Sehnsucht mag ihr wie ein unerwünschter Besucher vorgekommen sein. Sie hätte ihr noch mehr Kummer bereiten können. Oder hätte sie auf dumme Gedanken bringen können. Stattdessen verlieh ihr die

Sehnsucht Kraft, eine Eheberatung aufzusuchen und ihren Mann auf diesen Weg mitzunehmen. Eine Tür zum Leben ging auf.

In vielen Fällen ist dieses Erwachen der Sehnsucht eine Einladung von Gott. Wir sollen suchen, was wir bereits verloren gegeben haben, sollen es noch einmal versuchen. Das habe ich auch in unserer Ehe so erlebt. Wie leicht findet man sich mit dem Erreichten ab und sagt sich: *So ist es ganz in Ordnung. Es geht zwar bestimmt noch besser, aber es könnte auch schlechter laufen. Sich um Verbesserung bemühen wäre mühsam und riskant, und ich bin eigentlich ganz zufrieden damit, wie es jetzt ist.* Dann kommt Gott und sagt: *Lass nicht locker.*

Oft staune ich über diese Wiederbelebungsprozesse. Darüber, dass Gott dieses Risiko eingeht, die Sehnsucht in mir zu wecken. Schließlich ist es nicht ganz ungefährlich, wenn ich auf einmal wieder längst abgehakte Wünsche hege. Sie könnten mich zu verhängnisvollen Schritten verleiten oder zu falschen Schlussfolgerungen. Unsere Bekannte etwa – die hätte ja auch auf die Idee kommen können, dass sie eigentlich nur einen anderen Mann braucht.

> *Wenn die Sehnsucht wieder lebendig wird,*
> *ist das oft eine Einladung von Gott.*

Vor einigen Jahren las ich etwas in dem Essay *Das Gewicht der Herrlichkeit* von C. S. Lewis, das mir seitdem immer wieder geholfen hat. Es mag uns gerade dann retten, wenn in uns die Sehnsucht wieder erwacht, so wie ich es beschrieben habe. Lewis schreibt sinngemäß, dass Gott die Dinge, durch die er die Sehnsucht in uns weckt, mitunter nur als Mittel zum Zweck benutzt:

> Die Bücher oder die Musik, in denen wir die Schönheit vermuteten, werden uns verraten, wenn wir unser Vertrauen in sie setzen; sie war nicht *in* ihnen, sie kam *durch* sie, und was durch sie kam, war Sehn-

sucht. Diese Dinge – die Schönheit und die Erinnerung an unsere eigene Vergangenheit – sind gute Bilder für das, was wir wirklich wünschen; aber wenn wir sie für die Sache selbst halten, werden sie zu stummen Götzen, die die Herzen ihrer Verehrer brechen. Denn sie sind nicht die Sache selbst.

C. S. Lewis[3]

Sie sind nicht das, wonach wir uns eigentlich sehnen.

Es ist also nicht jener spezielle Mann oder jene Frau, die wir brauchen, sondern das, worauf sie hinweisen oder was sie vermitteln. Sie sind ein Gleichnis für das, was wir wirklich ersehnen. So wie das Mädchen in meinem Pickup. Es ging nicht um sie. Gott hat durch sie eine Sehnsucht geweckt, hat einen lange verschütteten Teil meines Herzens freigelegt, um mich zu heilen. Wenn eine Sehnsucht erwacht, wodurch auch immer, dann gilt es zu fragen: *Gott, was willst du mir* eigentlich *geben?*

Ich glaube, dass viele Menschen, die sich nach einem Leben sehnen, das Gott entspricht, sich darauf verlegt haben, ihre Sehnsüchte zu töten, denn irgendwann einmal schien das die einzige Möglichkeit zu sein. Und tatsächlich ist das manchmal geboten. Ganz sicher müssen wir uns gegenüber Sehnsüchten verschließen, denen nachzugeben bedeuten würde, dass wir in Versuchung geraten. Aber auf lange Sicht ist das kein Erfolg versprechender Weg zu einem geheiligten Leben, denn das hungrige Herz wird sich dann eben einen anderen Trost suchen.

Und dann gibt es Sehnsüchte, von denen wir wissen, dass sie jetzt nicht erfüllt werden können.

Es ist möglicherweise zu spät dafür, noch Fußballprofi oder Musikerin zu werden, oder zu spät für ein Kind, weil die biologisch Uhr abgelaufen ist. Entsprechende Sehnsüchte können dann wirklich gefährlich werden, denn hier scheint es keine andere Möglichkeit zu geben, als diesen Herzenswunsch endgültig wegzuschließen. Aber das Herz ins Exil schicken, nur weil Ihre Sehnsüchte keine Aussicht auf Erfüllung haben, das würde bedeuten, dass Sie Ihr Herz auch von der Liebe Gottes abschotten. Und er will Ihr ganzes Herz. Schwer zu sagen, ob Gott eine Sehnsucht in Ihnen weckt, um Sie auf die Spur eines neuen Lebens zu setzen, oder ob er Ihr Herz an dieser Stelle heilen will. In jedem Fall aber sollten Sie damit anfangen, dass Sie diesen Teil Ihres Herzens, in dem sich die Sehnsucht regt, Gott übereignen. Ihr Herz muss *ein sicheres Zuhause in Gott finden* – das ist das Wichtigste.

Ausruhen

Ich bin so froh, dass ich letzte Woche auf Gott gehört habe.

Morgen ist Mittwoch, und ich fliege nach San Diego zu einer Konferenz, bei der ich zwei Vorträge halten werde – einen am Nachmittag, einen am Abend. Das bedeutet: Spät ins Bett, am Donnerstag dann umso eher aufstehen, damit ich den Frühflug erwische und rechtzeitig zu Beginn der Retraite für Männer, die wir hier anbieten, zurück bin. Es ist eigentlich nicht meine Art, mehrere Einsätze so eng hintereinander zu platzieren. Ich habe schmerzlich erfahren müssen, dass das nicht gut ist. Aber es lässt sich nicht immer vermeiden. Vergangene Woche sah ich diesen engen Zeitplan auf mich zukommen wie eine große Welle, die immer mehr anschwillt, je näher sie dem Strand kommt. Und so betete ich: *Herr, wie soll ich mich auf die nächste Woche vorbereiten?* Er signalisierte mir, dass ich mir Montag und Dienstag freinehmen sollte. Was für ein barmherziger Rat. Ich hätte mir das selbst nicht genehmigt. Ich hätte das übliche Programm durchgezogen, hätte versucht, so viel wie möglich wegzuschaffen, bevor ich atemlos aufbrechen muss zur Vortragsreise.

Aber so hatte ich mich nicht in die Arbeit gestürzt, den Kopf voll mit dem, was alles erledigt werden muss. Stattdessen habe ich in aller Ruhe gefrühstückt. Eine Zeitschrift gelesen. Mir Zeit genommen zum Beten. Es ist warm heute, eine wirklich wunderbare Abwechslung nach all dem Schnee, den wir hatten, und ich habe mir mit Begeisterung draußen zu schaffen gemacht, habe mit einem Pickel die Eisplatten in der Einfahrt aufgebrochen. Das war keine Arbeit für mich. Es war Vergnügen. Und Erholung. Diese Erholung tut so gut.

Noch ein paar Klärungen

Wie soll ich damit umgehen? Gerade bin ich vom Tisch aufgestanden, nachdem ich mit den Jungs zu Abend gegessen hatte. (Stacy ist weg zum Bibelgesprächskreis für Frauen.) Ich hatte gehört, dass wir am Wochenende gutes Wetter bekommen, und so hatte ich die Jungs hoffnungsvoll gefragt: „Hätte jemand Lust, am Wochenende mit mir auf Jagd zu gehen? Ein paar Rebhühner schießen?" Ich fühlte mich wie ein guter und großzügiger Vater und hatte ein begeistertes „Toll! Ich will mit!" – „Nein, ich!" erwartet. Stattdessen Schweigen. Eine lange Stille, in der offenbar jeder überlegte: *Wie kann ich ihm klarmachen, dass ich nicht will?* Schließlich murmelte einer nach dem anderen so etwas wie: „Nicht wirklich."

Ich fühlte mich erbärmlich. Musste mich zusammenreißen, nicht verletzt zu reagieren.

Meine Söhne sind jetzt Teenager, das ist mir bewusst. Ich weiß, dass sie ihr Leben zunehmend selbständig führen. Aber verletzt war ich doch. Enttäuscht. Und irgendwie auch einsam. Selbst jetzt noch, wo ich im Büro sitze und mir darüber Gedanken mache. Ich muss damit klarkommen. (Mit unklaren Gefühlen und ziellosen Gedanken im Innern darf man sich nicht einfach abfinden. Hier braucht es bewusste Steuerung.) Ein Teil von mir wollte den Jungs am liebsten sofort klarmachen, dass ich verletzt (und beleidigt) war. „Schön. Dann frage ich eben einen aus dem Team. Die wollen *ganz bestimmt* mit." *Undankbare Bande. Da draußen gibt's Hunderte junge Männer, die würden was darum geben, wenn sie jemand mitnimmt. Ihr wisst ja gar nicht, was ihr euch entgehen lasst.*

Okay. Ich weiß, ich bin verletzt, und ich frage mich, ob ich vielleicht deshalb verletzt bin, weil mir die Jungs allmählich entgleiten – sie werden erwachsen. Mütter überkommt dieses Gefühl genauso, wenn ihre Söhne studieren gehen oder auch schon, wenn sie das Stadium erreichen, in dem sie nur noch „Männersachen" mit Dad machen wollen. Um ehrlich zu sein, ich denke gern an dieses Stadium zurück. Es gab eine Zeit, in der war alles, was sie mit Dad erlebten, großartig. „Ich gehe runter, den Wagen waschen. Will mir jemand helfen?" „Ich!", hatten sie unisono gerufen und waren zur Tür geflitzt. Jede Fahrt in den Baumarkt war ein Abenteuer. Ein Campingausflug hatte den Stellenwert einer Safari in Mosambik.

Aber das war einmal.

Ich weiß – und hoffe, dass einmal der Tag kommt, an dem ihnen bewusst wird, was ich ihnen als Vater vermittelt habe. Wenn die Aussicht auf einen Tag mit Dad wieder einen verheißungsvollen Klang hat. Ich denke auch, dass das zum Erwachsenwerden gehört. Diese Phase meldet sich, wenn die Freunde auf einmal viel interessanter sind als Dad. Dann kommt das College, und es gibt auf einmal jede Menge Dinge und Ereignisse, die viel aufregender sind als eine Jagdpartie mit dem Alten. Mädchen zum Beispiel. Später ist es die Arbeit. (Gerade kommt mir das Lied „Cats in the Cradle" von Harry Chapin in den Sinn. Wie heißt es dort? „Was ich wirklich will, Dad: Leih mir den Autoschlüssel. Ich muss weg. Rückst du ihn bitte raus?" Ich muss nun doch schlucken.)

Aber irgendwann kommt der Tag, da empfindet man das Bedürfnis und das regelrechte Verlangen danach, dass Dad wieder da ist. Bei manchen stellt es sich ein, sobald sie ihren Schulabschluss hinter sich haben und ins wirkliche Leben eintauchen und merken, dass sie doch mal wieder Rat und Hilfe brauchen könnten. Bei manchen kommt der Moment nach ein paar Jahren Ehe oder bei der Geburt eines Kindes. Oder nach ein paar

Jahren im Job. Die Studienfreunde sind längst in alle Welt verstreut, die Partys sind vorbei, und auf einmal spürt man, dass man eine Quelle der Weisheit und Stärke und Liebe braucht; dass diese Quelle stets da war, dass man sie aber nie wirklich zu schätzen wusste. Das habe ich selbst so erlebt, und das ist die Erfahrung vieler Männer, die zu mir in die Seelsorge kommen. Nur dass in vielen Fällen kein Vater mehr da ist, der seine Hilfe anbieten könnte. In diesem Fall wird einem umso schmerzlicher bewusst, was einem fehlt.

> *Mit unklaren Gefühlen und ziellosen Gedanken*
> *sollte man sich nicht einfach abfinden.*
> *Hier ist bewusste Steuerung nötig.*

Wann wird meinen Jungs das aufgehen? Ich weiß es nicht. Aber ich bete darum, dass es ihnen aufgeht. Und was mache ich bis dahin? Wenn ich nicht mit der Enttäuschung fertig werde, dann werde ich ihnen das nachtragen, wenn auch nur unbewusst. Aber sie werden es spüren, und es wird unsere Beziehung belasten. Beim nächsten Mal werde ich sie vielleicht nicht einladen. Eine Kluft wird entstehen. Sie werden sich sagen, dass sich ihr Vater kindisch verhält, und werden sich auf keine derartigen Dinge mehr einlassen. Mit derart misslichen Vorfällen zwischen Eltern und ihren Kindern fängt es an. Und das alles nur, weil wir unsere inneren Angelegenheiten nicht geklärt haben. So etwas bekommt ein Eigenleben, wenn wir uns nicht damit beschäftigen und es unter die Füße bekommen.

Es ist spät geworden. Ich versuche – mit Gottes Hilfe – mein Herz durch diese Untiefen zu lotsen. Bald werde ich meinen Jungs gute Nacht wünschen. Aber in welchem Ton?

Gott, was wünsche ich mir jetzt eigentlich? Ich weiß nur eins –
ich weiß, dass ich dich brauche und deine Hilfe. Komm und begeg-
ne mir hier, in dieser Enttäuschung, in dem Schmerz, den ich emp-
finde. Ich möchte, dass meine Jungs begeistert sind. Ich wünsche

mir, dass sie gern Zeit mit mir verbringen. Es tut weh zu sehen, wie sie erwachsen werden und sich abnabeln. Es tut weh, dass ihnen jetzt Dinge wie ein Computerspiel oder ein Kinofilm oder eine Freundin wichtiger sind als ich. Begegne mir hier.

Ich weiß auch: Ich möchte nicht verletzt reagieren. Hilf mir, sie zu lieben, auch wenn sie dankend ablehnen. Hilf mir, sie zu lieben und zu schätzen, auch wenn sie Hobbys haben und Interessen verfolgen, die ganz und gar nicht meine sind. Hilf mir, sie zu lieben, jetzt, wo sie selbständig werden.

Und nun wandern meine Gedanken zu dir, meinem Vater. Mir ist gerade eines schmerzlich klar geworden. All das, was ich da über meine Söhne geschrieben habe, kann genauso über mich und mein Verhältnis zu dir gesagt werden. Wie viel hast Du von Dir angeboten, und ich habe mich für etwas anderes entschieden? Ich fühle mich ertappt. Beschämt. Ich kann nur um Vergebung bitten. Du bist gütiger und geduldiger mit mir, als ich ermessen kann. Ich möchte ein besserer Sohn sein.

Es ist so, wie ich am Anfang dieses Buches sagte: Das Leben bietet uns zahllose Anlässe, um uns mit den Vorgängen in unserem Innern zu beschäftigen, mit Gott genau diese Dinge zu bearbeiten und uns ihm noch unbedingter anzuvertrauen. Finden Sie sich nicht einfach mit den Enttäuschungen ab. Überlassen Sie Ihr inneres Leben nicht einfach sich selbst. Hüten und steuern Sie es.

Anfechtung

Die letzten vier Tage waren schlimm. Ein emotionales Chaos. Dschungelkrieg – Schüsse aus dem Dunkeln, aus dem Nebel. Verführung, Minderwertigkeitsgefühle, Selbstanklagen, Stolz und wer weiß was noch alles. Ich bin in einen Hinterhalt geraten, und mein Herz kämpft immer noch mit den erlittenen Wunden.

Ich war zu einer Konferenz in den Osten geflogen. Einige wichtige Beziehungen waren gefährdet, und es ging auch um die Zukunft der Botschaft, die ich zu vermitteln versuche. Ich dachte, ich sei vorbereitet, aber offensichtlich hatte ich unterschätzt, was wirklich auf dem Spiel stand. Zumindest glaube ich das jetzt, denn der Feind kam wirklich mit unerwarteter Gewalt über mich.

Die ersten Vorträge auf der Konferenz laufen gut. Ich bin authentisch und glaubwürdig. Dann verändert sich etwas. Ich nehme so etwas wie Verführung und Lust wahr; eine Frau im Raum ist im Spiel. Ich versuche den Eindruck abzuschütteln. Ein paar Minuten später geht es wieder los, diesmal verbunden mit einer Portion Stolz. Ich weise es erneut zurück. Versuche mich auf die Veranstaltung zu konzentrieren, wahrhaftig zu bleiben, meine Kollegen zu respektieren, im Kontakt mit Gott zu bleiben. Aber diese Geschichte wird heftig.

Es fühlte sich an, als würde der Feind die ganze Klaviatur durchprobieren, auf der Suche nach einer Schwachstelle. Lust. Überheblichkeit. Nun Ablenkung. Wieder und wieder. Eigentlich fordert doch diese Konferenz meine ganze Aufmerksamkeit. Es ist, als ob man beim Autofahren in einen Wolkenbruch gerät. Man bremst runter, verdoppelt die Aufmerksamkeit, packt das Lenkrad fester. Aber nachdem ich meine Anstrengungen verdoppelt hatte, fühlte ich mich ziemlich elend. Und nachdem ich die ersten Angriffe mühsam abgewehrt hatte, schien es, als ob jetzt erst das schwere Geschütz aufgefahren würde.

Eine tiefe Entmutigung beschleicht mich. Vorwürfe prasseln auf mich ein. Nichts davon nimmt greifbare Gestalt an, aber der überwältigende Eindruck ist: *Schau dich doch an. Du willst ein Mann Gottes sein. Du bist innerlich völlig kaputt. Und Gott ist weit weg.*

Es gibt eine Szene in John Bunyans *Pilgerreise*, die helfen kann, derartige Vorgänge einzuordnen.

Christ war so bestürzt, dass er seine eigene Stimme nicht mehr erkannte. Als er am Schlund des feurigen Pfuhles vorüberging, schlich ihm ein Bösewicht nach und raunte ihm abscheuliche Lästerungen ins Ohr. Er hielt dies für die Stimme seines eigenen Herzens, und da er nun *den* gelästert zu haben meinte, an dem sonst seine ganze Seele hing, so versetzte ihn dies in die tiefste Betrübnis. So gern er diese Lästerstimme zum Schweigen gebracht hätte, so wenig vermochte er es. Aber es fehlte ihm an der rechten Besonnenheit, sich die Ohren zuzuhalten, da er sich des Ursprungs jener Lästerungen nicht bewusst war.[4]

Christ konnte seine eigene Stimme nicht mehr heraushören. Er wusste nicht, woher diese blasphemischen Äußerungen kamen. Er glaubte, sie entstammten seinem eigenen Herzen, und war dadurch erschüttert. Genauso fühlte ich mich. Erschüttert. Ich fürchtete ernsthaft, das sei der wahre Zustand meines Herzens. Wenn der Feind einen erst mal so weit hat, dann schüttet er noch Selbstverachtung und Selbstanklagen darüber und die bange Vermutung, dass Gott sich mit Grausen abgewendet hat.

Es fällt in solchen Momenten schwer, zu erkennen, was sich da wirklich abspielt. Was ist ehrliche Einsicht, und was ist niederträchtige Einflüsterung? Was ist mein Fehler, und was ist geistliche Anfechtung? Und woher kommt die Anfechtung? Eine Orientierung gibt uns wieder der Vers: „An ihren Früchten sollt ihr sie erkennen." Echte Sündenerkenntnis führt zu konkreter Umkehr – nicht zu Anklage und Selbstverachtung. Wahre Einsicht führt uns zurück zu Gott. Sie sagt nicht: *Du hast es so vergeigt, dass Gott sich von dir abwendet.* Ich musste bei den Früchten dessen, was ich erlebte, ansetzen – ich empfand Entmutigung. Schmerz. Ich empfand Furcht. Und ich fühlte mich weit weg von Gott. Diese Dinge kamen bestimmt nicht vom Heiligen Geist. Das ist in dem Moment das Einzige, was ich weiß.

Und so berufe ich mich darauf, dass Christus den Sieg über

alles, was Gott entgegensteht, schon errungen hat, und wappne mich damit gegen diese Anfechtung.

Um effektiv kämpfen zu können, muss ich aber auch die Verantwortung für *meinen* Teil übernehmen. Ich habe den Stolz hereingelassen. Er hat mir geschmeichelt. Ich erkenne nun, dass der Feind meine Verteidigung zu schwächen versucht hat, indem er meine Glaubwürdigkeit auf jede erdenkliche Weise aufs Korn nahm. Und dabei stieß er auf die Sache mit dem Stolz. Als ich sah, dass die Konferenz sich gut anließ und welchen Einfluss ich hatte, hatte ich mich innerlich auf den Gedanken eingelassen: *Du bist wirklich wer*. Also bekenne ich nun meinen Stolz und widersage ihm. Ich gebe Gott die Ehre für alles, was sich ereignet hat.

Der Stolz war nur der offene Zugang, in den der Feind sofort den Fuß stellt. Nur einen Augenblick lang hatte ich mich darauf eingelassen. Und schon erfolgte der eigentliche Angriff: quälende Gedanken, Selbstverachtung und Anklagen.

Augenblick mal. Wenn mein Herz böse ist, warum quält mich dann diese Vorstellung so? Wenn ich wirklich so lüstern, verführbar, arrogant usw. bin, warum bekümmert mich das dann?

Das ergibt keinen Sinn. Wenn ich mich wirklich von Gott abwenden will, warum erzeugt dann die Beschäftigung mit dem Gedanken daran *Furcht*? Das entspringt nicht meinem Herzen. Das sind nicht meine wahren Sehnsüchte. Ich muss diesen Schmerz, die Selbstverachtung und die Selbstanklagen bekämpfen. Wenn ich ihnen erliege, verliere ich den vertrauensvollen Umgang mit Gott. Und dann werde ich erst recht mutlos und handle mir alles ein, was mit Mutlosigkeit einhergeht. Aber ich bin so lange hilflos gegen diese quälenden Gedanken, wie ich glaube, dass ich sie verdient habe – so lange, wie ich sie irrtümlich für Einsicht halte.

Der einzig hilfreiche Bibelvers, der mir einfällt, lautet: „Daran müsst ihr festhalten: Ihr seid tot für die Sünde und lebt nun für Gott, der euch durch Jesus Christus das neue Leben gegeben hat" (Römer 6,11). Das sage ich mir vor. Wieder und wieder. Es gibt mir Kraft, dem Schmerz, der Selbstverachtung und den Selbstanklagen zu widerstehen.

Das ist nun schon der vierte Tag. Allmählich lässt diese Anfechtung nach. Ich muss mich an eine grundlegende Tatsache erinnern: Es geht nie um die Sünde, die sich da präsentiert. Es geht letztlich immer um die Einwilligung des Herzens in diese Sünde, und sei sie auch noch so zaghaft und leise gewesen. Es geht um den Zugang zu unserem Herzen, um die Vereinbarung. Und dem folgt dann das, worauf der Feind wirklich aus ist: unsere Abspaltung von Gott und von unserem wahren Selbst. Ich fürchte, dass viele Christen den eigentlichen Kampf gar nicht wahrnehmen. Sie denken, dass sie verborgene Gelüste nach bösen Dingen hegen. Und die resultierende Selbstverachtung betrachten sie als aufrichtige Einsicht. Ist es da ein Wunder, wenn sie annehmen, dass Gott zu ihnen auf Abstand geht und dass sie sich damit abfinden müssen? „Mein Herz ist böse. Ich bin ein solcher Schuft. Natürlich hält sich Gott von mir fern." Und sie glauben, das sei die christliche Existenz.

Aber so ist es nicht.

Jedenfalls muss es nicht so sein. Erinnern Sie sich an *Christ* im Tal der brennenden Gruben. Erinnern Sie sich daran, wo all das wirklich herkommt. Das ist nicht Ihr wahres Herz – das ist Ihr Feind. Verteidigen Sie sich. Wappnen Sie Ihr Herz. Der Angriff wird enden, wenn Sie standhalten.

Fastenzeit

Es ist schon ein paar Jahre her – vierzehn, wenn ich genau überlege, dass wir in einer Gemeinde waren, die die Fastenzeit beging. Es war unsere erste Bekanntschaft mit der Fastenzeit, jenen sieben Wochen, die der persönlichen Vorbereitung auf die Passion und auf Ostern dienen. Viele Menschen verzichten in dieser

Zeit auf etwas – zum Beispiel auf Kaffee oder auf die Fernsehnachrichten. Wenn dieses Fasten nicht nur als eine Art Diät geübt wird, sondern um im Leben mehr Platz für Gott zu schaffen, dann kann das eine sehr nützliche Erfahrung sein.

Wie gesagt, es ist schon etwas her, seit die Fastenzeit erstmals auf meinem Radar erschien, und so war ich etwas überrascht, als Morgan gestern in unserer Teambesprechung sagte: „Warum fragen wir Gott nicht, was er uns für die Fastenzeit rät – worauf wir verzichten oder auch was wir uns angewöhnen sollen." Und so machten wir es. In ein paar stillen Sekunden fragte sich jeder: *Herr, was soll ich aufgeben?* In früheren Jahren war Alkohol mein Topkandidat unter den Dingen, die ich eigentlich nicht aufgeben wollte, aber vermutlich gerade deshalb aufgeben sollte. Aber diesmal wusste ich, dass das nicht das Thema sein würde – das ist jetzt erst mal erledigt. Also versuchte ich, innerlich zur Ruhe zu kommen, und legte Gott meine Frage vor, mehrmals: *Was soll ich deiner Meinung nach aufgeben?* Und dann hörte ich doch tatsächlich:

Dich selbst.

Mich selbst?, fragte ich, um sicherzugehen, dass ich richtig verstanden hatte.

Dich selbst.

Selbstaufgabe scheint in der Tat ein biblisches Thema zu sein, aber mir ist noch nicht ganz klar, was Gott damit meint. Ich versuche, mir einen Reim darauf zu machen. Selbstsucht? Selbstzentriertheit? Weiter war ich noch nicht, aber die Gruppe ging bereits zu Frage Nr. 2 über: *Und was soll ich mir zur Gewohnheit machen?*

Meine Liebe.

Wow. Auf mich selbst verzichten. Mir seine Liebe zu eigen machen. Das hatte ich nicht unbedingt erwartet. Und alarmierenderweise rührte es etwas tief in mir an. Das klang wirklich nach Gott. Ich speicherte es in meinem Gehirn ab, um später daran weiterzuarbeiten, und kümmerte mich wieder um das Tagesgeschäft. Heute habe ich den Faden wieder aufgenommen. Wenn ich versuche, mich auf Gott und sein Reden zu konzentrieren, dann führe ich manchmal Tagebuch. Ich schreibe auf, was mir an Gedanken und Fragen in den Sinn kommt, und währenddessen lausche ich auf Gottes Antwort und Rat. Und das schreibe ich dann ebenfalls nieder.

Was meinst du mit dem Selbst, das ich aufgeben soll, Herr? – Selbstfixiertheit. Einverstanden. Es geht also darum, dass ich so wahnsinnig mit mir selbst beschäftigt bin. Immer besorgt darum, wie ich rüberkomme. Das aufzugeben klingt gut. Wenn auch schier unmöglich. Ich schreibe und lausche weiter. *Ja, Herr. Aber wie soll ich diese Selbstfixiertheit ablegen? – Schau auf meine Liebe, die in dir lebt.* Wow. Das leuchtet mir ein. Das ist voll im Einklang mit all dem, was Gott mir gesagt und an mir getan hat, um mich dazu zu bringen, mich seiner Liebe anzuvertrauen. *Ich will es ja. Ich will wirklich auf deine Liebe in mir achten. Sag mir mehr, Herr – wie komme ich dahin? Wie soll das vor sich gehen? Worauf achte ich denn gegenwärtig?*

Wenn Gott mit seinem Licht einen bestimmten Punkt in meinem Leben ausleuchtet, sei es ein innerer Vorgang oder etwas in meiner Umgebung, dann ahne ich oft schon, worauf es hinausläuft. Sie wissen, was ich meine – machen wir Christen das nicht ständig? Wir erhaschen einen winzigen Blick auf Gottes Absichten, und dann beginnen wir zu spekulieren und reimen uns den Rest zusammen, erstellen ein Puzzle aus all unseren Annahmen und Vorerfahrungen, anstatt einfach die Ohren zu spitzen und Gott nach den Einzelheiten zu fragen. Sie spüren vielleicht, dass Gott den Finger auf einen nie ausgeräumten Missstand in Ihrem Leben legt. Sie sind anfällig für Selbstverachtung und Selbstanklagen, und so reagieren Sie sofort mit *Ich weiß ja, es ist alles meine Schuld. Ich bin ja so ein Idiot.* Und dann schmieden Sie Pläne und hegen Vorsätze, um den Missstand abzustellen (auch wenn das erwiesenermaßen nie funktioniert). Wenn Sie stattdessen weiter auf Gott gehört hätten, dann hätte er Ihnen vielleicht seine Liebe erklärt, seine Zärtlichkeit, und seinen behutsamen Rat für einen anderen Umgang mit der Sache geschenkt.

> *Auf mich selbst verzichten. Mir seine Liebe zu eigen machen. Das hatte ich nicht unbedingt erwartet.*

Wir füllen die Lücken im Skript. Genau das machen wir. Anstatt Gott zu fragen, was er vorhat, füllen wir die Lücken in dem, was wir schon erkannt haben, mit Dingen, die er *unserer Vermutung nach* vorhat. Das ist nicht sehr hilfreich. Wir schnappen uns den Ball und eilen Gott voraus. Stellen Sie die nächste Frage.

So rufe ich mich zur Ordnung, bringe meine Vermutungen, worauf das wohl hinauslaufen wird, zum Schweigen. Weder ignoriere ich sie völlig, noch lasse ich zu, dass sie das Manuskript vervollständigen. *Sag mir mehr, Herr – wie komme ich dahin? Wie soll das vor sich gehen? Worauf achte ich gegenwärtig?* Mit der letzten Frage meine ich: Offensichtlich achte ich ja gegenwärtig nicht auf Gottes Liebe. Worauf also dann? Ich habe schon eine Ahnung, aber ich möchte es gern von ihm selbst hören.

Deine Fähigkeit, die Dinge zu kontrollieren.

Treffer. Er hat mich mit der Hand in der Keksdose erwischt. Ich liebe die Art, wie Gott so etwas macht. Es ist eine wunderbare Art von Nacktheit. Er benennt genau das, was wir tun und zu verbergen suchen, oder was wir tun, ohne dass es uns überhaupt bewusst ist, weil wir es schon so lange tun, dass es selbstverständlich geworden ist. Es ist nicht beschämend, wenn man derart überführt wird. Ich wusste, dass er genau den wunden Punkt getroffen hatte. Ich ziehe mein Selbstvertrauen aus meiner Fähigkeit, die Dinge hinzubekommen, alles richtig zu machen, alles im Griff zu haben. Kein Wunder, dass ich glaube, mein Leben mit Gott „eher schlecht als recht" hinzubekommen. „Vergib mir", schrieb ich. „Es ist so gottlos, es lässt jeden Glauben vermissen, es ist ein total verkehrtes Selbstvertrauen."

Die Geschichte endet gut. Wenn ich an den folgenden Tagen nach dem Frühstück meine Bibel aufschlug, dann landete ich immer bei Psalm 41. Und was las ich dort: „Deshalb bete ich zu dir: ‚Herr, ich habe gegen dich gesündigt, aber sei mir gnädig und mach mich wieder gesund!'" (Psalm 41,5).

Haben Sie herausgehört, wie Davids Haltung Gott gegenüber ist? Er befürchtet keine Abreibung. Es geht aber auch nicht nur darum, Reue zu zeigen und Umkehr zu geloben. David weiß, dass er sich von Gott abgewandt hat, und er weiß, dass er Heilung braucht. Und so bete ich: *Herr, bitte heile das an mir, was zu dieser Selbst-Fixiertheit geführt hat, zu diesem Vertrauen auf meine eigene Fähigkeit, Dinge zu regeln und im Griff zu haben. Vergib mir. Ich möchte in deiner Liebe in mir verankert sein. Du in mir. Heile mich.*

Wegweisung erbitten

Ich versuche herauszufinden, ob wir dieses Jahr nach Moab fahren sollen oder nicht. Gegenwärtig ist das noch nicht klar.

In den letzten sieben Jahren gab es stets eine Art Pilgerreise in die Moab-Wüste im US-Bundesstaat Utah. Wir starten Ende April, Anfang Mai, also zu der Zeit, wenn wir die Kälte in Colorado kein weiteres Wochenende mehr ertragen können. In Moab ist es zu der Zeit schon warm – bis zu 30 Grad. Wir verbringen dort vier oder fünf Tage mit Felsklettern, auf Mountainbikes oder eben einfach miteinander. Ein klassischer Männerausflug. Zelte als Unterkunft. Keine Duschen. Frisbee spielen. Nackt schwimmen. Geschichten am Lagerfeuer. Diese Art von Ausflügen ist für unsere Gemeinschaft zum Markenzeichen geworden. Und ganz gewiss ein Höhepunkt in jedem Jahr.

Aber dieses Jahr sieht es nicht gut aus mit der Tour. Einige der Jungs, die sonst immer dabei waren, können nicht. Im Kalender bietet sich überhaupt nur ein Wochenende an, und das liegt früher, als uns lieb ist. Wir haben alle wirklich viel zu tun. Und so scheint es, als könnten wir Moab für diesmal abschreiben.

Ich bete darüber, erbitte einen Rat. Meine erste Frage lautet: *Sollen wir alles daransetzen, dass das Wochenende stattfindet – oder sollen wir es diesmal sein lassen?* Es wäre so einfach, nichts zu tun. Es ergäbe sogar einen Sinn, es sein zu lassen. Wie gesagt, wir alle stecken zurzeit bis über die Ohren in Arbeit. Und wenn man viel zu tun hat, ist es da nicht die natürliche Reaktion, dass man Unternehmungen wie diese dankend ablehnt? Ich kann mir jetzt nicht einfach ein paar Tage freinehmen. Ich habe zu viel zu tun. Auch wenn wir diese Moab-Tour lieben. Auch wenn uns diese Tage wichtig sind. Auch wenn es genau das wäre, was uns vor der Geschäftigkeit retten kann. Nicht vergessen: Wir brauchen Freude. Wir können nicht genug davon haben.

Wenn das Leben uns überfordert, ist das gewöhnlich unsere erste Reaktion: Wir werfen Ballast ab, werfen Ladung über Bord, damit wir nicht untergehen. Das Problem ist nur, dass wir womöglich die falschen Dinge über Bord werfen. Wir würden die Freude bedenkenlos opfern, während wir weiterhin den Dingen huldigen, die uns zu überwältigen drohen.

Deshalb frage ich bei Gott nach. Nur dass die klärende Auskunft auf sich warten lässt.

> *Was wir brauchen ist Freude.*
> *Davon können wir gar nicht genug haben.*

Wenn wir Gott um Klärung bitten und es tut sich nichts, dann sollten wir uns zunächst über unsere eigene Haltung Gedanken machen. Was empfinden wir? Was wünschen wir uns? Eins ist klar: Wie wir zu der fraglichen Sache stehen, das hat einen Einfluss auf unsere Fähigkeit, Gott zu vernehmen. Möglicherweise verfälscht es auch, was wir hören. Ich bin im Zwiespalt über den diesjährigen Ausflug. Einerseits möchte ich wirklich fahren. Ich liebe Moab, liebe die frühsommerliche Wärme, das erste echte

Grün, die Schönheit der Wüste, die Abenteuer, die gemeinsame Zeit mit den Männern. Wir haben es noch nie bereut, gefahren zu sein, nicht einmal vor zwei Jahren, als die Tour verregnet war. Andererseits ist es anstrengend. Ich habe zu tun, ich muss dieses Buch fertig bekommen. Niemand sonst wird es für mich schreiben. Es wäre also viel einfacher, den Ausflug abzuhaken.

Wie viele kostbare Dinge lassen wir uns entgehen, geben wir auf, opfern wir, weil es so aussieht, als lasse das Leben dafür keinen Raum, weil es Mühe und Einsatz kostet oder weil wir überzeugt sind, alles selbst beurteilen zu können, und gar nicht auf die Idee kommen, Gott zu fragen? *Gerade* dann, wenn es unausweichlich erscheint, dass wir auf Freude verzichten, gilt es, sich Zeit zu nehmen und ihn zu fragen. Gott ist möglicherweise anderer Meinung.

Sehen Sie, das Lebenstempo in unserer Gesellschaft reißt unser Leben mit. So wie Autos im Verkehr auf der Autobahn mitschwimmen. Und die Wahrheit ist: Recht oft laufen Gottes Absichten mit uns quer zur vorherrschenden Verkehrsrichtung. *Nimm die nächste Ausfahrt.* Seine Anweisungen scheinen manchmal (oder oft?) unserer Intuition entgegenzulaufen. Es wäre einfacher, Moab für dieses Jahr abzuhaken. Einfach weiterzurasen. Alle haben zu tun. Und es wäre auch nicht dasselbe, wenn die Hälfte der Leute nicht dabei wäre, die die Tour bisher immer mitgemacht haben. Andererseits werden Sam und Jesse im Herbst aufs College gehen, und deshalb werden sie im kommenden Jahr wahrscheinlich nicht bei der Tour dabei sein können. Diese Tour wäre möglicherweise ihre letzte Chance. Und wie werden *wir* uns *wirklich* fühlen, wenn es Ende April ist, draußen liegen sechzig Zentimeter Schnee, und wir drehen drinnen allmählich durch?

Selbst jetzt versuche ich noch in der Zukunft zu lesen und herauszufinden, was wohl das Beste ist. Ich vervollständige das Skript. Wir alle machen das. Wir versuchen, selbst Klarheit zu gewinnen. Das ist nicht dasselbe wie Leben in Tuchfühlung mit

Gott. Wir sehen einfach nicht all das, was Gott sieht. Gott sagt: „Meine Gedanken sind nicht eure Gedanken, und meine Wege sind nicht eure Wege" (Jesaja 55,8). Er weiß, was vor uns liegt. Er weiß, was wir brauchen. Also fragen Sie ihn. Ich frage, aber der Empfang ist zurzeit nicht besonders klar. Ich bekomme kein Signal. Was kann ich tun? Ich taste mich mit einer Frage nach der andern vor, schreibe sie auf ein Blatt Papier:

„Sollen wir uns um den Ausflug nach Moab bemühen? Oder sollen wir es abblasen?"

So kann ich mit der Frage vor Gott sitzen, betend, lauschend, nur einen Aspekt auf einmal bedenkend, und keine anderen Argumente – pro oder contra – trüben meine Wahrnehmung. Eine Frage nach der andern, ohne die Fakten ständig in Gedanken abzuwägen. Ich mache mir keinen eigenen Reim. Ich versuche auf Gott zu hören. Das ist der Unterschied. „Meine Gedanken sind nicht eure Gedanken."

> *Gottes Absichten mit uns laufen nicht selten quer zur vorherrschenden Verkehrsrichtung.*

Manchmal lasse ich das Blatt eine Woche lang auf dem Tisch liegen und bete immer wieder mal darüber, bis ich mir sicher bin, dass Gott gesprochen hat. Aber heute höre ich schon nach einigen Augenblicken: *Bemüht euch drum.* (Ehrlich gestanden hatte ich das auch schon ein paar Tage vorher gehört, als ich auf der Fahrt zur Arbeit gebetet hatte. Aber es hatte so gar nicht meinen Erwartungen entsprochen, und so hatte ich die Botschaft abgetan. Vielleicht schien es mir in dem Moment auch allzu anstrengend, und ich *wollte* es gar nicht hören.) Darum bemühen? Wirklich? *Wirklich*. Einverstanden. Wir bemühen uns.

Achten Sie auf Ihre Reaktionen, wenn Sie langsam das einkreisen, was Sie als Botschaft Gottes zu hören glauben. Macht es Sie froh? Nicht nur oberflächlich, sondern zutiefst und von innen – und auch dann, wenn mit der Verwirklichung Schwie-

rigkeiten verbunden sind? Dann sind Sie auf der richtigen Spur.
Erzeugt es Sorge (Furcht, Entmutigung), dann halten Sie inne
und fragen Sie sich, warum. Lassen Sie Ihr Herz nicht zurück,
wenn Sie sich auf diesen Weg begeben. Ich merke, dass meine
Reaktion gut ist, und in meinem Herzen wächst die Hoffnung in
Bezug auf den Ausflug. (Ich hatte ihn schon abgeschrieben.) Mir
wird klar, dass ich mir wirklich wünsche, die Reise machen zu
können – auch wenn es vermutlich einfacher wäre, keinen weiteren Gedanken darauf zu verwenden. Ich würde nicht wissen,
dass ich meine wahre Sehnsucht aufgespürt hätte, wenn ich
nicht darüber gebetet hätte. Die Sehnsucht war unter allem
möglichen Kram begraben.

Jetzt habe ich meinen ersten Wink bekommen. Wir sollen uns
um diese Freude bemühen. (Und auch Sie werden um Freude
kämpfen müssen, meine Freunde. Vergessen Sie das nicht.) Aber
das Puzzle ist noch nicht komplett. Das Gespräch endet hier
noch nicht. Eine große Frage ist immer noch, *wann* wir fahren
sollen. Ich muss weiterfragen, sonst gebe ich vielleicht Vollgas
und liege damit genauso falsch, als wenn ich erst gar nicht nach
dem Ob gefragt hätte. Seien Sie nicht mit der ersten Frage zufrieden. Stellen Sie die nächste Frage.

Ende April ist eine Lotterie mit dem Wetter. Wir haben ein
paar Mal gutes Wetter erwischt, wenn wir im April gefahren
sind, aber im Mai war es immer warm. Und wir mögen es warm.
Der Mai wäre also sinnvoll. Aber ich kann nicht erkennen, wie
wir im Mai einen Termin finden sollen. (Da versuche ich schon
wieder, die Dinge selber zu regeln.) Also schreibe ich auf mein
Blatt:

April?

Mai?

Ich höre 21. bis 24. *April*. Das ist das Wochenende, das wir
bereits ins Visier genommen hatten. Na gut. Wir fahren nach
Moab, und zwar im April. Etwas in mir fühlt sich etwas unbehaglich. Wo wird das hinführen? Ich spüre, dass ich Gott in

dieser Angelegenheit vertrauen muss. Und muss grinsen. Das ist doch genau der Punkt: Wir müssen Gott genug vertrauen, um ihm zu folgen. Um aus Glauben zu leben. Das christliche Leben ist nicht das Leben nach gesundem Menschenverstand. Oswald Chambers sagte mal, dass das christliche Leben seinen einzigen Grund in der Existenz Gottes hat. Andernfalls hat es keinen Sinn. Das tröstet mich wirklich. Mein Leben als solches empfinde ich oft als ziemlich sinnlos.

> *Wir müssen Gott genug vertrauen, um ihm zu folgen.*
> *Um aus Glauben zu leben.*

Natürlich liegt es mir fern, einen unvernünftigen Lebensansatz zu propagieren. Ich sage nicht, dass Sie jedem Gedanken folgen sollen, der Ihnen durch den Kopf schießt. Es gibt so etwas wie Lebensweisheit, und es gibt Offenbarung. Beides muss Hand in Hand gehen. „Den Gott unseres Herrn Jesus Christus, den Vater, dem alle Herrlichkeit gehört, bitte ich darum, euch durch seinen Geist Weisheit zu geben, dass ihr ihn immer besser erkennt und er euch seinen Plan zeigt" (Epheser 1,17). Sowohl Weisheit als auch Offenbarung kommen vom Geist Gottes. Beides brauchen wir, um unser Leben in enger Beziehung zu Gott zu leben, und zwar brauchen wir jeweils eine gehörige Portion davon, um sicher durch die Untiefen dieser Welt zu navigieren. Wenn Sie eher ein Mensch sind, der für Offenbarungen offen ist (und entsprechend Gott direkt um Rat fragen), dann sollten Sie diesen Ansatz durch Weisheit ausgleichen. Wenn Ihnen eher der Weisheitsansatz entspricht, dann sollten Sie daneben auch bewusst nach Offenbarungen streben. Reden Sie mit Gott.

Wenn Sie überwiegend auf das eine wie auf das andere verzichten, dann haben Sie ein Problem.

Zugegeben, es ist immer mit einem gewissen Risiko verbunden, wenn man andere zu einem Leben mit Gott einlädt. Menschen haben unter der Flagge der Nachfolge Jesu schon eine

Menge Unsinn fabriziert. Deshalb gibt es in den Kirchen Leute, die diese Art Risiko von vornherein ausschließen wollen und das Leben in engem Kontakt mit Gott gleich mit. Im Lauf der Jahrhunderte haben sie versucht, die Unwägbarkeiten der persönlichen Beziehung zu Jesus zu eliminieren und haben zu diesem Zweck Regeln, Programme, Formeln, Methoden und Prozeduren eingeführt. All das hat vielleicht tatsächlich einige unschöne Dinge verhindert, die geschehen können, wenn Leute ermuntert werden, Gott zu folgen. Aber sie haben damit zugleich das enge Vertrauensverhältnis eliminiert, zu dem uns Gott berufen hat.

Was sagt Jesus zu diesem Thema?

„Bei den Propheten heißt es: ‚Alle werden von Gott lernen!‘ Wer also auf den Vater hört und von ihm lernt, der kommt zu mir."

Johannes 6,45

„Der Hirte geht durch die Tür zu seinen Schafen. Ihm öffnet der Wächter die Tür, und die Schafe erkennen ihn schon an seiner Stimme. Dann ruft der Hirte jedes mit seinem Namen und führt sie auf die Weide. Wenn seine Schafe den Stall verlassen haben, geht er vor ihnen her, und die Schafe folgen ihm, weil sie seine Stimme kennen."

Johannes 10,2-4

„Der Heilige Geist, den euch der Vater an meiner Stelle als Helfer senden wird, er wird euch an all das erinnern, was ich euch gesagt habe, und euch meine Worte erklären."

Johannes 14,26

„Ich stehe vor der Tür und klopfe an. Wenn jemand meine Stimme hören wird und die Tür auftun, zu dem werde ich hineingehen und das Abendmahl mit ihm halten und er mit mir."

Offenbarung 3,20; L

Lassen Sie sich diesen Schatz der Intimität mit Gott nicht rauben, nur weil er mit Unwägbarkeiten verbunden ist. Leben Sie aus der engen Vertrautheit mit Gott – aus Weisheit *und* Offenbarung – und streben Sie nach der Heiligkeit, von der wir wissen, dass Gott sie uns zugedacht hat.

Als Nächstes steht auf meinem Blatt: „Wer?" Das ist schon die Frage, wer mitfahren soll. Ich denke, ich werde noch einmal mit den Jungs sprechen, die mir signalisiert haben: „Es passt mir in diesem Jahr gar nicht." Ich werde sie bitten, darüber zu beten. Möchte sichergehen, dass Sie Gott dazu gefragt haben. Ich werde um die Freude kämpfen.

Neuanfänge

Gestern beim Abendessen. Stacy verkündet: „Es wird Zeit, dass wir uns nach einem Welpen umschauen."

Das ist ein kritischer Augenblick und ein mutiger Schritt von ihr. Die Jungs schweigen, überrascht von diesem Vorschlag. Meine erste Reaktion ist: *Das hat mir noch gefehlt. Man investiert seine Liebe in etwas, nur um es am Ende wieder zu verlieren. Nein danke – nicht noch einmal.* Zum Glück spreche ich es nicht aus. Stacy schaut mich an, sucht nach einer zustimmenden Regung. Ich nicke, und sie erzählt uns, was sie in letzter Zeit bewegt hat und dass sie bereits im Internet recherchiert hat. Dann der Hammer – sie präsentiert uns einige Fotos von Welpen. Ich bin sicher, dass Gott der Welt Hundebabys geschenkt hat, um Herzen zu berühren. Wie wir uns so die Fotos einiger Neufundländer- oder Berner-Sennenhund-Welpen ansehen, beginnt mein innerer Widerstand zu bröckeln. Wenn es ein Welpe nicht schafft, Menschen anzurühren, dann weiß ich nicht, was sonst.

Jesus?, frage ich innerlich. Und meine damit: *Was hältst du davon? Hast Du was dazu zu sagen? Was meinst Du?*

Im Lauf der Zeit habe ich mir angewöhnt, als erste Reaktion auf jeden denkbaren Vorgang innerlich diese Frage zu stellen. Wenn ich nicht bewusst und schnell Jesus frage, was er davon hält, dann kommt mir womöglich mein Herz zuvor. Ich bin immer wieder verblüfft, wie schnell mein Herz auf eine Sache anspringen, Schlüsse ziehen, sich auf etwas einlassen, aber auch sich einer Sache oder einem Menschen verweigern kann. Das geht uns allen so. Und dann machen wir einfach in dieser Spur weiter. Dabei können wir uns fatal irren. Vielleicht sind wir auf dem falschen Fuß erwischt worden. Vielleicht sind wir aber auch unschlüssig. Und wer weiß, was uns in so einem Moment sonst noch beeinflusst.

Jesus?

Ich ertappe mich in den letzten Tagen oft dabei, dass ich diese Frage stelle. So kann Jesus in den Alltag und in den Augenblick hineinsprechen. Er ist an dem Vorgang beteiligt, und das ist allemal besser, als wenn ich mich erst später an ihn wende, wenn eine Sache schon schiefgelaufen ist.

Jesus?

Es wäre gut.

Die Welpen, die Stacy gefunden hat, werden in ein paar Monaten so weit sein, dass sie abgegeben werden. Ich beobachte meine innere Einstellung. Werde ich das akzeptieren? Werde ich mich darauf einlassen? Werde ich auch mit dem Herzen dabei sein? Hier geht es nicht nur um einen Welpen. Es geht um meine Offenheit Gott gegenüber, und es geht um Hoffnung. Ich möchte nicht ein Leben in ständiger Abwehrhaltung führen, möchte mich nicht ständig der Zukunft verweigern, nicht knausern mit Glauben und Vertrauen. Ich möchte offen sein für alles, was Gott für mich bereithält. Ich möchte das Leben führen, das er mir zugedacht hat. All das spielt hier mit herein, wenn ich mir Fotos von Hundewelpen ansehe. Hier gewinnt es Gestalt. In diesem Moment.

> *Was immer wir an Verlust erleiden – das ist nicht das*
> *Ende vom Lied. Jesus kam, um uns Leben zu schenken.*

Ich glaube, dass der christliche Glaube seinem Wesen nach eine Frohbotschaft voller Leben ist. Ich glaube, dass es Großes zu erringen gibt; dass man Heilung erleben kann. Ich glaube, dass wir den Dieb daran hindern können, unser Leben zu plündern, wenn wir uns nur so verhalten, wie unser Hirte es sagt. Und wenn es scheint, als ob wir die Heilung und die großen Durchbrüche nicht erleben, wenn der Dieb es doch geschafft hat, einzudringen und zu plündern, dann glaube ich, dass wir eine Frohbotschaft der Auferstehung haben. Was immer wir auch an Verlust erleiden – das ist nicht das Ende vom Lied. Jesus kam, um uns Leben zu schenken.

Klingt so, als hielte die Zukunft einen Welpen für uns bereit.

Zurück zur Liebe

Heute wanderten meine Gedanken zurück zu „Meine Liebe".

Letzte Woche habe ich ein neues Tagebuch gekauft, und heute morgen war mehr Zeit als sonst, um mit Gott zu reden, bevor ich mich in den Tag stürze. Ich schenke mir also eine Tasse Kaffee ein, setze mich auf die Couch und nehme das Tagebuch zur Hand. Es berührt mich immer etwas merkwürdig, wenn ich den ersten Eintrag in einem Tagebuch mache – all diese leeren weißen Seiten, noch nichts darin festgehalten. Das fühlt sich irgendwie bedeutsam an. Eine Art Neubeginn. Vielleicht der Beginn einer neuen Ära. Was wird sich daraus entwickeln? Und was soll ich auf die erste Seite schreiben? Ich möchte eigentlich schon, dass es etwas von Gewicht ist. Schließlich beginnt damit ein neues Buch in meinem Leben, das nächste Kapitel mit Gott. Mir scheint, das verdient etwas von Bedeutung. Einen Blick über den Horizont hinaus.

Ich schaue auf die noch leere Seite und frage Gott im Herzen: *Was ist das Thema?*

Sie ahnen, wie die Antwort ausfällt.

Meine Liebe.

Also schreibe ich das auf. Nur diese zwei Worte. Mehr kommt nicht auf die erste Seite. „Meine Liebe." Es ist mehr als genug. Was immer auch sonst noch in dieses Tagebuch eingetragen wird, welche Geschichten, welche Gebete, all die Ereignisse im Leben, alles soll unter dieser Überschrift passieren. Soll eine Fortsetzung dessen sein. Seine Liebe. Ich sitze da und schaue auf die beiden Worte, lasse sie in mich einsinken. Ich richte mein Herz auf seine Liebe aus. Lasse es wahr werden. Werde dadurch lebendig.

Was noch, Herr?

Vertrau meiner Liebe.

Ja, Herr. Ich vertraue deiner Liebe.

Und in mir passiert etwas. Ich kann es auf einmal fester und tiefer glauben als je zuvor. Es verändert mich. Ich fühle mich nicht mehr so gehetzt. Nicht mehr so impulsiv. Nicht mehr so gierig. Und nicht mehr so leer. Und ich spüre, dass ich dranbleiben möchte. In seiner Liebe leben.

Ausklang

In der Einführung habe ich ja erklärt, was ich auf diesen Seiten versucht habe: Rechenschaft darüber geben, wie es aussehen kann, ein Jahr in engem Kontakt mit Gott zu leben. Wie sich das anfühlt. Wie es klingt. Wenn ich nun lese, was ich da geschrieben habe, habe ich den Eindruck: Doch, so ist es gewesen. Und zugleich kommt es mir so unvollständig vor. Ich hätte *Hunderte* weitere Geschichten erzählen können, wenn ich Raum dafür gehabt hätte. Es ist doch so – in einem Jahr unseres Lebens spielt sich eine ganze Menge ab. Ich möchte keinen falschen Eindruck vermitteln – diese Erlebnisse sind eine Auswahl. Ich habe sie hier ausgewählt in der Hoffnung, dass sie ein Licht auch auf Ihre eigene Geschichte werfen. Dass sie Ihnen helfen, die Stimme Gottes in Ihrem Leben auszumachen und in diesem vertrauensvollen Verhältnis zu Gott zu leben, was immer Ihnen begegnet. Ich hoffe, sie haben Sie zumindest neugierig gemacht – diese Art Nähe zu Gott ist auch für Sie zugänglich. Für uns alle.

Es gäbe noch so viel mehr zu sagen.

> *Nichts haben wir nötiger, als das zu lernen: wie man in der Gegenwart Gottes und im Kontakt mit ihm lebt.*

Manches davon ist in meinen anderen Büchern enthalten. Und vielleicht lesen Sie auch dieses Buch ein zweites Mal. Ich staune immer wieder, wie viel Gewinn mir die zweite Lektüre eines Buches bringt. Es ist verheißungsvoll, wenn man noch einmal und diesmal noch tiefer in diese Themen einsteigt, vielleicht zusammen mit Freunden. Denn, auch darauf habe ich schon in der Einführung hingewiesen: Nichts haben wir nötiger, als zu lernen, wie man in der Gegenwart Gottes und im Kontakt mit ihm lebt. Alles Übrige in unserem Leben hängt davon ab. Lassen Sie sich nicht davon abhalten, diesen großen Schatz zu heben.

Einige Monate sind vergangen, seit ich mich an dieses Manu-

skript gesetzt habe. Viele weitere Geschichten haben sich entwickelt. Wir sind nach Moab gefahren, und es war großartig.
Genau das, was wir brauchten. Genauso, wie Gott es gesagt
hatte. Ich hatte zeitweilig einen guten Schlaf, dann mal wieder
nicht. Es ist noch eine Menge mehr Heilung meiner Vergangenheit geschehen. Letzte Woche sah ich einen Bussard – und einen
Steinadler. Ich bin wieder geritten. Ich habe einen langjährigen
Freund verloren, er starb durch einen Autounfall. Gott ist mir in
der Bibel begegnet. Eine Reihe weiterer Vereinbarungen wurden
aufgedeckt, die ich mit dem Feind eingegangen war, und ich
konnte mich davon lossagen. Anders ausgedrückt: Das Leben
hat sich weiterentwickelt, so wie es bei allen der Fall ist – mit
dem einen wichtigen Unterschied: diesem Leben in der vertrauensvollen, engen Beziehung zu Gott. Ich weiß nicht, wie ich je
anders leben konnte (und ich habe viele Jahre anders gelebt).
Dieser vertrauensvolle Austausch mit Gott ist ein wichtiger Teil
meines Alltags geworden. Und ich kann kaum ausdrücken, wie
dankbar ich dafür bin.

Ach ja, wir haben wieder einen Welpen im Haus. Er heißt
Oban. Ein Golden Retriever. Und er will mir nie den Ball geben.

Anmerkungen

[1] Der amerikanische Tag der Arbeit wird immer am ersten Montag im Septem-
ber gefeiert.

[2] in: Arthur Quiller-Couch (Hrsg.), *The Oxford Book of English Verse*,
536.205

[3] C. S. Lewis, „Das Gewicht der Herrlichkeit", in: Streng dämokratisch zur
Hölle, Basel: Brunnen 1982, S. 97

[4] John Bunyan, *Pilgerreise zur seligen Ewigkeit*, IV. Im Tal der Demut und der
Todesschatten. Lahr: St. Johannis, 8., unveränderte Auflage 1975.